Englisch Grammatik

Zum Nachschlagen
und Üben

Sonderausgabe

MIX
Papier aus verantwortungsvollen Quellen
FSC
www.fsc.org
FSC® C108080

Vertrieben durch:

Baierbrunner Straße 27, D-81379 München

Redaktion: Marie Frey
Fachkorrektur: Dr. Lutz Walther
Produktion: Ute Hausleiter
Titelabbildungen: fotolia/jomaplaon, fotolia/moonrun
Gestaltung: textum GmbH, München
Umschlaggestaltung: Hartmut Baier; X-Design, München

ISBN 978-3-8174-9655-6
381749655/4

www.compactverlag.de

Vorwort

Die „Englisch Grammatik" ist umfangreiches Nachschlagewerk und praktisches Übungsbuch in einem. Sie bietet Ihnen mit rund 90.000 Angaben ausführliche Hilfe in allen wichtigen Fragen der englischen Sprache.

Im ersten Teil des Buches finden Sie alles zum Themenbereich Wortarten und -formen. Hier geht es um Artikel, Präpositionen, Pronomen, Substantive, Verben etc. und ihre korrekte Verwendung. Der zweite Teil ist dem Themenbereich Satzbau gewidmet. Hier können Sie unter anderem alles Wichtige zu Haupt- und Nebensätzen, Fragesätzen und Wortstellung nachlesen und üben.

Der Anhang des Buches beinhaltet schließlich Wissenswertes zur Aussprache und Rechtschreibung sowie den wichtigsten Unterschieden zwischen britischem und amerikanischem Englisch. Das Buch orientiert sich grundsätzlich am britischen Englisch, geht aber im letzten Kapitel ausführlich auf das amerikanische Englisch ein. Am Endes des Buches finden Sie eine Tabelle der Lautschriftzeichen nach dem Internationalen Phonetischen Alphabet (IPA).

Zahlreiche anschauliche Beispiele verdeutlichen die behandelten Themen und machen es Ihnen leicht, sich grammatische Regeln einzuprägen und selbst korrekt anzuwenden.

Nach jedem Kapitel finden Sie abwechslungsreiche Übungen, die es Ihnen ermöglichen, Ihren Kenntnisstand zu überprüfen und das Gelernte noch einmal zu wiederholen und zu vertiefen.

Inhalts-verzeichnis

Benutzerhinweise 13

I. Wortarten und -formen

1. Das Substantiv 17
1.1. Hauptklassen des Substantivs 17
1.2. Geschlecht 18
1.3. Pluralbildung 21
1.4. Unzählbare Begriffe 28
1.5. Pluralbildung: Plural im Englischen, Singular im Deutschen 40
1.6. Genitiv 41
Übungen 56
Lösungen 59

2. Der Artikel 61
2.1. Der bestimmte Artikel 61
2.2. Der bestimmte Artikel: Besonderheiten 74
2.3. Der unbestimmte Artikel 78
2.4. Der unbestimmte Artikel: Besonderheiten 87
Übungen 92
Lösungen 96

3. Das Pronomen 97
3.1. Das Personalpronomen 97
3.2. Das Reflexivpronomen 103
3.3. Adjektivische Possessivpronomen 109
3.4. Substantivische Possessivpronomen 113
3.5. Das Demonstrativpronomen 116
3.6. Die indefiniten Pronomen 122
3.7. Das Interrogativpronomen 132
3.8. Das Relativpronomen 139
3.9. Besonderheiten: *it* und das deutsche *es* 144
Übungen 149
Lösungen 156

4. Das Adjektiv 158
4.1. Steigerung des Adjektivs 158
4.2. Attributiver Gebrauch 164
4.3. Prädikativer Gebrauch 166
4.4. Ausschließlich prädikative und attributive Adjektive 168
4.5. Stellung nach dem Substantiv 171
4.6. Substantivierte Adjektive 172
4.7. Vergleich von Adjektiven 183

4.8. Die allmähliche Steigerung 185
4.9. Verstärkung von Adjektiven 186
Übungen 193
Lösungen 194

5. Das Adverb 196
5.1. Unterschied zum Adjektiv 196
5.2. Formen des Adverbs 197
5.3. Steigerung des Adverbs 203
5.4. Stellung im Satz 205
5.5. Vergleich der Adverbien 214
5.6. Verstärkung des Adverbs 216
5.7. Allmähliche Steigerung des Adverbs 217
5.8. Englische Verben an Stelle von deutschen Adverbien 218
Übungen 220
Lösungen 224

6. Das Verb 226
6.1. Einführung 226
6.2. Das Hilfsverb 227
6.3. Die Zeitformen des Vollverbs 272
6.4. Der Imperativ 328
6.5. Das Passiv 331
6.6. Der Konjunktiv 340
6.7. Der Infinitiv 344
6.8. Die Partizipien 368
6.9. Das Gerundium 378
6.10. Ergänzungen des Verbs 393
6.11. Transitive und intransitive Verben 402
6.12. Verb + Adverb oder Präposition (*Phrasal Verbs*) 407
6.13. Regelmäßige und unregelmäßige Verben 432
Übungen 445
Lösungen 466

7. Präpositionen 477
7.1. Präpositionen, die einen Ort bezeichnen 477
7.2. Präpositionen, die eine Richtung angeben 481
7.3. Präpositionen, die einen Zeitpunkt oder eine Zeitspanne angeben 484
7.4. Andere wichtige Präpositionen 487
7.5. Besonderheiten 491
Übungen 494
Lösungen 495

8. Konjunktionen 496
8.1. Koordinierende Konjunktionen 496
8.2. Subordinierende Konjunktionen 499
Übungen 505
Lösungen 507

9. Interjektionen 508
9.1. Äußerungen körperlicher und seelischer Empfindungen 508
9.2. Anrufe, Aufforderungen und Ermunterungen 516
9.3. Höflichkeits-und Begrüßungsformeln 518
Übungen 520
Lösungen 522

10. Die Zahlwörter 523
10.1. Die Grundzahlen 523
10.2. Die Ordnungszahlen 526
10.3. Jahreszahlen und Daten 527
10.4. Uhrzeiten 528
10.5. Wiederholungszahlen 530
10.6. Vervielfältigungszahlen 531
10.7. Gemeine Brüche 531
10.8. Dezimalbrüche 533
Übungen 534
Lösungen 537

II. Satzbau

11. Der einfache Satz 541
11.1. Das Subjekt 542
11.2. Subjektergänzung 543
11.3. Das direkte Objekt 544
11.4 Das indirekte Objekt 545
11.5 Stellung der direkten und indirekten Objekte 546
11.6. Objektergänzung 550
11.7. Stellung eines zusammengesetzten Verbs 553
Übungen 554
Lösungen 557

12. Nebensätze 559
12.1. Attributsatz 560
12.2. Adverbialsatz 561
Übungen 564
Lösungen 565

13. **Der Hauptsatz und das Satzgefüge** 566
Übungen 569
Lösungen 569

14. **Der Fragesatz** 570
14.1. Fragen mit modalen Hilfsverben 570
14.2. Fragen mit *to be* 571
14.3. Fragen mit dem Hilfsverb *to do* 572
14.4. Stellung das Fragepronomens 573
14.5. Kurzfragen bzw. Frageanhängsel 575
14.6. Fragen ohne Inversion 579
Übungen 580
Lösungen 581

15. **Die indirekte Rede** 583
15.1. Indirekte Rede ohne Zeitverschiebung 584
15.2. Zeitverschiebung in der indirekten Rede 585
15.3. Umstellung anderer Satzteile in der indirekten Rede 590
15.4. Befehle in der indirekten Rede 593
15.5. Fragen in der indirekten Rede 596
Übungen 599
Lösungen 601

16. **Nebensätze mit *should* oder *might*** 602
Übungen 605
Lösungen 606

17. **Der Bedingungssatz** 607
17.1. Bedingungssätze mit *if* 607
17.2. Bedingungssätze ohne *if* 612
17.3. Bedingungssätze mit *unless* 613
Übungen 615
Lösungen 615

18. **Besonderheiten der Wortstellung** 616
18.1. Betonung einzelner Satzteile mit *to be* 616
18.2. Sätze mit *so* oder *neither/nor* 617
18.3. Der Gebrauch von *so* oder *not* an Stelle eines Nebensatzes 619
18.4. Inversion zur Betonung 621
18.5. Inversion in der indirekten Rede 625
Übungen 627
Lösungen 628

Anhang

19.	**Die Aussprache**	**631**
19.1.	Die Laute im Englischen	631
19.2.	Allgemeines zur Aussprache	642
	Übungen	645
	Lösungen	646
20.	**Die Silbentrennung**	**647**
	Übungen	652
	Lösungen	652
21.	**Die Zeichensetzung**	**653**
21.1.	Das Komma	653
21.2.	Der Strichpunkt	665
21.3.	Der Doppelpunkt	667
21.4.	Der Apostroph	669
21.5.	Der Bindestrich	671
21.6.	Das Anführungszeichen	673
	Übungen	678
	Lösungen	680
22.	**Die Groß-und Kleinschreibung**	**682**
	Übungen	694
	Lösungen	696
23.	**Britisches und amerikanisches Englisch**	**697**
23.1.	Amerikanischer Wortschatz	697
23.2.	Amerikanische Rechtschreibung	698
23.3.	Aussprache	702
23.4.	Verben	705
23.5.	Artikel	706
23.6.	Pronomen	707
23.7.	Zeichensetzung	707
23.8.	Datum	708
23.9.	Uhrzeit	708
23.10.	Zahlwörter	708
23.11	Glossar Britisch-Amerikanisch	709
	Übungen	716
	Lösungen	718
24.	**Lautschrift-Tabelle**	**719**

Benutzerhinweise

Die in zwei große Hauptteile gegliederte „Englisch Grammatik" eignet sich, um bestimmte Themenfelder gezielt herauszusuchen und zu bearbeiten. Sie können das Buch aber auch von A bis Z durchlesen und sich so die englische Grammatik vom Wort bis zum Satz über die Aussprache und die Rechtschreibung bis hin zu speziellen Unterschieden im Wortschatz des britischen und amerikanischen Englisch einprägen und verinnerlichen.

Zwischen den Inhalten der Grammatik einer Sprache gibt es oft feste Zusammenhänge, die die Erklärung für die eine oder andere Verwendung einer Wortform o. ä. beinhalten. Solche Zusammenhänge werden mit praktischen Hinweisen in Form von Querverweisen (→) markiert, sodass Sie jederzeit zwischen den Themengebieten hin- und herspringen können. Die einzelnen Kapitel und ihre Unterkapitel sind jeweils mit einer Nummer (2.2, 4.5) versehen. Auf diese Nummern beziehen sich die Querverweise im Buch, die gleichzeitig auch noch die Nummer des jeweiligen Beispielkastens (3) mit angibt. So finden Sie die entsprechenden Stellen im Buch einfach und schnell auf.

Sie können dieses Buch einerseits als Nachschlagewerk benutzen, das Sie bei Zweifelsfällen der englischen Grammatik, Aussprache oder Rechtschreibung heranziehen. Mithilfe der Übungen, die sich an jedes Kapitel anschließen, haben Sie aber außerdem die Möglichkeit, Ihren Kenntnisstand zu den einzelnen Themengebieten zu überprüfen und zu festigen. Sie sehen dann, wie gut Ihnen ein Thema liegt oder ob Sie sich einzelne Punkte noch einmal genauer ansehen möchten. Die Lösungen befinden sich jeweils direkt am Anschluss an die Übungen, sodass Sie nicht hin- und herblättern müssen.

Mit dieser „Englisch Grammatik" arbeiten Sie individuell und gezielt nach Ihrer eigenen Geschwindigkeit und Reihenfolge und können sich anhand der praktischen Griffmarken am Seitenrand jedes beliebige Themenfeld jederzeit einfach und schnell heraussuchen.

I. Wortarten und -formen

1. Das Substantiv

Grundwissen: Das Substantiv bezeichnet Personen, Tiere, Dinge und abstrakte Begriffe.

1.1 Hauptklassen des Substantivs

Es gibt fünf Hauptklassen des Substantivs. Es ist wichtig, diese Klassen zu kennen, weil auf sie in diesem und den übrigen Kapiteln Bezug genommen wird.

Eigennamen. Eigennamen bezeichnen bestimmte Personen, Organisationen, historische Ereignisse, Tage, Länder, Orte, Überschriften usw. (1):

(1)

Elizabeth Turner
British Rail
Battle of Waterloo
Tuesday
Germany
London
Hamlet

Regeln: Eigennamen werden groß geschrieben.

Gattungsnamen. Gattungsnamen benennen ein oder mehrere Exemplare einer bestimmten Art. Es können Personen, Tiere, Pflanzen und Dinge bezeichnet werden (2):

(2)

woman	*animal*
boy	*table*

Sammelnamen. Unter Sammelnamen versteht man die Bezeichnung einer Gruppe von Personen oder Dingen (3):

(3)

army	*herd*
jury	*team*
family	*police*

Stoffnamen. Stoffnamen bezeichnen Substanzen (4):

(4)

tea	*water*
rain	*salt*
silk	

Abstrakta. Unter Abstrakta versteht man allgemeine, nicht-gegenständliche Begriffe (5):

(5)

ability	*reason*
life	*sympathy*
death	

1.2 Geschlecht

Regel: Während man im Deutschen jedem Hauptwort ein festes grammatikalisches Geschlecht zuteilt, wird im Englischen das Geschlecht der meisten Substantive durch ihr natürliches Geschlecht bestimmt. Demnach sind Personen entweder männlich oder weiblich. Dinge sind normalerweise sächlich. Dieses Geschlecht drückt sich meistens nicht im Substantiv selber aus, sondern im entsprechenden Personal- und Possessivpronomen (→ 3.1 Bsp. 5–8, 3.3 Bsp. 1, 3.4 Bsp. 1) 1:

1

The man is old.	Der Mann ist alt.
He is old.	Er ist alt.
The woman is old.	Die Frau ist alt.
She is old.	Sie ist alt.
The tree is old.	Der Baum ist alt.
It is old.	Er ist alt.

Geschlecht: Gattungsnamen

Merksatz: Die meisten Gattungsnamen, die Personen bezeichnen, können sich sowohl auf männliche als auch weibliche Personen beziehen. Dies gilt besonders für Berufsbezeichnungen 2:

2

artist	Künstler(in)
dancer	Tänzer(in)
teacher	Lehrer(in)

Es gibt aber bei einigen Gattungsnamen die Möglichkeit, das Geschlecht der betreffenden Person zu betonen. Gattungsnamen mit der Nachsilbe -ess sind alle weiblich 3:

3

hostess	Gastgeberin
princess	Prinzessin

Substantiv

actress	Schauspielerin
goddess	Göttin
waitress	Kellnerin

Hinweis: Einige weibliche Formen sind nicht mehr gebräuchlich. Sie werden durch den Gattungsnamen ersetzt, der beide Geschlechter bezeichnet. Man kann z. B. das Wort *poetess* durch das Wort *poet* ersetzen.

Gattungsnamen, die mit *-man* enden, können herkömmlicherweise nicht nur männliche Personen, sondern auch weibliche Personen bezeichnen (4).
Will man es vermeiden, das Geschlecht zu spezifizieren, kann man die Endung *-person* statt *-man* anfügen (5):

(4)

chairman	der/die Vorsitzende
spokesman	Sprecher(in)

(5)

chairperson	der/die Vorsitzende
spokesperson	Sprecher(in)

Um das Geschlecht von Personen bzw. bestimmten Tieren zu unterscheiden, werden manchmal verschiedene Wörter für männliche und weibliche Personen bzw. Tiere benutzt (6):

(6)

husband/wife	der (Ehe-)Mann/die (Ehe-)Frau
fox/vixen	der Fuchs/die Füchsin

Hinweis: In manchen Fällen kann man das Geschlecht einer Person bzw. eines Tieres ausdrücken, indem man ein zusätzliches Wort zur Bezeichnung des Geschlechts voranstellt (7):

(7)

girlfriend	die Freundin
boyfriend	der Freund
female doctor	die Ärztin
male nurse	der Krankenpfleger

Hinweis: In einigen Fällen bezeichnet ein Gattungsname für ein Tier sowohl die Gattung als auch ein Geschlecht (8):

(8)

dog	der Hund/der Rüde

1.3 Pluralbildung

Grundwissen: Die Pluralform eines Substantivs bezeichnet mehrere Wesen oder Sachen.

Regel: Gewöhnlich wird der Plural eines Substantivs gebildet, indem man -s an den Singular anhängt (9):

(1)

ship – ships

table – tables

garden – gardens

lamp – lamps

writer – writers

cat – cats

dog – dogs

Regelmäßige Pluralbildung: Sonderfälle

Im Unterschied zum Deutschen gilt die obige Grundregel für die meisten englischen Substantive. Dennoch gibt es einige Ausnahmen. Endet das Substantiv auf einem Zischlaut (*-s, -x, -ch, -sh, -z*), hängt man *-es* an das Wort an (2):

(2)

bus – bus(s)es	*church – churches*
class – classes	*bush – bushes*
dress – dresses	*tax – taxes*
box – boxes	*quiz – quizzes*

Wenn das Substantiv auf einen Konsonanten (*b, t, d, n,* usw.) und *-y* endet, so wird *-y* im Plural zu *-ies* (3). Wenn das Substantiv auf einen Vokal (*a, e, i, o, u*) und *-y* endet, so wird im Plural *-s* angehängt (4):

(3)

hobby – hobbies	*pony – ponies*
city – cities	*lady – ladies*

(4)

boy – boys	*valley – valleys*
toy – toys	*tray – trays*

Die Pluralform der Substantive, die mit *-f* oder *-fe* enden, wird normalerweise gebildet, indem man das *-f* oder *-fe* durch *-ves* ersetzt (5):

(5)

half – halves	*wife – wives*
leaf – leaves	*knife – knives*

Aber es gibt auch einige Substantive, deren Plural mit *-fs* gebildet wird (6):

(6)	*belief – beliefs*	*chief – chiefs*

Daneben gibt es manche Substantive, die auf *-f* enden und deren Pluralschreibweise sowohl *-fs* als auch *-ves* erlaubt (7):

(7)	*hoof – hoofs/hooves*

Substantive, die auf *-o* enden, bilden den Plural entweder mit *-os* oder *-oes* (8):

(8)	*radio – radios*	*piano – pianos*	
	hero – heroes	*potato – potatoes*	*tomato – tomatoes*

Unregelmäßige Pluralformen

Neben der Pluralbildung mit -s und ihren Varianten gibt es im Englischen eine ganze Reihe von unregelmäßigen Pluralformen. Einige dieser Formen stammen aus dem Indoeuropäischen. Während das Deutsche hier oft Umlaute verwendet, ändert das Englische, da es keine Umlaute kennt, den Vokal. Die unregelmäßigen Pluralformen müssen gelernt werden (9):

(9)	*man – men*	*tooth – teeth*
	woman – women	*goose – geese*
	louse – lice	*mouse – mice*
	foot – feet	*ox – oxen*
	child – children	

Substantive, die im Plural die gleiche Form besitzen

Es gibt im Englischen einige Substantive, die im Singular und im Plural die gleiche Form besitzen, z. B. einige Tiernamen (10):

(10)

sheep – sheep *deer – deer*

Dazu gehören auch manche Namen von Fischen (11):

(11)

fish – fish	Fisch – Fische
pike – pike	Hecht – Hechte
plaice – plaice	Scholle – Schollen
salmon – salmon	Lachs – Lachse
trout – trout	Forelle – Forellen
catfish – catfish	Wels – Welse

Aber: fishes – Fischarten

Einige Fahrzeuge besitzen im Singular und im Plural die gleiche Form (12):

(12)

aircraft – aircraft

Pluralbildung: Stoffnamen

Manche Stoffnamen werden meist in der Singularform gebraucht (13):

(13)

His hair is grey.	Seine Haare sind grau.
The fruit is rotten.	Das Obst ist faul.

Wenn man dieselben Wörter im Plural benutzt, bezeichnen sie einzelne Exemplare (14):

(14)

He only has three hairs on his head.	Er hat nur drei Haare auf seinem Kopf.
Apples and oranges are both fruits.	Äpfel und Orangen sind Früchte.

Die Pluralbildung von Fremdwörtern

Einige, vor allem griechische und lateinische Fremdwörter haben im Englischen ihre ursprüngliche Pluralform behalten (15):

(15)

analysis – analyses	Analyse – Analysen
thesis – theses	These – Thesen
datum – data	Faktor – Faktoren/Daten
medium – media	Medium – Medien
crisis – crises	Krise – Krisen
phenomenon – phenomena	Phänomen – Phänomene

Andere Fremdwörter bilden den Plural mit -s (16):

(16)

area – areas	Gebiet – Gebiete
asylum – asylums	Asyl – Asyle

Oft sind die ursprüngliche Pluralform und die englische Form (mit -s) gleichermaßen gebräuchlich (17):

(17)

chateau – chateaux/chateaus	Schloss – Schlösser
stadium – stadia/stadiums	Stadium – Stadien

Die Pluralbildung von Völkernamen

Viele Völkernamen haben die regelmäßige englische Pluralform -s (18):

(18)

one American – two Americans	*one Dane – two Danes*
one German – two Germans	*one Italian – two Italians*

Andere Völkernamen hingegen enden auf *-man* oder *-woman*. Deswegen haben sie eine unregelmäßige Pluralbildung (→ 1.3 Bsp. (9)) (19):

(19)

one Englishwoman – two Englishwomen

one Scotsman – two Scotsmen

one Frenchwoman – two Frenchwomen

Endet ein Völkername mit *-ese* oder *-ss*, hat er im Singular und Plural die gleiche Form (20):

(20)

one Portuguese – two Portuguese	*one Chinese – two Chinese*
one Japanese – two Japanese	*one Swiss – two Swiss*

Im Englischen werden Völkernamen großgeschrieben (→ 1.1 Bsp. (1)).

Die Pluralbildung von zusammengesetzten Substantiven

Bei zusammengesetzten Substantiven erhält meistens das Grundwort das Pluralzeichen (21):

(21)

bedroom – bedrooms	Schlafzimmer – Schlafzimmer
son-in-law – sons-in-law	Schwiegersohn – Schwiegersöhne
attorney general – attorneys general	Generalstaatsanwalt – Generalstaatsanwälte
mouse-trap – mouse-traps	Mausefalle – Mausefallen
sailing-boat – sailing-boats	Segelboot – Segelboote

Wenn kein Wortteil der eigentliche Sinnträger ist, so wird *-s* am Ende der Zusammensetzung angefügt (22):

(22)

go-between – go-betweens	Vermittler – Vermittler
grown-up – grown-ups	Erwachsene – Erwachsene
take-off – take-offs	Abflug – Abflüge
merry-go-round – merry-go-rounds	Karussell – Karussells

Besteht ein zusammengesetztes Substantiv aus *man/woman* und einem anderen Wort, treten beide Bestandteile in den Plural, wenn *man/woman* nur das Geschlecht betont (23):

(23)

woman teacher – women teachers	die Lehrerin – die Lehrerinnen
manservant – menservants	der Diener – die Diener

1.4 Unzählbare Begriffe

Merksatz: Im Englischen kann man die meisten Begriffe zählen. Sie haben sowohl Plural- als auch Singularformen (1):

(1)

house – houses	Haus – Häuser
shop – shops	Laden – Läden

Wenn man diese Substantive verwendet, kann man Numeralien (→ 10.1) und andere Bestimmungswörter benutzen (2):

(2)

one bird – five birds	ein Vogel – fünf Vögel
one book – thirty books	ein Buch – dreißig Bücher
one man – many men	ein Mann – viele Männer

Bei diesen Substantiven kann man auch den unbestimmten Artikel benutzen (→ 2.3) (3):

(3)

a woman	eine Frau
a car	ein Auto
a computer	ein Computer

Solche Substantive werden zählbare Begriffe genannt.

Doch es gibt im Englischen eine ganze Reihe von Substantiven, die Dinge bezeichnen, die man nicht zählen kann (4):

(4)

milk	Milch
food	Essen
water	Wasser
coal	Kohle
heat	Hitze

Solche Substantive werden unzählbare Begriffe genannt. Im Englischen stehen sie entweder – wie hier – im Singular oder im Plural (5):

(5)

surroundings	Umgebung – Umgebungen

Regel: Wenn unzählbare Begriffe im Singular stehen, können sie nicht in den Plural gesetzt werden. Wenn sie im Plural stehen, können sie nicht in den Singular gesetzt werden. Man darf unzählbare Begriffe nie mit einem Zahlwort oder einem unbestimmten Artikel (→ 2.3) verbinden.

Merksatz: Es gibt im Englischen einige unzählbare Begriffe, die im Deutschen zählbar sind. Während im Englischen viele dieser Begriffe nur im Singular stehen, können die entsprechenden Substantive im Deutschen sowohl Plural- als auch Singularform haben. Deswegen muss man sie lernen (6):

(6)

accomodation	die Unterkunft – die Unterkünfte
advice	der Rat – die Ratschläge
information	die Information – die Informationen

evidence	der Beweis – die Beweise
furniture	das Möbel – die Möbel
progress	der Fortschritt – die Fortschritte
knowledge	die Kenntnis – die Kenntnisse
produce	das Erzeugnis – die Erzeugnisse
machinery	die Maschine – die Maschinen
cutlery	das Besteck – die Bestecke
damage	der Schaden – die Schäden
merchandise	die Ware – die Waren
homework	die Hausaufgabe – die Hausaufgaben

Wenn man diese unzählbaren Begriffe in einem englischen Satz benutzt, müssen die Bestimmungswörter (z. B. Demonstrativpronomen) und Verben auch im Singular stehen (7):

(7)

Her advice is good.	Ihre Ratschläge sind gut.
The homework is difficult.	Die Hausaufgaben sind schwierig.
This machinery is dangerous.	Diese Maschinen sind gefährlich.
His progress was slow.	Seine Fortschritte waren langsam.
The furniture is worn.	Die Möbel sind ramponiert.

Andere unzählbare Begriffe sind nicht so schwierig zu lernen, weil sie auch im Deutschen unzählbar sind (8):

(8)

nonsense	Unsinn
hospitality	Gastfreundschaft
patience	Geduld
laughter	Lachen
safety	Sicherheit
poverty	Armut

Will man unzählbare Begriffe zählen, muss man Fügungen verwenden, die Arten, Teile oder Mengen bezeichnen (9):

(9)

These are nice pieces of furniture.	Das sind schöne Möbel/ Möbelstücke.
It was a sensible piece of advice.	Es war ein vernünftiger Rat.
Alice bought a bottle of water.	Alice hat eine Flasche Wasser gekauft.
Adam bought three loaves of bread.	Adam hat drei Brote gekauft.
I gave Paul three cups of tea.	Ich habe Paul drei Tassen Tee gegeben.
That is a new type of paper.	Das ist eine neue Sorte Papier.

Substantive wie Stoffnamen oder Abstrakta (→ 1.1), die als Oberbegriffe unzählbar sind, können zählbar sein, wenn einzelne Exemplare bezeichnet werden.

Wenn z. B. die Substantive *stone* und *cake* als Oberbegriff ihre jeweiligen Klassen bezeichnen, sind sie unzählbare Begriffe (10). Wenn sie konkrete einzelne Exemplare der Stoffklassen *stone* bzw. *cake* bezeichnen, sind sie zählbar (11).

(10)

Stone is a very solid material.	Stein ist ein sehr hartes Material.
Cake is sweet.	Kuchen schmeckt süß.

(11)

He picked up a stone.	Er hob einen Stein auf.
Jack is baking a cake.	Jack backt einen Kuchen.

Im Allgemeinen ist die zählbare Form eines Substantivs spezifischer und konkreter als seine unzählbare Form (12):

(12)

We use gas instead of coal.	Wir verwenden Gas statt Kohle.
One should never touch a hot coal.	Man sollte nie eine heiße Kohle anfassen.
Crime is a problem in many cities.	Kriminalität ist ein Problem in vielen Städten.
Shoplifting is a crime.	Ladendiebstahl ist ein Verbrechen.

Hinweis: Bezeichnungen für Getränke, die normalerweise unzählbare Begriffe sind, können in einer Gaststätte als zählbare Begriffe verwendet werden (13):

(13)

I would like two teas, please.	Ich möchte bitte zwei Tassen Tee.
Three coffees, please.	Ich möchte bitte drei Tassen Kaffee.

Merksatz: Im Englischen haben Substantive manchmal mehrere unterschiedliche Bedeutungen. Solche Substantive können sowohl zur Gruppe der zählbaren als auch zur Gruppe der unzählbaren Begriffe gehören, je nach Bedeutung (14):

(14)

wood	Holz/Wald
In a wood she found lots of pieces of wood.	In einem Wald fand sie viele Holzstücke.

Merksatz: Während im Englischen einige unzählbare Begriffe nur eine Pluralform haben, können die entsprechenden Substantive im Deutschen sowohl Singular- als auch Pluralformen haben (15):

(15)

goods	Ware – Waren
wages	Lohn – Löhne
outskirts	Außenbezirk – Außenbezirke
customs	Zoll – Zölle

Wenn man einen solchen unzählbaren Begriff in einem Satz verwendet, müssen im Englischen die Bestimmungswörter (z. B. *these*) und Verben auch im Plural stehen (16):

(16)

The surroundings are very beautiful.	Die Umgebung ist sehr schön.
These wages are very low.	Dieser Lohn ist sehr niedrig.
These goods are too expensive.	Diese Ware ist zu teuer.

Paarwörter

Regel: Die so genannten Paarwörter stehen immer im Plural. Paarwörter bezeichnen Gegenstände, die aus zwei identischen Teilen bestehen. Wenn man Paarwörter verwendet, darf man sie nie in Verbindung mit dem unbestimmten Artikel (→ 2.3) oder mit Zahlwörtern (→ 10.1) benutzen (17):

(17)

glasses	Brille – Brillen
jeans	Jeans
trousers	Hose – Hosen
binoculars	Fernglas – Ferngläser
scissors	Schere – Scheren
tights	Strumpfhose – Strumpfhosen
shorts	kurze Hose – kurzen Hosen
braces	Hosenträger
pliers	Zange – Zangen
swimming trunks	Badehose – Badehosen
pyjamas	Schlafanzug – Schlafanzüge
scales	Waage – Waagen

Gebraucht man ein Paarwort in einem Satz, müssen im Englischen die Bestimmungswörter (z. B. *this, that*) und die Verben auch im Plural stehen (18):

(18)

His trousers are too short.	Seine Hosen/Hose sind/ist zu kurz.
My scales are broken.	Meine Waage ist kaputt.
Her scissors are sharp.	Ihre Schere ist scharf.

Zur Bezeichnung der Anzahl bei diesen Paarwörtern verwendet man die Fügung *a pair of* (19):

(19)

He uses a nice pair of binoculars.	Er benutzt ein schönes Fernglas.
She owns more than twenty pairs of trousers.	Sie besitzt mehr als zwanzig Hosen.
I need a new pair of glasses.	Ich brauche eine neue Brille.
I packed five pairs of swimming trunks.	Ich habe fünf Badehosen eingepackt.

Substantive, die nur der Form nach im Plural stehen

Es gibt im Englischen einige Substantive, die trotz der Pluralform als Singular betrachtet werden. Dazu gehören die Namen von Wissenschaften, die mit *-ics* enden (20):

(20)

mathematics	Mathematik
politics	Politik
physics	Physik
phonetics	Phonetik
classics	Altphilologie
linguistics	Linguistik
economics	Wirtschaftswissenschaft
mechanics	Mechanik

Substantiv

Auch einige Krankheiten fallen darunter (21):

(21)

measles	Masern
shingles	Gürtelrose
mumps	Mumps
rickets	Rachitis
German measles	Röteln

Ebenso gehören einige Spiele dazu (22):

(22)

darts	Pfeilwurfspiel
marbles	Murmelspiel
billiards	Billard
bowls	Boules-Spiel
draughts	Damespiel
dominoes	Dominospiel

Manche Eigennamen (→ 1.1 Bsp. (1)) haben eine Pluralform, werden aber als Singular betrachtet :

(23)

the United States	the United Nations

Auch das Substantiv *news* wird trotz seiner Pluralform wie ein Singular behandelt (24):

(24)

news	die Nachricht – die Nachrichten

Da die genannten Substantive als Singular gewertet werden, müssen die Bestimmungswörter (z. B. *this*, *that*) und die Verben innerhalb des Satzes im Singular stehen (→ 1.4 Bsp. ⑦, ⑯, ⑱) ㉕:

㉕

Mathematics is my favourite subject.	Mathematik ist mein Lieblingsfach.
Emily thinks that politics is very interesting.	Emily findet Politik sehr interessant.
Genetics is a controversial science.	Genetik ist eine umstrittene Wissenschaft.
Darts is a popular sport.	Das Pfeilwurfspiel ist eine beliebte Sportart.
Marbles is a game for children.	Das Murmelspiel ist ein Spiel für Kinder.
Bowls is played in the open-air.	Boules wird im Freien gespielt.
Measles is unpleasant.	Masern sind unangenehm.
The United States is a big country.	Die Vereinigten Staaten sind ein großes Land.

Sonderfall: Namen von Wissenschaften, die mit *-ics* enden, können manchmal als Plural betrachtet werden, wenn sie nicht das gesamte wissenschaftliche Gebiet, sondern nur bestimmte Beispiele oder Eigenschaften bezeichnen ㉖:

㉖

John's mathematics are amazing.	Johns Mathematikkenntnisse sind erstaunlich.
Politics in England are complicated.	Die Politik in England ist kompliziert.

Substantiv

Sammelnamen: Singular oder Plural?

Sammelnamen gelten manchmal als Singular und manchmal als Plural. Wird ein Sammelname verwendet, um eine ganze Gruppe als Einheit zu bezeichnen, wird er immer als Singular betrachtet (27):

(27)

Each government does its best to solve social problems.	Jede Regierung tut ihr Bestes, um soziale Probleme zu lösen.
Kate's band always plays well.	Kates Band spielt immer gut.
My favourite team always loses.	Meine Lieblingsmannschaft verliert immer.

Wenn ein Sammelname die einzelnen Mitglieder einer Gruppe meint, kann er als Plural behandelt werden (28):

(28)

The government have/has lost control of the situation.	Die Regierung ist nicht mehr Herr der Lage.
Kate's band have/has lost their instruments.	Kates Band hat ihre Instrumente verloren.
The team have/has played well.	Die Mannschaft hat gut gespielt.

Hinweis: Es wird immer gebräuchlicher, einige Sammelnamen als Plural zu bewerten, v. a. solche, die eine Gruppe von Leuten bezeichnen (29):

(29)

government	Regierung
team	Mannschaft
band	Band

family	Familie
crowd	Menschenmenge
public	Öffentlichkeit
majority	Mehrheit
parliament	Parlament
firm	Firma

Regel: Einige Sammelnamen werden üblicherweise als Plural betrachtet (30):

(30)

police	Polizei
clergy	Geistlichkeit
people	Leute
cattle	Vieh
poultry	Geflügel
vermin	Ungeziefer

Wenn man solche Sammelnamen in einem Satz benutzt, müssen im Englischen die Bestimmungswörter und Verben auch im Plural stehen (31):

(31)

The police train their officers well.	Die Polizei bildet ihre Beamten gut aus.
Many people drive cars.	Viele Leute fahren mit dem Auto.
The cattle are in the field.	Das Vieh ist auf dem Feld.
Poultry are often kept in a cage.	Geflügel wird oft in einem Käfig gehalten.

Hinweis: Das Substantiv *people* kann nicht nur die Leute, sondern auch das *Volk* bedeuten. Wenn es das *Volk* heißt, wird es wie im Deutschen verwendet (32):

(32)

The English are a strange people.	Die Engländer sind ein wunderliches Volk.
The peoples of Africa had to fight for their freedom.	Die Völker Afrikas mussten für ihre Freiheit kämpfen.

1.5 Pluralbildung: Plural im Englischen, Singular im Deutschen

In einigen Fällen gebraucht man im Englischen eine Pluralform, wenn man im Deutschen eine Singularform benutzen würde. Dies gilt für Substantive wie *life* und *death* (1):

(1)

All the passengers lost their lives in the crash.	Bei dem Unglück kamen alle Passagiere ums Leben.
After the deaths of his brothers he had to give up his job.	Nach dem Tod seiner Brüder musste er seinen Job aufgeben.

Wenn mehrere durch *and* verbundene Adjektive, die verschiedene Sachen bezeichnen, vor einem Substantiv stehen, wird dieses immer in den Plural gesetzt (2):

(2)

We have seen the first and second parts of the series.	Wir haben den ersten und den zweiten Teil der Serie gesehen.
She owns flats on the first, second and third floors.	Sie besitzt Wohnungen im ersten, zweiten und dritten Stock.

Im Gegensatz zum Deutschen stehen im Englischen Substantive, die Gewicht, Maß oder Wert bezeichen, im Plural (3):

(3)

He drank two litres of beer.	Er trank zwei Liter Bier.
I only have five pounds.	Ich habe nur fünf Pfund.
He has put on three kilos.	Er hat drei Kilo zugenommen.
Yesterday the temperature was thirty degrees.	Gestern betrug die Temperatur dreißig Grad.

Merksatz: Die Fügung aus Zahl und Substantiv, die der Form nach im Plural steht, wird als Einheit empfunden und wie ein Singular behandelt. Deswegen werden die Bestimmungswörter (z. B. *another*) und die Verben, die ihr zugeordnet sind, im Singular verwendet (4):

(4)

Ten pounds is not enough.	Zehn Pfund reichen nicht.
A good twenty degrees is today's temperature.	Mindestens zwanzig Grad beträgt heute die Temperatur.

1.6 Genitiv

Grundwissen: Während man im Deutschen vier Fälle (Nominativ, Genitiv, Dativ und Akkusativ) anhand der Form des Substantivs und des dazugehörigen Artikels unterscheidet, tritt im Englischen nur in einem Fall eine Änderung auf, und zwar im Genitiv. In den anderen Fällen bleiben das Substantiv und der dazugehörige Artikel immer unverändert.
Nominativ (1):

(1)

the man	*der Mann*
the woman	*die Frau*
the car	*das Auto*

Dativ (2):

(2)

the man	*dem Mann*
the woman	*der Frau*
the car	*dem Auto*

Akkusativ (3):

(3)

the man	*den Mann*
the woman	*die Frau*
the car	*das Auto*

Regel: Im Englischen ändert sich nur im Genitiv die Form eines Substantivs. Es gibt zwei Möglichkeiten, den Genitiv zu bilden. Man kann *'s* an das Substantiv anfügen oder die Präposition *of* verwenden. Die beiden Genitivformen haben die gleiche Bedeutung. Sie bezeichnen bestimmte Beziehungen.

Der Genitiv drückt Zugehörigkeits- oder Besitzverhältnisse aus (4):

(4)

the man's house	*das Haus des Mannes*
Mr Smith's pipe	*Mr. Smiths Pfeife*
the woman's money	*das Geld der Frau*
Ruth's shoe	*Ruths Schuh*
the door of the house	*die Haustür*
the driver of the car	*der Autofahrer*
the dog's bone	*der Hundeknochen*
Robert's brothers	*Roberts Brüder*

Der Genitiv gibt die Urheberschaft an (5):

(5)

The man's letter was illegible.	Der Brief des Mannes war unleserlich.
No one heard Mr Smith's cries.	Niemand hat Mr. Smiths Rufe gehört.
He read Ruth's poem.	Er las Ruths Gedicht.
The effects of the explosion were still visible.	Die Wirkungen der Explosion waren immer noch sichtbar.
He was woken by the dog's bark.	Er wurde vom Bellen des Hundes aufgeweckt.

Man muss den Genitiv auch dann verwenden, wenn es darum geht, den Umstand der Betroffenheit von einer Handlung auszudrücken (6):

(6)

John's release from jail was imminent.	Johns Freilassung aus dem Gefängnis stand kurz bevor.
Joan's appointment as leader came as a surprise.	Joans Berufung als Leiterin kam überraschend.
The accident has shocked the whole street.	Der Unfall hat die ganze Straße schockiert.

Die ’s-Genitivform: Bildung

Regel: Man bildet die ’s-Genitivform, indem man ’s an die Singularform eines Substantivs anhängt (7):

(7)

My mother’s purse was very expensive.	Das Portemonnaie meiner Mutter war sehr teuer.
Germany’s motorways are very impressive.	Deutschlands Autobahnen sind sehr beeindruckend.
Mary’s job is very difficult.	Marys Job ist sehr schwierig.
The girl’s laughter was beautiful.	Das Lachen des Mädchens war schön.

Im Plural fügt man einen Apostroph an die regelmäßige Pluralform eines Substantivs. Dies gilt aber nur, wenn die Pluralform eines Substantivs auf -s endet (→ 1.3 Bsp. (1)–(8)) (8):

(8)

The ladies’ dresses are pretty.	Die Kleider der Damen sind hübsch.
My brothers’ school is far away.	Die Schule meiner Brüder ist weit entfernt.
My sisters’ friends are very clever.	Die Freunde meiner Schwestern sind sehr klug.

Wenn das Substantiv eine unregelmäßige Pluralform hat, muss man ’s an das Wort anhängen (→ 1.3 Bsp. (9)) (9):

(9)

The children’s room is upstairs.	Das Kinderzimmer ist oben.
The men’s department is very big.	Die Herrenabteilung ist sehr groß.

An Eigennamen, die auf -s enden, kann man entweder 's oder ' anfügen (10):

(10)

Mr Lewis's canary is sick.	Der Wellensittich von Mr. Lewis ist krank.
Burns' poetry is very good.	Die Dichtung von Burns ist sehr gut.
Thomas's father is rich.	Der Vater von Thomas ist reich.
Mr Bates' house is around the corner.	Das Haus von Mr. Bates ist um die Ecke.
Aunt Phyllis' cat is hungry.	Die Katze von Tante Phyllis ist hungrig.

Hinweis: Bei fremden Eigennamen, die auf -s enden, wird normalerweise nur der Apostroph angefügt (11):

(11)

Euripides' plays are world-famous.	Die Stücke von Euripides sind weltberühmt.
Socrates' philosophy is still influential.	Die Philosophie von Sokrates ist noch immer einflussreich.

Sonderfall: Bei bestimmten Ausdrücken wird ebenfalls nur ' gebraucht (12):

(12)

For goodness' sake!	Um Himmels willen!

Bei zusammengesetzten Substantiven wird der ’s-Genitiv in seinen Varianten mit dem letzten Bestandteil gebildet (13):

(13)

The attorney general's briefcase was stolen.	Die Aktentasche des Generalstaatsanwaltes wurde gestohlen.
My mother-in-law's telephone is red.	Das Telefon meiner Schwiegermutter ist rot.

Auch wenn zwei oder mehr Personen durch einen Umstand persönlich verbunden sind, wird der ’s-Genitiv in seinen Varianten nur mit dem letzten Namen gebildet (14):

(14)

John and Bob's room is downstairs.	Johns und Bobs Zimmer ist unten.
Rogers and Hammerstein's musicals are very popular.	Rogers und Hammersteins Musicals sind sehr beliebt.

Wenn aber zwei oder mehr Personen zufällig vereint sind, dann wird jeder Name in den ’s-Genitiv gesetzt (15):

(15)

John's and Bob's rooms are both very tidy.	Johns und Bobs Zimmer sind beide ordentlich aufgeräumt.
Shakespeare's and Marlowe's plays are still played.	Shakespeares und Marlowes Stücke werden immer noch aufgeführt.

Der 's-Genitiv: Gebrauch

Regel: Man verwendet 's normalerweise bei Personbezeichnungen (16):

(16)

Mr Teed's boss is on holiday.	Mr. Teeds Chef ist auf Urlaub.
Mary's brother cannot write.	Marys Bruder kann nicht schreiben.
Our neighbours' piano is out of tune.	Das Klavier unserer Nachbarn ist verstimmt.
The boss's secretary is in his office.	Die Sekretärin des Chefs ist in seinem Büro.

Wird aber die Person ausführlicher beschrieben, muss man die *of*-Präposition verwenden (17):

(17)

He is the brother of the man who works for ICI.	Er ist der Bruder des Mannes, der bei ICI arbeitet.
Who is the husband of the woman in the green dress.	Wer ist der Ehemann der Frau, die das grüne Kleid trägt??

Um Überraschung, Bewunderung, Entrüstung usw. auszudrücken, kann man die Person am Ende des Satzes nennen. In so einem Fall wird die *of*-Präposition gebraucht (18):

(18)

Bad weather delayed the arrival of the Queen.	Das schlechte Wetter hat die Ankunft der Queen verzögert.
He insulted the wife of the managing director.	Er beleidigte die Frau des leitenden Direktors.

Man verwendet 's auch bei Tiernamen [19]:

[19]

My dog's name is Rex.	Mein Hund heißt Rex.
The bird's song is beautiful.	Der Gesang des Vogels ist schön.
The dog's kennel is in the garden.	Die Hundehütte ist im Garten.

Bei Tiernamen wird die *of*-Präposition nur benutzt, um etwas zu betonen [20]:

[20]

That's not a garage. That's the kennel of our dog, Rover.	Das ist keine Garage. Das ist der Hundezwinger unseres Hundes Rover.

Man gebraucht 's häufig bei Ländern, Städten und Institutionen [21]:

[21]

Britain's economy is strong.	Großbritanniens Wirtschaft ist stark.
I love London's nightlife.	Ich liebe das Londoner Nachtleben.
The company's accounts are secret.	Die Bücher der Firma sind geheim.
The university's intake is rising.	Die Zulassungszahlen der Universität steigen.

Man kann ’s verwenden, wenn man besonders beeindruckende, komplizierte oder interessante Produkte menschlichen Tuns bezeichnen möchte (22):

(22)

The play’s theme is love and passion.	Das Thema des Stückes ist Liebe und Leidenschaft.
Football’s history is very interesting.	Die Geschichte des Fußballs ist sehr interessant.
The plane’s wings shook.	Die Flügel des Flugzeugs wackelten.
The car’s wheels spun.	Die Räder des Autos drehten sich.

Man gebraucht ’s bei vielen Zeitangaben (23):

(23)

This week’s magazine is very boring.	Die Zeitschrift von dieser Woche ist sehr langweilig.
We had an hour’s rest.	Wir haben uns eine Stunde ausgeruht.
This job requires one year’s experience.	Für diese Stelle braucht man ein Jahr Berufserfahrung.
an hour’s journey by rail	eine einstündige Bahnfahrt

Man benutzt ’s bei einigen Wertangaben (24):

(24)

I’d like three euro’s worth of apples.	Ich möchte für drei Euro Äpfel.

Man verwendet ’s bei manchen Längenangaben (25):

(25)

He lives a stone’s throw away from the station.	Er wohnt einen Steinwurf vom Bahnhof entfernt.
He keeps his landlord at arm’s length.	Er hält sich seinen Vermieter vom Leibe.

Bei einigen Längenangaben muss man aber die *of*-Präposition benutzen (26):

(26)

It is a distance of three miles from the town hall to the station.	Der Bahnhof ist drei Meilen vom Rathaus entfernt.

Hinweis: Man gebraucht ’s auch bei bestimmten festen Ausdrücken (27):

(27)

He can play to his heart’s content.	Er darf nach Herzenslust spielen.
Paula is at her wit’s end.	Paula ist am Ende ihrer Weisheit.
In his mind’s eye he could still see Mary.	Vor seinem geistigen Auge konnte er Mary immer noch sehen.

Wenn das Bezugswort des Genitivs eine Ortsangabe (z. B. Wohnung, Kirche, öffentliches Gebäude, Praxis) ist, kann man sie normalerweise auslassen und den ’s-Genitiv ohne Bezugswort verwenden (28):

(28)

I’ve got to go to the baker’s.	Ich muss zum Bäcker gehen.

We'll be at Mike's tonight.	Heute Abend sind wir bei Mike.
Do I really have to go to the dentist's?	Muss ich wirklich zum Zahnarzt?
Tomorrow I want to go to St Paul's Cathedral.	Morgen will ich die St.-Pauls Kathedrale besuchen.

Sonderfall: Dreht es sich um ein großes, berühmtes Kaufhaus, kann man ein bloßes -s anfügen (29):

(29)

Janet bought a hat in Harrods.	Janet hat einen Hut bei Harrods gekauft.
Do you want to go to Mulberry's with us?	Möchtest du mit uns zu Mulberry gehen?

Man kann das Bezugswort weglassen, wenn es aus dem Vorhergehenden zu erschließen ist (30):

(30)

You don't have to buy a guide book. You can borrow David's.	Du musst keinen Führer kaufen. Du kannst dir Davids ausleihen.
My car is faster than Tony's.	Mein Auto ist schneller als Tonys.
Whose trousers are those? – They are Tom's.	Wem gehört die Hose? – Sie gehört Tom.

Substantiv

Der of-Genitiv: Gebrauch

Die *of*-Präposition wird hauptsächlich verwendet, wenn man Sachen oder abstrakte Begriffe bezeichnet (31):

(31)

The walls of the town are very high.	Die Stadtmauern sind sehr hoch.
Who was the inventor of the lightbulb?	Wer war der Erfinder der Glühbirne?

Man kann die *of*-Präposition auch bei einigen Sammelnamen benutzen (32):

(32)

The members of the jury listened intently.	Die Geschworenen hörten konzentriert zu.
The noise of the crowd was deafening.	Der Lärm der Zuschauermenge war ohrenbetäubend.

Hinweis: Bei Schlagzeilen gebraucht man oft den *'s*-Genitiv statt der *of*-Präposition, weil er kürzer ist (33):

(33)

Lightbulb's inventor dies	Erfinder der Glühbime gestorben
crowd's noise deafening	Lärm der Zuschauermenge ohrenbetäubend

Die *of*-Präposition wird bei einigen Mengen- und unbestimmten Zahlenangaben verwendet (34):

(34)

Would you like a cup of tea?	Möchten Sie eine Tasse Tee?
He knocked over a pile of newspapers.	Er hat einen Stapel Zeitungen umgestoßen.
He lives hundreds of miles away.	Er wohnt Hunderte von Meilen entfernt.
Pat bought two metres of material.	Pat hat zwei Meter Stoff gekauft.

Man benutzt die *of*-Präposition nach geographischen Bezeichnungen und nach Wörtern wie *month*, wenn sie mit dem bestimmten Artikel stehen. Dadurch wird der Eigenname an seinen zugehörigen Gattungsnamen angeschlossen (35):

(35)

The city of Cambridge is dependent on the university.	Die Stadt Cambridge ist auf die auf die Universität angewiesen.
He lives in the county of Yorkshire.	Er wohnt in der Grafschaft Yorkshire.
I was born in the month of September.	Ich bin im September geboren.

Man gebraucht die *of*-Präposition nach Titeln (36):

(36)

What's the Archbishop of Canterbury called?	Wie heißt der Erzbischof von Canterbury?
Brenda would like to meet the Prince of Wales.	Brenda möchte den Prince of Wales kennenlernen.

Man verwendet die *of*-Präposition bei Bezeichnungen für geschichtliche Ereignisse, um zu erklären, wo diese geschehen sind (37):

(37)

The Battle of Waterloo was in 1815.	Die Schlacht von Waterloo war im Jahr 1815.
The Treaty of Versailles was controversial.	Der Vertrag von Versailles war umstritten.

Hinweis: Es gibt im Englischen gewisse Substantive, Adjektive und Verben, auf die regelmäßig eine Ergänzung mit der *of*-Präposition folgt. Die entsprechenden deutschen Wörter nehmen oft andere Präpositionen an. Deswegen muss man die englischen Wörter lernen (38):

(38)

fear of	Furcht vor
want of	Mangel an
lack of	Mangel an
hope of	Hoffnung auf
thought of	Gedanke an
love of	Liebe zu
to accuse of	anklagen
to approve of	billigen
to disapprove of	missbilligen

Der doppelte Genitiv

Merksatz: Es gibt im Englischen den doppelten Genitiv. Er ist eine Kombination aus einem Bezugswort, der *of*-Präposition und einer Personenbezeichnung bzw. einem Eigennamen im *'s*-Genitiv. Man benutzt den doppelten Genitiv, wenn das Bezugswort nur eine von mehreren Sachen oder Personen bezeichnet. Vor dem Bezugswort steht entweder ein unbestimmter Artikel (→ 2.3), ein Zahlwort

(→ 10.1), ein Demonstrativ- (→ 3.5) bzw. ein Indefinitpronomen (→ 3.6), oder es wird artikellos gebraucht (39):

(39)

Caroline hasn't seen any plays of Pinter's.	Caroline hat keine Stücke von Pinter gesehen.
He knows two relatives of the Queen's.	Er kennt zwei Verwandte der Queen.
That book of your uncle's is no good.	Dieses Buch deines Onkels taugt nichts.
My parents were friends of Churchill's.	Meine Eltern waren Freunde von Churchill.

Übungen

1. Bestimmen Sie bei den folgenden Wörtern, ob das Substantiv ein Eigenname, ein Gattungsname, ein Sammelname, ein Stoffname oder ein Abstraktum ist:

a. Germany	**f.** audience
b. opinion	**g.** ambition
c. chair	**h.** Hamlet
d. coffee	**i.** book
e. choir	**j.** snow

2. Bestimmen Sie bei den folgenden Gattungsnamen, ob sie nur Männer bzw. Frauen bezeichnen oder ob sie sowohl für Männer als auch für Frauen gebraucht werden:

a. doctor
b. stewardess
c. secretary
d. singer
e. fireman

3. Setzen Sie die Wörter, die in Klammern stehen, in den Plural:

a. Look at the beautiful (tree) over there!
b. You can keep the (box).
c. Would you like to see our beautiful (church)?
d. Where did you put the (dictionary)?
e. Have you seen our (sheep)?
f. I am going to hang the (picture) above the fireplace.

g. Have you fed the (calf) yet?
h. We all admired the returning (hero).
i. Harry gave the (child) five pounds.
j. Julia carefully put the (cod) back into the water.
k. I think you are using the wrong (criterion).
l. Have you completed your (inquiry) yet?
m. I'm going to speak to the (boss).
n. Don't stamp on my (foot).
o. Why is Derek hiding in the (bush).
p. Lillian gets on well with her (brother-in-law).
q. Brenda always found the (ferry) very romantic.
r. Roger wants to sell his (radio).

4. Setzen Sie die richtigen englischen Wörter in die Lücken ein. **Hinweis:** Wichtig ist, ob die Substantive im Englischen im Singular oder im Plural verwendet werden:

a. The news ... (*sein*) depressing.
b. Where are you going to put the ... (*Möbel*)?
c. John has broken his ... (*Brille*).
d. Bronchitis ... (*sein*) not very pleasant.
e. It is sometimes difficult to find ... (*Unterkünfte*) in London.
f. Elizabeth is busy doing her ... (*Hausaufgaben*).
g. John was very impressed by the beautiful ... (*Umgebung*).
h. Fred gave me some good ... (*Ratschläge*).
i. Have you seen the ... (*Hose*)?
j. The United Nations ... (*sein*) very busy.
k. Could you give me some ... (*Informationen*).
l. Where do you get your ... (*Haare*) cut?

5. Setzen Sie in die Lücken die richtigen Fügungen ein, die die Substantive zählbar machen:

a. Jim wants ... pyjamas for Christmas.
b. Wendy gave me an interesting ... information.
c. How many ... furniture have we sold this week?
d. George owns ten ... shorts.

6. Setzen Sie die richtige Genitivform ('s oder *of*) der eingeklammerten Substantive an der richtigen Stelle ein:

z. B. Mary was wearing the coat. (her mother)
Mary was wearing her mother's coat.

a. They borrowed the car. (Mary and John)
b. Where did you find the helmet? (the policeman)
c. All day they could hear the noise. (the cars)
d. He always wanted to be on the cover. (a magazine)
e. John bought the turntable. (Mr Jones)
f. The shoes are very pretty. (the girls)
g. Let's go see the film. (John)
h. What is the name? (the woman who runs the post office)
i. The scent was lovely. (the flowers)
j. Lawrence cannot resist the taste. (pizza)
k. The loyalty was unmistakable. (the dog)
l. The decision was a surprise. (the Prime Minister)
m. The legs were broken. (the chair)
n. Some found the performance a little disappointing. (the players)
o. The members are very enthusiastic. (choir)
p. Even from afar he could see the glow. (the light)
q. The shop has closed down. (Mr Todd)
r. The words haunted me. (the boy)

Lösungen

1. a. Eigenname
   b. Abstraktum
   c. Gattungsname
   d. Stoffname
   e. Sammelname
   f. Sammelname
   g. Abstraktum
   h. Eigenname
   i. Gattungsname
   j. Stoffname

2. a. sowohl Männer als auch Frauen
   b. Frauen
   c. sowohl Männer als auch Frauen
   d. sowohl Männer als auch Frauen
   e. Männer

3. a. trees
   b. boxes
   c. churches
   d. dictionaries
   e. sheep
   f. pictures
   g. calves
   h. heroes
   i. children
   j. cod
   k. criteria
   l. inquiries
   m. bosses
   n. feet
   o. bushes
   p. brothers-in-law
   q. ferries
   r. radios

4. a. is
   b. furniture
   c. glasses
   d. is
   e. accommodation
   f. homework
   g. surroundings
   h. advice
   i. trousers
   j. is
   k. information
   l. hair

5. a. a pair of
   b. piece of
   c. pieces of
   d. pairs of

6. a. They borrowed Mary and John's car.
   b. Where did you find the policeman's helmet?
   c. All day they could hear the noise of the cars.
   d. He always wanted to be on the cover of a magazine.
   e. John bought Mr Jones'/Mr Jones's turntable.
   f. The girls' shoes are very pretty.
   g. Let's go see John's film.
   h. What is the name of the woman who runs the post office?
   i. The scent of the flowers was lovely.
   j. Lawrence cannot resist the taste of pizza.
   k. The dog's loyalty was unmistakable.
   l. The Prime Minister's decision was a surprise.
   m. The legs of the chair were broken.
   n. Some found the players' performance a little disappointing.
   o. The members of the choir are very enthusiastic.
   p. Even from afar he could see the glow of the light.
   q. Mr Todd's shop has closed down.
   r. The boy's words haunted me.

2. Der Artikel

2.1 Der bestimmte Artikel

Grundwissen: Im Deutschen hat der bestimmte Artikel drei verschiedene Geschlechter, nämlich *der*, *die* und *das*. Im Englischen dagegen hat er nur eine Form. Er heißt immer *the*, gleichgültig ob ein Substantiv männlich (1), weiblich (2) oder sächlich (3) ist:

(1)

the man
the boy
the husband

(2)

the woman
the girl
the wife

(3)

the tree
the door
the book

Der englische bestimmte Artikel hat im Singular und im Plural (→ 1.3) die gleiche Form (4):

(4)

the lion/the lions	der Löwe/die Löwen
the wave/the waves	die Welle/die Wellen
the car/the cars	das Auto/die Autos

Der englische bestimmte Artikel hat auch im Genitiv (→ 1.6 Bsp. 4) die gleiche Form 5:

5

the woman's house	das Haus der Frau
the dog's ball	der Ball des Hundes
the end of the road	das Ende der Straße

Wie im Deutschen steht der bestimmte Artikel im Englischen normalerweise vor dem Substantiv und seinen Attributen 6:

6

the brown teapot	die braune Teekanne
the very small girl	das sehr kleine Mädchen
the first swallow	die erste Schwalbe

Merksatz: Man spricht den englischen bestimmten Artikel auf verschiedene Weise aus. Entscheidend ist dabei, wie man den Anlaut des folgenden Wortes ausspricht, nicht, wie man ihn schreibt. Steht der bestimmte Artikel vor Wörtern mit konsonantischem Anlaut, dann wird er [ðə] ausgesprochen 7:

7

the [ðə] *magazine* *the* [ðə] *universe*

the [ðə] *European continent*

Beginnt das nächste Wort mit einem vokalischen Anlaut oder einem stummen *h*, dann wird der bestimmte Artikel [ðɪ] ausgesprochen 8:

8

the [ðɪ] *arrival* *the* [ðɪ] *hour* *the* [ðɪ] *empty bottle*

Hinweis: Wenn man den bestimmten Artikel betonen will, kann man ihn [ðiː] aussprechen. Dies gilt auch, wenn er vor einem Konsonanten steht (9):

(9)

He is the [ðiː] poet of the twentieth century.	Er ist der (= der größte) Dichter des zwanzigsten Jahrhunderts.
I have the [ðiː] solution to your problems.	Ich habe die (= die ideale) Lösung Ihrer Probleme.

Der bestimmte Artikel: Gebrauch

Regel: Der bestimmte Artikel wird verwendet, um eine Person, eine Sache oder einen Begriff aus einer größeren Zahl oder Gesamtheit hervorzuheben und näher zu bestimmen (10):

(10)

The woman standing next to the piano is my aunt.	Die Frau, die neben dem Klavier steht, ist meine Tante.
I wonder if the new bloke is any good.	Ich frage mich, ob der Neue etwas taugt.
George lives in the house next to the railway station.	George wohnt im Haus neben dem Bahnhof.

Oft wird der bestimmte Artikel gebraucht, weil ein Substantiv in einem bestimmten Zusammenhang nur eine einzige Person oder Sache bezeichnen kann (11):

(11)

Could you open the wine, please?	*Könnten Sie bitte den Wein öffnen (d. h. den Wein, der schon auf dem Tisch steht)?*

She's in the garden.	Sie ist im Garten (d. h., im Garten dieses bestimmten Hauses).
He has already phoned the dentist's.	Er hat den Zahnarzt schon angerufen (d. h., er hat seinen eigenen Zahnarzt schon angerufen).

Wenn eine Hervorhebung überflüssig ist oder nicht beabsichtigt wird, steht das Substantiv ohne einen Artikel (12):

(12)

Snakes are poisonous.	Schlangen sind giftig.
Tea is the favourite drink of the English.	Tee ist das Lieblingsgetränk der Engländer.
Flats are expensive in London.	Wohnungen sind teuer in London.

Der bestimmte Artikel bei Eigennamen

Regel: Während man im Deutschen regional einen bestimmten Artikel vor einem Eigennamen verwendet, benötigen Eigennamen im Englischen normalerweise keinen bestimmten Artikel (13). Auch Personennamen mit einem Titel (14) oder einer Verwandtschaftsbezeichnung (15) brauchen keinen bestimmten Artikel:

(13)

James and Joanne are brother and sister.	(Der) James und (die) Joanne sind Geschwister.
France is a beautiful country.	Frankreich ist ein schönes Land.

⑭	*Queen Elizabeth is on holiday at the moment.*	Königin Elizabeth ist momentan im Urlaub.

⑮	*Uncle John is coming tomorrow.*	Morgen kommt Onkel John.

Im Unterschied zum Deutschen verwendet man im Englischen keinen bestimmten Artikel, wenn ein Adjektiv (→ 4.) vor dem Eigennamen steht ⑯:

⑯	*Good old Martin Amery was always fond of his beer.*	Der gute alte Martin Amery trank immer gern Bier.
	Little Kate is asleep.	Die kleine Kate schläft.
	Old Keeble has just written a book about medieval France.	Der alte Keeble hat gerade ein Buch über die Geschichte Frankreichs im Mittelalter.

Bei den meisten geografischen Bezeichnungen (d. h. den Namen von Erdteilen, Ländern, Orten, Seen, Bergen usw.) wird im Englischen der bestimmte Artikel weggelassen, gleichgültig ob er im Deutschen gesetzt wird ⑰:

⑰	*Peter would like to see Africa.*	Peter möchte Afrika sehen.
	Dennis lives in Switzerland.	Dennis wohnt in der Schweiz.
	Some people think that London is dirty.	Einige Leute meinen, dass London dreckig ist.
	Annette has stood on Mount Sinai.	Annette hat auf dem Berg Sinai gestanden.

Der bestimmte Artikel steht nicht vor den Namen der meisten Straßen, Plätze, Brücken, Parkanlagen, Bahnhöfe usw. Er entfällt gewöhnlich, wenn ein Gattungsname wie *street, square, bridge, park* und *station* dem Eigennamen folgt ⑱:

⑱

He owns a shop in Oxford Street.	Er besitzt ein Geschäft in der Oxford Street.
We saw Trafalgar Square yesterday.	Gestern haben wir den Trafalgar Square gesehen.
We've got to cross Hammersmith Bridge.	Wir müssen die Hammersmithbrücke überqueren.
After we've seen Hyde Park we've got to go to Victoria Station.	Nachdem wir den Hydepark gesehen haben, müssen wir zum Victoriabahnhof fahren.

Sonderfälle: Es gibt Ausnahmen bei den geografischen Bezeichnungen und Ortsnamen. Der bestimmte Artikel wird vor den Namen von Ländern, Inseln und Gebirgen gebraucht, wenn sie im Plural stehen oder wenn die *of*-Präposition vor dem Eigennamen verwendet wird ⑲:

⑲

Utrecht is in the Netherlands.	Utrecht ist in den Niederlanden.
The United States is the most powerful country in the world.	Die Vereinigten Staaten sind das mächtigste Land der Welt.
Andy has been skiing in the Alps.	Andy ist in den Alpen Ski gefahren.
You can see the Isle of Man from the coast of England.	Man kann die Isle of Man von der Küste Englands aus sehen.

Der bestimmte Artikel steht immer vor den Namen von Flüssen, Kanälen und Meeren (20):

(20)

You ought to see the Rhine before you die.	Du solltest den Rhein sehen, bevor du stirbst.
The Suez Canal is very impressive.	Der Suezkanal ist sehr beeindruckend.
Do you really want to swim in the North Sea?	Möchten Sie wirklich in der Nordsee schwimmen?
Stuart wants to buy an island in the Pacific.	Stuart will eine Insel im Pazifik kaufen.

Wenn der Name einer Straße oder eines Gebäudes aus einem Gattungsnamen und/oder einem Adjektiv abgeleitet ist, muss man den bestimmten Artikel verwenden (21):

(21)

He lives near the Mall.	Er wohnt in der Nähe der Mall.
The Empire State Building is one of the most famous buildings in America.	Das Empire State Building ist eines der berühmtesten Gebäude in Amerika.
Sylvia's favourite paintings are in the National Gallery.	Sylvias Lieblingsgemälde befinden sich in der National Gallery.

Merksatz: Man verwendet einen bestimmten Artikel bei Eigennamen z. B. auch, wenn Personennamen im Plural stehen (22):

(22)

The Taylors are coming round tonight.	Die Taylors kommen heute Abend vorbei.

Setzt man nähere Bestimmungen zu einem Eigennamen hinzu, muss man ebenfalls den bestimmten Artikel benutzen. Wenn man z. B. die *of*-Präposition nach einem Eigennamen verwendet, erhält der Eigenname einen bestimmten Artikel (23):

(23)

The Italy of today is different from the Italy of the Middle Ages.	Das heutige Italien ist anders als das mittelalterliche Italien.
The England of King William was very violent.	Das England König Williams war sehr gewalttätig.

Wenn man einen Eigennamen näher definiert, indem man einen Relativsatz benutzt, muss der bestimmte Artikel vor dem Eigennamen stehen (24):

(24)

The David I loved no longer exists.	Der David, den ich liebte, existiert nicht mehr.
The New York I once knew has disappeared.	Das New York, das ich einmal kannte, ist verschwunden.

Wenn man Adjektive gebraucht, die Unterschiede hervorheben, muss man ebenfalls den bestimmten Artikel setzen (25):

(25)

Do you mean the tall Mr Bedford or the small one?	Meinen Sie den großen Mr. Bedford oder den kleinen?

Der bestimmte Artikel bei Gattungsnamen

Regel: Wenn Gattungsnamen ohne nähere Bestimmungen im allgemeinen Sinne verwendet werden, stehen sie ohne den bestimmten Artikel (26):

(26)

Children are not just small adults.	Kinder sind nicht einfach kleine Erwachsene.
Dictionaries are often very useful.	Wörterbücher sind oft sehr nützlich.
George collects stamps.	George sammelt Briefmarken.

Die Gattungsnamen *school*, *university*, *church*, *hospital*, *bed* usw. werden ohne den bestimmten Artikel gebraucht, wenn der Zweck der Institution oder des Gegenstands und nicht das Gebäude oder der Gegenstand selbst gemeint ist (27):

(27)

Do I really have to go to school today?	Muss ich wirklich heute zur Schule gehen?
Roberta is studying medicine at university.	Roberta studiert Medizin an der Universität.
They took Fred to hospital.	Sie haben Fred ins Krankenhaus gebracht.
Although Darren was lying in bed, he couldn't get to sleep.	Obwohl Darren im Bett lag, konnte er nicht einschlafen.

Diese Gattungsnamen werden jedoch mit dem bestimmten Artikel verwendet, wenn sie einfach ein Gebäude oder einen Gegenstand bezeichnen (28):

(28)

The school stands in a beautiful park.	Die Schule steht in einem schönen Park.

We live next to the university.	Wir wohnen neben der Universität.
They had to close the hospital down.	Sie mussten das Krankenhaus schließen.
The bed is old but comfortable.	Das Bett ist alt, aber bequem.

Sonderfälle: Einige Gattungsnamen, wie *cathedral*, *cinema*, *office* oder *theatre* stehen mit dem bestimmten Artikel (29):

(29)

The bishop is preaching in the cathedral tonight.	Heute Abend predigt der Bischof in der Kathedrale.
Let's go to the cinema!	Gehen wir ins Kino!
Nancy's father was still at the office.	Nancys Vater war noch im Büro.
Jeffrey is going to the theatre.	Jeffrey geht ins Theater.

Die Gattungsnamen *car*, *train*, *bus*, *plane* usw. werden ohne den bestimmten Artikel gebraucht, wenn man an den Zweck des Fahrzeugs und nicht an das Fahrzeug selbst denkt (30):

(30)

I like travelling by car.	Ich fahre gern mit dem Auto.
Jacqueline would like to travel to Venice by train.	Jacqueline möchte mit dem Zug nach Venedig fahren.
It's quicker by bus.	Es ist schneller mit dem Bus.
Why don't you go by plane?	Warum fliegen Sie nicht mit dem Flugzeug?

Diese Gattungsnamen werden mit dem bestimmten Artikel verwendet, wenn das Fahrzeug selbst gemeint ist (31):

(31)

It was Richard's turn to wash the car.	Richard war an der Reihe, das Auto zu waschen.
The train is always crowded on a Friday.	Freitags ist der Zug immer überfüllt.
They were all waiting for the bus.	Sie warteten alle auf den Bus.
It seems certain that the plane was new.	Es gilt als sicher, dass das Flugzeug neu war.

Die Gattungsnamen *dinner, lunch, breakfast, tea* usw. stehen ohne den bestimmten Artikel, wenn man an die Mahlzeit im Allgemeinen und nicht an eine bestimmte Mahlzeit denkt (32):

(32)

Mother likes to go for a walk after dinner.	Nach dem Abendessen geht Mutter gern spazieren.
Would you like to come for lunch?	Möchten Sie zum Mittagessen kommen?
At what time do you eat breakfast?	Um wie viel Uhr frühstücken Sie?
We have tea at five.	Um fünf Uhr trinken wir Tee.

Artikel

Diese Gattungsnamen werden mit dem bestimmten Artikel gebraucht, wenn man eine Mahlzeit näher bestimmt oder wenn man an die Speisen selbst denkt (33):

(33)

The dinner we had last night was excellent.	Das Essen, das wir gestern Abend Abend hatten, war ausgezeichnet.
The lunch was disappointing.	Das Mittagessen war enttäuschend.
The English breakfast is a hearty meal.	Das englische Frühstück ist eine kräftige Mahlzeit.
The tea in Harrods is very good.	Der Tee bei Harrods ist sehr gut.

Der bestimmte Artikel bei Sammelnamen

Der bestimmte Artikel fehlt bei Sammelnamen, wenn sie einen sehr weiten Sinn haben (34):

(34)

Even mankind is dependent on the environment.	Auch die Menschheit ist auf die Umwelt angewiesen.
Posterity judges the works of every poet.	Die Nachwelt beurteilt die Werke jedes Dichters.

Der bestimmte Artikel bei Stoffnamen

Bei Stoffnamen steht kein bestimmter Artikel, wenn man sie im allgemeinen Sinne verwendet. Dies gilt auch, wenn ein Attribut beigefügt ist (35):

(35)

Bread is cheap in Spain.	(Das) Brot ist in Spanien billig.
In England red wine is very popular.	In England ist (der) Rotwein sehr beliebt.

Der bestimmte Artikel bei Abstrakta

Bei Abstrakta fehlt der bestimmte Artikel, wenn man sie im allgemeinen Sinne verwendet. Diese Regel gilt auch, wenn ein Attribut hinzugesetzt wird (36):

(36)

Work is often boring.	Die Arbeit ist oft langweilig.
Human life is precious.	Das menschliche Leben ist wertvoll.

Der bestimmte Artikel bei einer Reihung von Substantiven

Wenn man zwei oder mehr zusammengehörige Substantive aufzählt, braucht man den Artikel nicht zu wiederholen (37):

(37)

The milk, bread and potatoes cost altogether five euros.	Die Milch, das Brot und die Kartoffeln kosten insgesamt fünf Euro.
The shirt and tie don't belong to me.	Das Hemd und der Schlips gehören mir nicht.
The bonnet, radiator and headlights were all damaged.	Die Motorhaube, der Kühler und die Scheinwerfer waren alle beschädigt.

Will man aber die einzelnen Glieder der Aufzählung gleichmäßig betonen, muss man auch den bestimmten Artikel mehrmals verwenden (38):

(38)

The Labour Party and the Conservative Party are old rivals.	Die Arbeiterpartei und die Konservativen sind alte Rivalen.

The Robertsons and the Wilsons met on Brighton Beach.	Die Familie Robertson und die Familie Wilson trafen sich am Strand von Brighton.

2.2 Der bestimmte Artikel: Besonderheiten

Der bestimmte Artikel bei Zeitangaben

Allgemeine Zeitangaben stehen ohne den bestimmten Artikel (1):

(1)

on Saturday	am Samstag
on Thursday afternoon	am Donnerstagnachmittag
next Friday	nächsten Freitag
at night	in der Nacht
at noon	am Mittag
at Christmas	zu Weihnachten
in September	im September

Wenn man aber den Zeitpunkt näher definiert, verwendet man den bestimmten Artikel (2):

(2)

I'm going on holiday on the Saturday before my birthday.	Am Samstag vor meinem Geburtstag fahre ich in Urlaub.
Where were you on the night of the 24th of October?	Wo waren Sie in der Nacht zum 25. Oktober?
The August of 2013 was very hot.	Der August 2013 war sehr heiß.

Gebraucht man *in*, *during* und *in the course of* vor Substantiven, die Tageszeiten bezeichnen, dann muss man auch den bestimmten Artikel benutzen (3):

(3)

during the night	während der Nacht
in the morning	am Morgen
in the course of the afternoon	im Verlauf des Nachmittags

Der bestimmte Artikel bei gewissen Mengenangaben

Während der bestimmte Artikel normalerweise vor dem Substantiv und seinen Attributen (→ 2.1 Bsp. (6)) steht, wird er bei gewissen Mengenangaben zwischen Mengenbezeichnung und Substantiv gestellt (4):

(4)

all the time	die ganze Zeit
all the pieces of cake	alle Kuchenstücke
both the tables	die beiden Tische
half the money	die Hälfte des Geldes
half the time	die halbe Zeit
double the size	zweimal so groß
most of the time	die meiste Zeit
twice the amount	zweimal so viel
three times the length	dreimal so lang

Der bestimmte Artikel bei most

Wenn man *most* ohne *of* und als Superlativ verwendet, kann das Wort sowohl mit als auch ohne bestimmten Artikel stehen (3):

(5)

John's got (the) most points.	John hat die meisten Punkte.
Who has planted (the) most trees?	Wer hat die meisten Bäume gepflanzt?

Wenn aber dieses Wort *die Mehrheit* oder *der größere Teil* bedeutet, fehlt der bestimmte Artikel (6):

(6)

He's better than most people.	Er ist besser als die meisten Menschen.
Most people like watching television.	Die meisten Menschen sehen gern fern.
I spent most of the winter in bed.	Ich habe fast den ganzen Winter im Bett verbracht.

Der bestimmte Artikel bei festen Redewendungen

Im Englischen gibt es einige feste Redewendungen mit bestimmtem Artikel. Im Deutschen fehlt er gelegentlich (7):

(7)

at the beginning	anfänglich, zuerst
at the end	am Schluss, am Ende
on the contrary	im Gegenteil
it is the custom	es ist Sitte/Brauch

with the exception of	mit Ausnahme von
What is the matter?	Was ist los?
on the whole	im Großen und Ganzen
at the expense of	auf Kosten von
with the help of a friend	mit Hilfe eines Freundes
in the presence of	in Gegenwart von

Andererseits gibt es im Englischen einige feste Redewendungen, bei denen der bestimmte Artikel wegfällt, während er im Deutschen teils gesetzt wird (8):

(8)

in memory of	zur Erinnerung/im Gedenken an
in practice	in der Praxis
in acknowledgement of	in Anerkennung
in public	in der Öffentlichkeit
by chance	durch Zufall
out of danger	außer Gefahr
for example	zum Beispiel
a man of peace	ein friedfertiger/friedliebender Mensch
in search of	auf der Suche nach
on condition that	unter der Bedingung/Voraussetzung, dass
at first sight	auf den ersten Blick
in comparison with	im Vergleich zu
in fact	eigentlich

Artikel

2.3 Der unbestimmte Artikel

Grundwissen: Der unbestimmte Artikel, der im Deutschen *ein* oder *eine* heißt, lautet im Englischen *a* oder *an*. Entscheidend für die Form des englischen unbestimmten Artikels ist dabei, wie man den Anlaut des folgenden Wortes ausspricht, nicht, wie man ihn schreibt. Steht der unbestimmte Artikel vor Wörtern mit konsonantischem Anlaut, dann heißt er *a* [1]:

[1]

a balcony	*a big dog*
a radio	*a university*
a long day	

Beginnt das nächste Wort mit einem vokalischen Anlaut oder mit einem stummen *h*, dann lautet der unbestimmte Artikel *an* [2]:

[2]

an orange	*an egg*
an easy task	*an hour*
an old clock	

Will man den unbestimmten Artikel betonen, muss man ihn anders aussprechen. Die *a*-Form lautet [eɪ], wenn sie hervorgehoben wird; die *an*-Form wird [ən] gesprochen, wenn sie akzentuiert wird [3]:

[3]

Did you say a [eɪ] *tree or the* [ði:] *tree?*	Haben Sie ein Baum oder der Baum gesagt?
I said an [ən] *orange, not* the [ðɪ] *orange.*	Ich habe *eine* Orange, nicht *die* Orange gesagt.

Der unbestimmte Artikel lautet *a* bzw. *an*, gleichgültig ob das nachfolgende Substantiv im Englischen männlich (4), weiblich (5) oder sächlich (6) ist:

(4) *a man* *a husband*

(5) *a woman* *a female doctor*

(6) *a stone* *a bus*
an apple

Für die Form des unbestimmten Artikels ist es auch irrelevant, ob ein Substantiv im Genitiv (→ 1.6 Bsp. (4)) steht (7):

(7)	*a man's best friend*	der beste Freund eines Mannes
	the position of a house	die Lage eines Hauses

Der unbestimmte Artikel: Gebrauch

Regel: Der unbestimmte Artikel wird bei der Singularform eines zählbaren Begriffes (→ 1.4 Bsp. (3)) verwendet. Man gebraucht ihn in Verbindung mit Substantiven, die einzelne Personen, Sachen oder Begriffe bezeichnen, nicht näher bestimmt oder hervorgehoben werden und bisher noch nicht genannt wurden. Wie im Deutschen steht der unbestimmte Artikel normalerweise vor dem Substantiv und seinen Attributen (8):

(8)	*William was certain he'd seen a man in the old house.*	William war sicher, dass er einen Mann in dem alten Haus gesehen hatte.

Artikel

An old bull stood in the middle of the field.	Ein alter Bulle stand in der Mitte des Feldes.
There is a bottle of milk in the fridge.	Eine Flasche Milch steht im Kühlschrank.
Hilary has bought a very funny book.	Hilary hat ein sehr lustiges Buch gekauft.

Der unbestimmte Artikel bei Gruppenbezeichnungen

Regel: Im Gegensatz zum Deutschen muss man den unbestimmten Artikel setzen, wenn man eine Person als Mitglied einer Gruppe benennt. Der unbestimmte Artikel steht deshalb bei Bezeichnungen für Berufe (9, 10):

9

Sabina is a doctor.	Sabina ist Ärztin.
Robert works as a sales assistant.	Robert arbeitet als Verkäufer.

10

Mr Eliot would like to become a teacher.	Mr. Eliot möchte Lehrer werden.

Der unbestimmte Artikel wird vor Bezeichnungen für Nationalität oder ethnische Herkunft gesetzt 11:

11

Mr Brown is an American.	Mr. Brown ist Amerikaner.
Laura's mother is an Italian.	Lauras Mutter ist Italienerin.

Der unbestimmte Artikel wird bei Bezeichnungen für religiöse Zugehörigkeit gebraucht (12):

(12)

David is an Anglican.	David ist Anglikaner.
Do you think she's a Methodist?	Meinst du, dass sie Methodistin ist?

Der unbestimmte Artikel steht bei Bezeichnungen für die Mitgliedschaft in einer politischen Partei oder einer anderen, speziellen Gruppe (13):

(13)

John Major was a Liberal before he became a Conservative.	John Major war Liberaler, bevor er Konservativer wurde.

(14)

Jim is a member of Parliament.	Jim ist Abgeordneter des Unterhauses.
You have to be a member.	Man muss Mitglied sein.

Sonderfall: Wenn man das Verb *to turn* in Verbindung mit Gruppenbezeichnungen verwendet, entfällt der unbestimmte Artikel (15):

(15)

Shakespeare was an actor before he turned playwright.	Shakespeare war Schauspieler, bevor er Dramatiker wurde.

Sonderfall: Der unbestimmte Artikel steht nicht bei Bezeichnungen für Stellungen, die man als einzigartig betrachtet, weil sie nur einer Person zukommen (16):

(16)

Since 1952 Elizabeth II has been Queen of England.	Seit 1952 ist Elisabeth II. Königin von England.
Ronald Reagan was President of the United States for eight years.	Ronald Reagan war acht Jahre lang Präsident der Vereinigten Staaten.
Don wants to be captain of the football team.	Don will Kapitän der Fußballmannschaft werden.

Der unbestimmte Artikel nach as

Man verwendet den unbestimmten Artikel nach *as* bei zählbaren Begriffen (17):

(17)

As a boy he was fat and shy.	Als Junge war er dick und schüchtern.
We regarded John as a risk.	Wir betrachteten John als Risiko.
His film portrays Dracula not as a villain but as a hero.	Sein Film stellt Dracula nicht als Schurken, sondern als Helden dar.

Der unbestimmte Artikel nach gewissen Verben

Man gebraucht den unbestimmten Artikel nach Verben wie *to die*, *to be born* oder *to wake up*, um das Subjekt zu ergänzen. Im Deutschen steht hier *als* (18):

(18)

It is Roger's ambition to die a rich man.	Es ist Rogers Ziel, als reicher Mann zu sterben.

He was born a prince.	Er wurde als Prinz geboren.
He woke up a new man.	Er erwachte als neuer Mensch.

Der unbestimmte Artikel folgt auf Verben wie to *make*, to *declare*, to *proclaim*, to *consider*, to *find* usw., um das Objekt zu ergänzen. Im Deutschen werden hier oft Ausdrücke mit *zu* bzw. *als* verwendet (19):

(19)

They made him a company director.	Sie machten ihn zum Direktor des Unternehmens.
The critics have declared her play a success.	Die Kritiker haben ihr Stück als Erfolg gewertet.
The government proclaimed him a traitor.	Die Regierung hat ihn zum Verräter erklärt.
My sister considers Johnny Depp a genius.	Meine Schwester betrachtet Johnny Depp als ein Genie.
Linda finds Derek a bore.	Linda findet, dass Derek langweilig ist.

Der unbestimmte Artikel bei Personennamen

Der unbestimmte Artikel darf zu einem Personennamen gesetzt werden, wenn der Sprecher betonen will, dass er die erwähnte Person nicht kennt (20):

(20)

A John Smith phoned you yesterday.	Ein gewisser John Smith hat dich gestern angerufen.
Do you know a Peter Bennett?	Kennen Sie einen gewissen Peter Bennett?

Der unbestimmte Artikel darf auch mit einem Personennamen verbunden werden, wenn die erwähnte Person sehr berühmt und ein Begriff geworden ist (21):

(21)

She's got the brains of an Einstein and the looks of a Garbo.	Sie hat die Intelligenz eines Einstein und das Aussehen einer Garbo.

Der unbestimmte Artikel bei Mahlzeiten

Gattungsnamen für Mahlzeiten stehen normalerweise ohne den unbestimmten Artikel (→ 2.1 Bsp. (32)). Man darf aber den unbestimmten Artikel bei Mahlzeiten verwenden, wenn ein Adjektiv ergänzend hinzutritt (22):

(22)

The prisoner ate a hearty breakfast.	Der Gefangene aß ein kräftiges Frühstück.
I think it is important to eat a good lunch.	Ich meine, dass es wichtig ist, mittags gut zu essen.

Man darf den unbestimmten Artikel auch bei feierlichen Mahlzeiten benutzen (23):

(23)

Each year the college holds a dinner in commemoration of its founder.	Jedes Jahr gibt das College ein Abendessen zum Gedenken an seinen Gründer.
I was invited to a lunch in celebration of the victory.	Ich wurde zur Feier des Sieges zum Mittagessen eingeladen.

Der unbestimmte Artikel bei Stoffnamen

Bei Stoffnamen (→ 1.1 Bsp. ④) gebraucht man keinen unbestimmten Artikel, wenn sie als Oberbegriffe fungieren und daher unzählbare Begriffe (→ 1.4) darstellen. Wenn man aber einen Stoffnamen verwendet, um ein zählbares Einzelexemplar (→ 1.4 Bsp. ①–③) zu bezeichnen, muss man den unbestimmten Artikel benutzen ㉔:

㉔

I'd like a glass of water, please.	Ich möchte ein Glas Wasser, bitte.
Normally, I use an iron.	Normalerweise benutze ich ein Bügeleisen.
The police are looking for a youth.	Die Polizei sucht einen Jugendlichen.

Der unbestimmte Artikel bei Abstrakta

Bei Abstrakta (→ 1.1 Bsp. ⑤) steht der unbestimmte Artikel nur, wenn er in bestimmtem Sinne bzw. in festen Redewendungen gebraucht wird ㉕:

㉕

Dawn suffers from a fear of spiders.	Dawn hat Angst vor Spinnen.
He was gripped by a strange excitement.	Er wurde von einer merkwürdigen Aufregung ergriffen.
You have shown an almost unbelievable stupidity.	Du hast eine fast unglaubliche Dummheit an den Tag gelegt.

Der unbestimmte Artikel bei unzählbaren Begriffen

Bei unzählbaren Begriffen (→ 1.4) verwendet man keinen unbestimmten Artikel. Will man ein einzelnes Stück nennen, muss man *a piece of* usw. verwenden (→ 1.4 Bsp. 9) 26:

26

a piece of information	eine Information
an item of news	eine Nachricht
a piece of litter	ein Stück Abfall
a period of cold weather	eine Kaltwetterperiode

Der unbestimmte Artikel bei Zahlen

Merksatz: Der unbestimmte Artikel ist aus dem Zahlwort (→ 10.1) *one* entstanden und deswegen kann man ihn bei einigen Zahlen (→ 10.1 Bsp. 2) verwenden 27:

27

a hundred	hundert
a thousand	tausend
a million	eine Million
a couple	ein Paar
a dozen	ein Dutzend
an eighth	ein Achtel
a quarter	ein Viertel
He has won a quarter of a million dollars.	Er hat eine viertel Million Dollar gewonnen.
a quarter of an hour	eine Viertelstunde

2.4 Der unbestimmte Artikel: Besonderheiten

Die Stellung des unbestimmten Artikels: Unregelmäßigkeiten

Während der unbestimmte Artikel normalerweise vor dem Substantiv und seinen Attributen steht (→ 2.3 Bsp. 8), wird er in Verbindung mit *half*, *such* und *quite* nachgestellt 1:

1

I'd like half a pound of tomatoes, please.	Ich möchte ein halbes Pfund Tomaten, bitte.
He came half an hour later.	Er kam eine halbe Stunde später.
Margaret had such a nice day.	Margaret hat so einen schönen Tag gehabt.
Do you have such a book?	Haben Sie so ein Buch?
He made quite a good impression.	Er machte einen ziemlich guten Eindruck.
It is quite a fast car.	Es ist ein ziemlich schnelles Auto.

Der unbestimmte Artikel steht in der Regel hinter *rather* 2. Wenn aber ein Adjektiv das Substantiv ergänzt, kann der unbestimmte Artikel entweder vor oder nach *rather* gebraucht werden 3:

2

The film was rather a surprise.	Der Film war eine ziemliche Überraschung.

3

He is rather an interesting man He is a rather interesting man.	Er ist ein ziemlich interessanter Mann.
Emily lives in rather a big house./Emily lives in a rather big house.	Emily wohnt in einem ziemlich großen Haus.

Der unbestimmte Artikel wird nach *what* in Ausrufen nur vor zählbaren Begriffen verwendet (4). Folgt aber ein unzählbarer Begriff auf den Ausruf *what*, entfällt im Gegensatz zum Deutschen der unbestimmte Artikel (5):

(4)

What a pretty little ribbon!	Was für ein hübsches kleines Band!
What a man!	Was für ein Mann!

(5)

What dreadful weather!	Was für ein scheußliches Wetter!
What beautiful scenery!	Was für eine schöne Landschaft!

Der unbestimmte Artikel steht nach Adjektiven, die durch *as*, *so*, *too*, *how* und *however* hervorgehoben werden (6):

(6)

Today is as lovely a day as yesterday.	Heute ist genau so ein schöner Tag wie gestern.
I've never read so difficult a book before.	So ein schwieriges Buch habe ich noch nie gelesen.
Rarely had she met so stubborn a man.	Selten hatte sie so einen sturen Mann kennengelernt.
That's too difficult a question to answer.	Diese Frage ist zu schwer zu beantworten.
How beautiful a view!	Welch schöne Aussicht!
However fast a man may be, he cannot run faster than an ostrich.	Egal wie schnell ein Mann ist, schneller als ein Strauß kann er nicht laufen.

Der unbestimmte Artikel wird nie bei *plenty of* verwendet (7):

(7)

He's got plenty of time.	Er hat viel Zeit.
Ann has bought plenty of tomatoes.	Ann hat eine Menge Tomaten gekauft.

Der unbestimmte Artikel kann bei *part of* stehen oder entfallen (8). Wenn man aber *part of* mit einem Adjektiv verwendet, muss man den unbestimmten Artikel benutzen (9):

(8)

(A) part of the house has not yet been repaired.	Ein Teil des Hauses wurde noch nicht repariert.
Rosemary read (a) part of the book and then gave up.	Rosemary las einen Teil des Buches und gab dann auf.

(9)

A large part of our life we spend in bed.	Einen großen Teil unseres Lebens verbringen wir im Bett.
She has painted a small part of the window frame.	Sie hat einen kleinen Teil des Fensterrahmens gestrichen.

Der unbestimmte Artikel bei nachgestellten Zeit-, Maß- und Mengenangaben

Wenn man nachgestellte Zeit-, Maß- und Mengenbegriffe gebraucht, die eine zahlenmäßig gleiche Verteilung angeben, muss der unbestimmte Artikel als Zahlbegriff gesetzt werden. In diesem Fall bedeutet er *je, pro* oder *per* (10):

(10)

Mary does the shopping twice a week.	Mary kauft zweimal die Woche ein.

My shop sells 300 copies of his book a day.	Mein Geschäft verkauft täglich 300 Exemplare seines Buches.
Milk costs about one euro a bottle.	Die Milch kostet ungefähr einen Euro je Flasche.
How much does this material cost a metre?	Wie viel kostet dieser Stoff pro Meter?
These pears are two euros a kilo.	Diese Birnen kosten zwei Euro pro Kilo.

Der unbestimmte Artikel bei festen Redewendungen

Es gibt im Englischen viele feste Redewendungen, bei denen der unbestimmte Artikel in auffälligem Gegensatz zum Deutschen verwendet wird (11):

(11)

to be at a loss	in Verlegenheit sein
to be in a good/bad mood	gute/schlechte Laune haben
to be in a hurry	in Eile sein
to be in a position to do something	in der Lage sein, etwas zu tun
to come to a standstill	zum Stillstand kommen
to come to an end	zu Ende gehen
to have a feeling that	das Gefühl haben, dass
to have a good mind to do something	gute Lust haben, etwas zu tun
to have a headache	Kopfschmerzen haben
to have a temperature	Fieber haben
to have an appetite	Appetit haben

to make a noise	Lärm machen
to take a seat	sich setzen/Platz nehmen
to take an interest in	Interesse haben an
as a result	als Ergebnis
as a rule	in der Regel
as a whole	als Ganzes
for a change	zur Abwechslung
for a long time	lange Zeit
for a time	eine Zeit lang
in a friendly way	auf freundliche Art
in a loud voice	mit lauter Stimme
without a break	ohne Unterbrechung

Es gibt im Englischen viele feste Redewendungen, bei denen auf das Verb *to have* ein Substantiv mit unbestimmtem Artikel folgt. Im Unterschied dazu gebraucht man im Deutschen normalerweise nur ein Verb (12):

(12)

to have a go	versuchen/probieren
to have a try	es versuchen
to have a look at something	sich etwas ansehen
to have a smoke	eine Zigarette/Pfeife rauchen
to have a walk	spazieren gehen/einen Spaziergang machen
to have a bath	baden/ein Bad nehmen
to have a nap	ein Schläfchen halten/machen

Artikel

Übungen

1. Wählen Sie die Sätze aus, in denen man *the* als [ðɪ] aussprechen muss:

a. Do you want to go to the cinema?
b. The university was very popular with foreign students.
c. We have to catch the early train.
d. The human race is already millions of years old.
e. Did you tell the shop assistant that it was broken?
f. The assistant was on holiday.
g. The house stands alone.
h. The awful thing is, I can't even remember her name.
i. The car is packed with shopping.
j. What is your opinion of the European Parliament?

2. Entscheiden Sie mit *ja* oder *nein*, ob der bestimmte Artikel vor den eingeklammerten Wörtern stehen muss:

a. Today we are going on (holiday).
b. We locked up (house) and gave (keys) to our neighbour.
c. Tommy, our dog, sprang into (car).
d. We drove along (Regent Street).
e. Mother switched on (radio).
f. We listened to a strange radio programme being broadcast from (Switzerland).
g. After an hour we crossed (Thames).
h. We were on our way to (Netherlands).
i. I was looking forward to seeing (good old Johann Piets) again.
j. As we crossed (English Channel) it began to rain.

k. We decided it was time to eat (dinner).
l. I was glad that I did not have to be at (school).
m. We spent two weeks in (city of Utrecht) before returning home.
n. Our neighbours, (Millers), greeted us.
o. Father went to (church) the next day.
p. My sister has always been fascinated by (modern architecture).
q. In (afternoon) we visited (Lloyds Building), a famous sight in London.
r. We went by bus to (Oxford Circus).
s. I rested in (Regent's Park).
t. In those days (life) seemed so easy.
u. I saw my friend Reg. He was sitting back enjoying (sun) on his face.
v. Later he asked me for (advice) and (information).
w. He asked whether it was unhealthy to spend (Sunday mornings) in (bed).
x. That evening, we had (ham) for (supper).
y. Mother showed Julia (silk) she had bought (day) before.
z. Father switched on (television) to watch a programme about (school) he went to when he was little.

3. Setzen Sie den bestimmten Artikel an der richtigen Stelle im Satz ein:

a. Most of guests arrived late.
b. Stuart scored most goals.
c. All children were playing outside.
d. Half of women present were wearing trouser suits.
e. It rained all time.

4. Entscheiden Sie, ob *a* oder *an* vor den Wörtern in Klammern stehen muss:

a. Trevor has bought (new suit).
b. Mary had to wait for (hour) in the rain.
c. Mavis has (unusual job).
d. When he became a police officer he had to buy (uniform).
e. On the way home, Danny bought (newspaper).
f. Doctors recommend that we should eat (orange) every day.
g. A screwdriver is (useful tool).
h. My uncle Bob is (interesting man).
i. He tried to cross the Atlantic in (beautiful pea-green boat).
j. The new airport is (arresting sight).

5. Entscheiden Sie mit *ja* oder *nein*, ob der unbestimmte Artikel vor den eingeklammerten Wörtern stehen muss:

a. Laura is (doctor).
b. Mr Archibald is (president) of the Cricket Club.
c. As (Methodist), Albert loved Wesley's hymns.
d. He has always wanted to live in (cottage).
e. Kate lives in (village) called Swinefleet.
f. Every Friday there is (market) on the square.
g. Mr McLaren is (Scotsman).
h. Tripe is considered (delicacy) in Lyon.
i. His enemies tried to portray him as (coward).
j. Every Saturday we buy (bread).
k. Last week we had (very strange weather).
l. While reading the newspaper, Teresa came across (item of news) which interested her.
m. To his dismay, Tom noticed (fly) in his soup.
n. Normally, Mr Peacock eats (light lunch).

o. Mrs Quincey is (author).
p. The police are still looking for (evidence).
q. Mrs Marcus admitted to (fascination) for handball.
r. Colin attended pottery classes twice (week).
s. Cordelia could feel (sand) in her shoes.
t. What would you like for (breakfast), sir?
u. Paul wants to be (accountant).
v. Do you have (money)?
w. Mary leads (happy life).
x. To speak in public requires (special kind of courage).
y. Jean puts (make-up) on every morning.
z. Anne is (member) of the Bridge Club.

6. Setzen Sie den unbestimmten Artikel an der richtigen Stelle im Satz ein:

a. It was quite hot day.
b. What wonderful sunset!
c. Rarely had she seen such handsome man.
d. It was too long book to read in one day.
d. However high mountain is, someone will climb it.

Artikel

Lösungen

1. In den folgenden Sätzen muss man *the* als [ðɪ] aussprechen: c., f. und h.

2.
a. nein
b. ja
c. ja
d. nein
e. ja
f. nein
g. ja
h. ja
i. nein
j. ja
k. nein
l. nein
m. ja
n. ja
o. nein
p. nein
q. ja
r. nein
s. nein
t. nein
u. ja
v. nein
w. nein
x. nein
y. ja
z. ja

3.
a. Most of the guests arrived late.
b. Stuart scored the most goals.
c. All the children were playing outside.
d. Half of the women present were wearing trouser suits.
e. It rained all the time.

4.
a. a
b. an
c. an
d. a
e. a
f. an
g. a
h. an
i. a
j. an

5.
a. ja
b. nein
c. ja
d. ja
e. ja
f. ja
g. ja
h. ja
i. ja
j. nein
k. nein
l. ja
m. ja
n. ja
o. ja
p. nein
q. ja
r. ja
s. nein
t. nein
u. ja
v. nein
w. ja
x. ja
y. nein
z. ja

6.
a. It was quite a hot day.
b. What a wonderful sunset!
c. Rarely had she seen such a handsome man.
d. It was too long a book to read in one day.
e. However high a mountain is, someone will climb it.

3. Das Pronomen

Grundwissen: Pronomen (Fürwörter) sind Wörter, die an der Stelle von Substantiven (→ 1.) stehen. Man verwendet sie häufig, um eine Wiederholung eines bereits genannten Substantivs zu vermeiden.

3.1 Das Personalpronomen

Grundwissen: Wir setzen das Personalpronomen (das persönliche Fürwort) als Stellvertreter für Personen und Sachen (1):

(1)

John is in the bedroom.
He is in the bedroom.

Amanda is looking for Tony.
She is looking for him.

Tom and Judith are playing chess.
They are playing chess.

Die Formen des Personalpronomens

Die Formen des Personalpronomens sind im Englischen einfacher als im Deutschen, weil es nur zwei gibt. Sie werden die Subjekt- und die Objektform genannt (2):

(2)

	Subjektform	Objektform
1. Person Singular	*I*	*me*
2. Person Singular	*you*	*you*
3. Person Singular	*he, she, it*	*him, her, it*
1. Person Plural	*we*	*us*
2. Person Plural	*you*	*you*
3. Person Plural	*they*	*them*

Regel: Man gebraucht die Subjektform des Personalpronomens als Stellvertreter für Personen und Sachen, die das Subjekt eines Satzes bilden (3). Die Objektform verwendet man, wenn eine Person oder Sache das Objekt eines Satzes darstellt und/oder wenn eine Präposition (→ 7.) vorausgeht (4):

(3)

James is going home.
He is going home.

The violin is lying on the table.
It is lying on the table.

(4)

Mary gave William a pencil.
Mary gave him a pencil.

The flowers are for Andrea.
The flowers are for her.

Das Personalpronomen und das Geschlecht

Regel: Im Gegensatz zum Deutschen ist das Pronomen im Englischen die einzige Möglichkeit, das Geschlecht auszudrücken; Sachen und Begriffe sind normalerweise sächlich (→ 1.2 Bsp. (1)). Man muss sie in der 3. Person Singular durch *it* ersetzen. Diese Regel gilt, gleichgültig ob das Personalpronomen in der Objekt- oder Subjektform steht (→ 3.1 Bsp. (2)–(4)) (5):

(5)

The television is broken.
It is broken.

Janine has bought a table.
Janine has bought it.

Philosophy is taught at most universities.
It is taught at most universities.

Hinweis: Die Bedeutungen des deutschen *es* und des englischen *it* sind manchmal unterschiedlich (→ 3.9).

In der Regel sind nur Personen und bestimmte Tiere männlich oder weiblich (→ 1.3 Bsp. 6–7). Entscheidend ist allerdings das natürliche Geschlecht eines Wesens (→ 1.3 Bsp. 1). In der 3. Person Singular lautet das männliche bzw. weibliche Personalpronomen *he* oder *she* in der Subjektform, *him* oder *her* in der Objektform 6:

6

Bob is in love with Caroline.

He is in love with her.

The stewardess brought Sara a newspaper.

She brought her a newspaper.

Entscheidend für das Personalpronomen eines Tieres ist sein Verhältnis zum Menschen. Meistens werden Tiere als sächlich betrachtet. Deswegen wird ihnen das Personalpronomen *it* gegeben. Wenn aber das Verhältnis zwischen Mensch und Tier so nah ist, dass das Tier einen Namen trägt, wird es als männlich oder weiblich eingestuft. Man teilt insbesondere Haustieren die Personalpronomen *he/him* bzw. *she/her* zu 7:

7

Is Nancy's new cat a "he" or a "she"?	Ist Nancys neue Katze ein Kater oder eine Katze?
Rover is a good guard dog. He's an Alsatian.	Rover ist ein guter Wachhund. Er ist ein Schäferhund.

Hinweis: Manchmal werden Schiffe und Fahrzeuge als Frauen personifiziert, um Innigkeit oder Zuneigung auszudrücken. Sie werden in diesem Fall mit *she/her* bezeichnet 8:

8

John has bought a new boat. He calls her Mabel.	John hat ein neues Boot gekauft. Er nennt es Mabel.
She's a really lovely car.	Es ist ein besonders schönes Auto.

Pronomen

Das unbestimmte Personalpronomen: das deutsche man

Regel: Im Englischen werden mehrere Wörter im Sinne des deutschen unbestimmten Personalpronomens *man* verwendet. Im formellen Englisch wird *one* gebraucht, um über Personen im Allgemeinen zu sprechen (9):

(9)

A knowledge of grammar is is important if one wants to understand a foreign language.	Grammatikkenntnisse sind wichtig, wenn man eine Fremdsprache verstehen will.

In der Umgangssprache ist aber das Wort *you* häufiger als *one*. Man benutzt es im gleichen Sinne (10):

(10)

You can't play football well if you don't practise.	Man kann nicht gut Fußball spielen, wenn man nicht übt.

Wenn man über nicht näher bestimmte Personen sprechen will, die wahrscheinlich nicht anwesend sind, bietet das Englische andere Möglichkeiten an: Bezieht man sich auf einen einzelnen Unbekannten, kann man *someone* benutzen (11). Meint man mehrere Unbekannte, kann man *they* oder *people* verwenden (12):

(11)

Someone stole my bike last night.	Jemand/Man hat gestern Abend mein Rad gestohlen.

(12)

They drink more wine than beer in France.	Man trinkt mehr Wein als Bier in Frankreich.
People say that he has got a great future ahead of him.	Man sagt, dass er eine große Zukunft vor sich habe.

Die Höflichkeitsform: das deutsche du und Sie

Während im Deutschen der Unterschied zwischen *du* und der Höflichkeitsform *Sie* sehr wichtig ist, kennt das Englische keine Unterscheidung. Man spricht jeden mit *you* an. Ob man *you* als *du* oder *Sie* übersetzt, hängt vom Zusammenhang ab (13):

(13)

"Would you like to see the latest Spielberg film?" Mary asked her boyfriend.	»Möchtest du den neuesten Spielberg-Film anschauen?«, fragte Mary ihren Freund.
"Do you think it's serious, doctor?"	»Meinen Sie, dass es ernst ist, Herr Doktor?«

Das Personalpronomen: die Wortstellung

Regel: Bei der Wortstellung der Personalpronomen bieten sich im Englischen zwei Möglichkeiten an. Erstens: Man kann das indirekte Objekt des Satzes vor das direkte Objekt stellen (14):

(14)

I gave Tony a book.	*John cooked Alice a meal.*
I gave him a book.	*John cooked her a meal*

Zweitens: Wenn man eine Präposition (z. B. *to* oder *for*) (→ 7.) benutzt, muss das direkte Objekt dem Verb folgen, während das indirekte Objekt hinter der Präposition steht (15):

(15)

I gave it to Tony.	*John cooked it for Alice.*
I gave it to him.	*John cooked it for her.*

Diese zweite Möglichkeit ist im Englischen gebräuchlicher.

Hinweis: Wenn man *I* (die 1. Person Singular des Personalpronomens) in Zusammenhang mit einem Personennamen oder einem anderen Personalpronomen benutzt, steht der Personenname oder das Personalpronomen vor dem *I* (16):

(16)

George and I

you and I

Pronomen

Das Personalpronomen: umgangssprachliche Formen

Wie so oft im Englischen entsprechen die grammatischen Regeln nicht immer dem wirklichen Sprachgebrauch. Die umgangssprachlichen Formen des Personalpronomens existieren sozusagen trotz der Regeln. Während die Schriftsprache normalerweise den obigen Regeln folgt, wird es in der Umgangssprache immer gebräuchlicher, bei bestimmten Konstruktionen die Objektform des Personalpronomens statt der Subjektform zu verwenden.

Die Objektform des Personalpronomens wird häufig in der Umgangssprache benutzt, um das Verb *to be* zu ergänzen (17):

(17)

It is them who did it.	Sie sind die Täter.
It's me who's in here.	Ich bin der Verantwortliche hier.
It's us who have to put up with him.	Wir sind diejenigen, die sich mit ihm abfinden müssen.

In der Umgangssprache steht die Objektform des Personalpronomens häufig nach *than* und *as* bei Vergleichen (18):

(18)

John is wittier than her.	John ist witziger als sie.
Martin can run faster than me.	Martin kann schneller laufen als ich.
We are just as efficient as them.	Wir sind genauso effizient wie sie.
No one is as happy as us.	Niemand ist so glücklich wie wir.

Die Objektform des Personalpronomens wird häufig auch dann in der Umgangssprache verwendet, wenn das Personalpronomen allein in verkürzten Sätzen ohne Prädikat gebraucht wird (19), und zwar besonders in Kurzantworten auf *who*-Fragen (20):

(19)	*Yes folks! Me again!*	Ja, Leute! Ich schon wieder!
(20)	*Who smashed the window? – Her.*	Wer hat das Fenster zerbrochen? – Sie.
	Who would like a piece of chocolate? – Me.	Wer möchte ein Stück Schokolade? – Ich.

Hinweis: Obwohl diese Beispiele gebräuchliche Umgangssprache darstellen, sollte man im schriftlichen Englisch immer den formellen Regeln folgen.

3.2 Das Reflexivpronomen

Regel: Das Reflexivpronomen (das rückbezügliche Fürwort) wird verwendet, wenn das Pronomen und das Subjekt eines Satzes dieselbe Person oder Sache bezeichnen (1):

(1)	*John is talking to himself.*	John spricht mit sich (selbst).
	Wendy and Richard have hurt themselves.	Wendy und Richard haben sich wehgetan.
	I just want to enjoy myself.	Ich will mich bloß amüsieren.
	I got myself a pretty new dress.	Ich habe mir ein hübsches neues Kleid gekauft.

Pronomen

Die Form des Reflexivpronomens

Während es im Deutschen drei Formen des Reflexivpronomens gibt, nämlich Genitiv (z. B. *meiner*), Dativ (z. B. *mir*) und Akkusativ (z. B. *mich*), kennt man im Englischen nur eine Form (2):

(2)

	Singular	Plural
1. Person	*myself*	*ourselves*
2. Person	*yourself*	*yourselves*
3. Person	*himself* *herself* *itself*	*themselves*

Weitere Beispiele (3):

(3)

Help yourselves!	Bedient euch!
She bought herself a drink.	Sie hat sich ein Getränk gekauft.
This time you've excelled yourself.	Dieses Mal hast du dich selbst übertroffen.

Das unbestimmte Reflexivpronomen

Das unbestimmte Personalpronomen *one* (→ 3.1 Bsp. (9)) hat seine eigene Reflexivform, nämlich *oneself* (4):

(4)

One mustn't always talk about oneself.	Man darf nicht immer nur über sich selbst reden.

Das Reflexivpronomen: im Englischen seltener als im Deutschen

Das Reflexivpronomen kommt im Englischen seltener vor als im Deutschen. Nach einigen Verben kann es entfallen (5):

(5)

He washed (himself).	Er hat sich gewaschen.
He shaved (himself).	Er hat sich rasiert.
She dressed (herself).	Sie hat sich angezogen.
They surrendered (themselves) to the enemy.	Sie haben sich dem Feind ergeben.

Es ist im Englischen üblicher, diese Verben (5) ohne Reflexivpronomen zu verwenden. Man sollte ein Reflexivpronomen nur setzen, wenn es unbedingt notwendig ist, z. B. wenn eine Tat eine ungewöhnliche oder schwierige Leistung für das Subjekt darstellt (6) oder wenn eine Tat mehrmals mit verschiedenen Objekten wiederholt wird (7):

(6)

She's only three but she can already dress herself.	Sie ist erst drei Jahre alt, aber sie kann sich schon alleine anziehen.

(7)

He washed himself and then he washed the children.	Er hat sich selbst gewaschen, und danach hat er die Kinder gewaschen.

Man benutzt im Deutschen das Reflexivpronomen bei mehreren Verben, die im Englischen keines bei sich haben (8):

(8)

to meet	sich treffen
to imagine	sich vorstellen/sich einbilden
to look forward to	sich freuen auf
to relax	sich entspannen
to refuse	sich weigern
to approach	sich nähern
to lie down	sich hinlegen
to move	sich bewegen
to recover	sich erholen
to sit down	sich setzen
to apply for	sich bewerben um
to apologise	sich entschuldigen
to hurry	sich beeilen
to remember	sich erinnern
to feel	sich fühlen

Um das Reflexivpronomen im Englischen zu vermeiden, kann man manchmal eine passive Konstruktion verwenden (9):

(9)

to get married	heiraten/sich verheiraten
to get dressed	sich anziehen
to get washed	sich waschen
to get shaved	sich rasieren
I got washed and dressed.	Ich habe mich gewaschen und angezogen.

Ortspräpositionen: das persönliche Pronomen statt des Reflexivpronomens

Nach Ortspräpositionen wie *before, in front of* usw. ersetzt das Personalpronomen im Englischen häufig das Reflexivpronomen (→ 3.1 Bsp. ②) ⑩:

⑩

Could you please shut the door behind you?	Könnten Sie bitte die Tür hinter sich zumachen?
He put his pencil in front of him on the desk.	Er legte seinen Bleistift vor sich auf den Schreibtisch.
We looked about us.	Wir haben uns umgesehen.

Das Reflexivpronomen an Stelle des Personalpronomens

Manchmal kann man das Reflexivpronomen statt des Personalpronomens (Subjekt-und Objektform) (→ 3.1 Bsp. ②) verwenden, und zwar nach *and, or, as, than, like, except* und *but* (in der Bedeutung von *except*) ⑪:

⑪

Jane, Charlotte and myself will be coming round.	Jane, Charlotte und ich werden vorbeischauen.
Either Ian or myself will accompany you.	Entweder Ian oder ich werden Sie begleiten.
Sonia never met anyone as happy as herself.	Sonia hat nie jemanden kennengelernt, der so glücklich war wie sie.
There was nobody in the library but themselves.	Außer ihnen war niemand in der Bibliothek.

Each other *und* one another

Wenn man eine wechselseitige Beziehung zwischen zwei Personen beschreiben will, muss man *each other* benutzen [12]. Bei mehr als zwei Personen wird normalerweise *one another* bevorzugt [13]:

[12]

John and Mary write to each other regularly.	John und Mary schreiben sich regelmäßig.

[13]

The five friends haven't seen one another for a long time.	Die fünf Freunde haben sich schon lange nicht gesehen.

Man kann sowohl *each other* als auch *one another* im Genitiv (→ 1.6 Bsp. [4]–[6]) verwenden [14]:

[14]

We get on each other's/one another's nerves.	Wir gehen uns auf die Nerven.

Das Reflexivpronomen als verstärkendes Pronomen

Das verstärkende Pronomen entspricht dem deutschen *selbst*. Im Englischen hat es dieselbe Form wie das Reflexivpronomen (→ 3.2 Bsp. [2]). Es wird gebraucht, um ein Substantiv (→ 1.1) oder ein Personalpronomen (→ 3.1) hervorzuheben. Normalerweise steht das verstärkende Pronomen hinter dem Wort, das man betonen will [15]:

[15]

Afterwards we met the President himself.	Danach haben wir den Präsidenten selbst getroffen.
I like the picture itself but not the frame.	Ich mag das Bild selbst, aber nicht den Rahmen.

The Queen herself opened the bridge.	Die Queen selbst hat die Brücke eingeweiht.
Did you see the boss himself or just his secretary?	Hast du den Chef selbst oder nur seine Sekretärin gesehen?

Wenn man das Subjekt eines Satzes hervorheben will, kann man das verstärkende Pronomen auch an das Satzende stellen (16):

(16)

I closed the door myself.	Ich habe selbst die Tür zugemacht.
He built the house himself.	Er hat selbst das Haus gebaut.
She has spoken to the headmaster herself.	Sie hat selbst mit dem Schulleiter gesprochen.

Wenn die Präposition (→ 7.) *by* vor das verstärkende Pronomen gesetzt wird, ändert sich die Bedeutung (17):

(17)

We did it ourselves.	Wir haben es selbst gemacht.
We did it by ourselves.	Wir haben es ganz allein gemacht (d. h. ohne Hilfe).
He lives in the castle himself.	Er wohnt selbst im Schloss.
He lives in the castle by himself.	Er wohnt ganz allein im Schloss.

3.3 Adjektivische Possessivpronomen

Grundwissen: Das Possessivpronomen (das besitzanzeigende Fürwort) wird im Englischen und im Deutschen vergleichbar verwendet. Die Ausnahmefälle sind unten beschrieben. Es drückt normalerweise Besitz oder Zugehörigkeit aus. Es hat zwei Formen, das adjektivische und das substantivische Possessivpronomen.

Die Form des adjektivischen Possessivpronomens

Regel: Im Gegensatz zum Deutschen werden die adjektivischen Possessivpronomen im Englischen nicht dekliniert. Sie richten sich nur nach dem Besitzer (1):

(1)

	Singular	Plural
1. Person	*my*	*our*
2. Person	*your*	*your*
3. Person	*his* *her* *its*	*their*

Welche Form des adjektivischen Possessivpronomens man in der 3. Person Singular benutzt, hängt vom Geschlecht des Besitzers ab (→ 3.1 Bsp. (5)–(8)).

Das adjektivische Possessivpronomen: die Wortstellung

Das adjektivische Possessivpronomen steht immer vor einem Substantiv (2):

(2)
My father is taller than your father.
He has lost his football boots.
We are proud of our garden.
Their car has broken down.

Diese Regel besagt, dass im Unterschied zum Deutschen das adjektivische Possessivpronomen im Englischen immer hinter *all*, *both*, *double* und *half* gesetzt wird (2):

(3)

She spends all her money on clothes.	Sie gibt ihr ganzes Geld für Kleidung aus.

Das adjektivische Possessivpronomen: Abweichungen vom deutschen Gebrauch

Anders als im Deutschen wird im Englischen das adjektivische Possessivpronomen regelmäßig bei Körperteilen (4) und Kleidungsstücken (5) verwendet. Das adjektivische Pronomen kann auch bei Abstrakta (→ 1.1 Bsp. (5)) wie *life*, *mind* usw. gebraucht werden, wenn diese mit einer bestimmten Person zusammenhängen (6):

(4)

He has broken his leg.	Er hat sich das Bein gebrochen.
I shook my head.	Ich schüttelte den Kopf.
She cut her finger.	Sie hat sich in den Finger geschnitten.
The priest raised his eyes to heaven.	Der Pfarrer erhob die Augen zum Himmel.

(5)

You must iron your trousers tonight.	Du musst heute Abend die Hose bügeln.
My keys are in my pocket.	Meine Schlüssel sind in der Hosentasche.

(6)

They lost their lives in a car crash.	Sie sind bei einem Autounfall ums Leben gekommen.
Keep your mind on the job!	Bleib mit den Gedanken bei der Arbeit!

Manchmal wird im Englischen das adjektivische Possessivpronomen benutzt, während im Deutschen die Dativform eines Personal- oder Reflexivpronomens steht 7:

7

The clowns were painting their faces.	Die Clowns malten sich das Gesicht an.
I put on my stockings.	Ich ziehe mir die Strümpfe an.
She was racking her brains.	Sie zerbrach sich den Kopf.

Wenn Körperteile und Kleidungsstücke aber Opfer von Gewalt werden, entfällt das adjektivische Possessivpronomen häufig 8:

8

John grabbed me by the arm and hit me in the face.	John packte mich am Arm und schlug mir ins Gesicht.
He got a knock on the head.	Er hat einen Schlag auf den Kopf bekommen.
He grabbed me by the collar.	Er packte mich am Kragen.

Das adjektivische Possessivpronomen mit own

Das Wort *own* dient häufig dazu, das adjektivische Possessivpronomen zu verstärken. Wenn es unmittelbar vor dem Substantiv verwendet wird, entspricht es den deutschen Wörtern *eigen* oder *selbst* 9:

9

That is my own bike.	Das ist mein eigenes Rad.
Why don't you play with your own ball?	Warum spielst du nicht mit deinem eigenen Ball?
Did he cut his own hair?	Hat er sich die Haare selbst geschnitten?

Wenn *my own, your own* usw. dem Verb *to be* folgen und ohne Substantiv gebraucht werden, entspricht die Konstruktion dem deutschen Verb gehören (10):

(10)	*Have you rented this car? – No, it's my own.*	Haben Sie dieses Auto gemietet? – Nein, es gehört mir.

My own, your own usw. werden mit der *of*-Präposition nachgestellt, wenn vor dem dazugehörigen Substantiv der unbestimmte Artikel (→ 2.3) (11), ein Zahlwort (→ 10.) (12) oder ein Indefinitpronomen (→ 3.6) (13) steht. Diese Konstruktion entspricht dem deutschen Wort *eigen*, wenn es ohne Possessivpronomen verwendet wird:

(11)	*We want a house of our own.*	Wir wollen ein eigenes Haus.
(12)	*He has three children of his own.*	Er hat drei eigene Kinder.
(13)	*She has no friends of her own.*	Sie hat keine eigenen Freunde.

3.4 Substantivische Possessivpronomen

Grundwissen: Das substantivische Possessivpronomen dient dazu, ein adjektivisches Possessivpronomen und sein nachstehendes Substantiv durch ein einziges Wort zu ersetzen.

Die Form des substantivischen Possessivpronomens

Regel: Im Gegensatz zum Deutschen sind die substantivischen Possessivpronomen immer unveränderlich ①:

①

	Singular	Plural
1. Person	*mine*	*ours*
2. Person	*yours*	*yours*
3. Person	*his* *hers* *its*	*theirs*

Die substantivischen Possessivpronomen werden immer ohne Artikel und ohne Apostroph gebraucht. Welche Form des substantivischen Possessivpronomens man in der 3. Person Singular benutzt, hängt vom Geschlecht des Besitzers ab (→ 3.1 Bsp. ⑤–⑧).

Gebrauch des substantivischen Possessivpronomens

Die substantivischen Possessivpronomen werden häufig verwendet, um die Wiederholung eines Substantivs zu vermeiden ②:

②

If your radio is still broken you can borrow mine.	Wenn dein Radio noch kaputt ist, kannst du dir meines borgen.
His car is faster than hers.	Sein Auto fährt schneller als ihres.
Our television is old, theirs is new.	Unser Fernseher ist alt, ihrer ist neu.

Wenn das substantivische Possessivpronomen mit dem Verb *to be* verbunden ist, hat die Konstruktion oft die Bedeutung des deutschen Verbs *gehören* ③:

③

These trousers are yours.	Diese Hose gehört dir.
Is that dog yours?	Gehört Ihnen der Hund?
The red bike is mine.	Das rote Rad gehört mir.

Das substantivische Possessivpronomen mit der *of*-Präposition

Das substantivische Possessivpronomen kann mit der *of*-Präposition verbunden werden. Diese Konstruktion entspricht häufig der deutschen Konstruktion *von* und Personalpronomen. Sie folgt auf ein Substantiv, vor dem der unbestimmte Artikel (→ 2.3) ④, ein Zahlwort (→ 10.1) ⑤, ein indefinites Pronomen (→ 3.6) ⑥ oder gar kein Bestimmungswort steht ⑦:

④

Steven is a friend of mine.	Steven ist ein Freund von mir.

⑤

You've got five plates of ours.	Du hast fünf Teller von uns.

⑥

He hasn't met any colleagues of mine.	Er hat noch keine Kollegen von mir kennengelernt.

⑦

They are customers of hers.	Sie sind Kunden von ihr.

Hinweis: Die Konstruktion aus *of*-Präposition und substantivischem Possessivpronomen wird manchmal gewählt, um Überraschung, Ärger usw. auszudrücken [8]:

[8]

That's no business of yours!/ That's none of your business!	Das geht Sie nichts an!
He's no friend of mine!	Er ist kein Freund von mir!
Why is that dog of ours so dirty?	Warum ist unser Hund so schmutzig?
That old rug of his is worth five thousand pounds?	Sein alter Teppich ist fünftausend Pfund wert?

3.5 Das Demonstrativpronomen

Grundwissen: Demonstrativpronomen (hinweisende Fürwörter) dienen dazu, etwas deutlich hervorzuheben. Die englischen Demonstrativpronomen *this* und *that* entsprechen den deutschen Wörtern *dies* bzw. *jenes*. Sie werden aber oft unterschiedslos verwendet und deswegen manchmal beide mit *dies* übersetzt.

Form der Demonstrativpronomen

Die Demonstrativpronomen stehen entweder im Singular oder im Plural [1]. Im Unterschied zum Deutschen richtet sich die Form eines Demonstrativpronomens nicht nach dem Geschlecht des dazugehörigen Substantivs (→ 1.2 Bsp. [1]) [2]. Sie werden nie gebeugt:

	Singular	Plural
[1]	*this*	*these*
	that	*those*
[2]	*this/that man*	*these/those men*
	this/that woman	*these/those women*
	this/that house	*these/those houses*

Gebrauch der Demonstrativpronomen

Regel: Man verwendet die Demonstrativpronomen, um Personen oder Sachen zu bezeichnen, die anwesend sind oder schon erwähnt wurden (3). Obwohl man *this/that* gelegentlich durch den bestimmten Artikel *the* (→ 2.1) ersetzen kann (4), weisen die Demonstrativpronomen viel deutlicher und spezifischer als *the* auf etwas hin:

(3)

Have you seen this man before?	Haben Sie diesen Mann schon vorher gesehen?
Those flowers are dandelions.	Dies sind Löwenzahnblumen.
That's nothing new!	Das ist nichts Neues!

(4)

You mean the/that man over there?	Du meinst den Mann dort drüben?
You are right. The/That case is too heavy.	Sie haben Recht. Der/Dieser Koffer ist zu schwer.

This und *that*: Unterschiede in der Bedeutung

Manchmal werden *this/these* und *that/those* austauschbar gebraucht (5):

(5)

This/That book is interesting.	Dieses Buch ist interessant.
These/Those pictures are nice.	Diese Bilder sind schön.

Pronomen

Weist man auf etwas hin, was sowohl räumlich als auch zeitlich entfernter liegt, muss man *that/those* benutzen ⑥. Bezieht man sich dagegen auf etwas, was räumlich und zeitlich näher liegt, muss man *this/these* verwenden ⑦:

⑥

That cloud looks like a castle.	Die Wolke dort sieht wie ein Schloss aus.
That man over there is a famous writer.	Der Mann dort drüben ist ein berühmter Schriftsteller.
Last year we went to Italy. That was a good holiday.	Letztes Jahr sind wir nach Italien gefahren. Das war ein guter Urlaub.
All that morning it had been raining.	Den ganzen Vormittag hatte es geregnet.

⑦

This chair is more comfortable than that chair over there.	Dieser Sessel ist bequemer als der Sessel dort drüben.
The potatoes in this shop are cheaper than in that other shop.	Die Kartoffeln in diesem Laden sind billiger als in dem anderen Laden.
This year is warmer than last year.	Dieses Jahr ist es wärmer als letztes Jahr.

Hinweis: Ein Sprecher wählt *this/these*, um etwas noch Folgendes anzukündigen ⑧. Etwas vorher Erwähntes greift man dagegen mit *that/those* auf ⑨:

⑧

These were his final words: "Thank you very much!"	Seine letzten Worte waren: »Danke schön!«

You've got to bear this in mind: he is still young.	Du musst Folgendes bedenken: Er ist noch jung.

9

It is very expensive. That's all I know.	Es ist sehr teuer. Das ist alles, was ich weiß.
He's very popular in Spain. I'm surprised by that.	Er ist in Spanien sehr beliebt. Das überrascht mich.

Die Demonstrativpronomen: adjektivischer und substantivischer Gebrauch

Bei adjektivischem Gebrauch steht das Demonstrativpronomen vor seinem Substantiv. Die Singularformen *this* und *that* kommen nur in Verbindung mit einem Substantiv im Singular vor (10):

10

This plate is hot.	Dieser Teller ist heiß.
Where did you find this book?	Wo hast du dieses Buch gefunden?
Who is that boy over there?	Wer ist der Junge dort drüben?

Die Pluralformen *these/those* treten nur mit einem Substantiv im Plural auf (11):

11

These cups are dirty.	Diese Tassen sind schmutzig.
Why are these houses so small?	Warum sind diese Häuser so klein?
Why did you buy those trousers?	Warum hast du diese Hose/n gekauft?

Wenn man ein Demonstrativpronomen substantivisch verwendet, steht es stellvertretend für ein Substantiv. In der Regel müssen dann die Singularformen *this/that* mit dem Stützwort *one* verbunden werden (12):

(12)

Which cake would you like – this one or that one?	Welchen Kuchen möchtest du – diesen oder jenen/den da?
This painting is an original but that one is a forgery.	Dieses Bild ist ein Original, jenes/das da aber ist eine Fälschung.

In folgenden Fällen können *this* und *that* ohne das Stützwort *one* stehen:

- wenn das Substantiv, das sie ersetzen, eine Sache bezeichnet (13),
- wenn sie als Stellvertreter für einen ganzen Satz oder ein Ereignis fungieren, das man wahrgenommen, aber noch nicht erwähnt hat (14),
- oder wenn sie in den Ausdrücken *this/that is* vorkommen (15):

(13)

Have you seen this?	Haben Sie das gesehen?
This umbrella is mine and that is yours.	Dieser Schirm gehört mir, und jener/der da gehört dir.

(14)

That is not true.	Das ist nicht wahr.
What was that?	Was war das?
That was a good film.	Das war ein guter Film.

(15)

This is Robert, and that is his friend, Mike.	Das ist Robert, und das ist sein Freund Mike.

Im Unterschied zu den Singularformen stehen die Pluralformen *these/ those* immer ohne das Stützwort *one*, wenn man sie substantivisch verwendet (16):

(16)

Don't you have any tomatoes riper than those?	Haben sie keine Tomaten, die reifer sind als diese?
These oranges are juicier than those.	Diese Orangen sind saftiger als jene/die da.
Would you like these trousers or those?	Möchtest du diese Hose oder diese?

Anders als im Deutschen gebraucht man die Pluralformen *these/those*, wenn das folgende Verb und das folgende Substantiv im Plural stehen (17):

(17)

These are the best years of your life.	Dies sind die besten Jahre deines Lebens.
These are the men who stole your money, Mr Smith.	Dies sind die Männer, die ihr Geld gestohlen haben, Mr. Smith.

Die Demonstrativpronomen: umgangssprachlicher Gebrauch

Die Demonstrativpronomen treten häufig in der englischen Umgangssprache auf. Sie dienen dazu, die Ausdrucksweise familiärer, ungezwungener, lebhafter oder gefühlsbetonter zu gestalten (18):

(18)

Yesterday I saw this really beautiful girl.	Gestern habe ich ein wirklich schönes Mädchen gesehen.
I can't stand that new man.	Ich kann den Neuen nicht ausstehen.

As I was walking down the road, this really stupid bloke came up to me.	Als ich die Straße entlangging, kam mir ein wirklich blöder Typ entgegen.
Turn that radio down!	Stell das Radio leiser!

Pronomen

Das in der Umgangssprache gebrauchte Demonstrativpronomen wird ziemlich oft mit dem Possessivpronomen in der nachgestellten *of*Fügung (→ 3.4 Bsp. (4)–(8)) verbunden (19):

(19)

That dog of yours is driving me mad.	Ihr Hund macht mich wahnsinnig.
Those shoes of yours are really nice.	Deine Schuhe sind wirklich schön.
I like that new film of his.	Sein neuer Film gefällt mir gut.

3.6 Die Indefinitpronomen

Grundwissen: Die indefiniten Pronomen dienen dazu, bei Sachen, Mengen und bei Personen Gruppen zu bezeichnen. Einige indefinite Pronomen können zusätzlich die Unbestimmtheit von Personen oder Sachen kennzeichnen.

Some und any

Regel: *Some* und seine Zusammensetzungen werden gebraucht, um etwas Unbestimmtes zu bezeichnen, das wahrscheinlich verfügbar oder erreichbar ist. Man benutzt sie daher meist in positiven Aussagesätzen und Fragen, wenn man eine positive Antwort erwartet. *Any* und seine Zusammensetzungen werden verwendet, um etwas Unbestimmtes zu bezeichnen, wenn seine Verfügbarkeit nicht sicher ist. Man benutzt sie daher meist in negativen Aussagen, um Zweifel oder Skepsis anzudeuten. Sie stehen in Fragen, wenn man nicht weiß, ob die Antwort negativ oder positiv sein wird, oder wenn man mit einer negativen Antwort rechnet. Ob man *some* oder *any* setzt, ist oft eine Frage der Einstellung.

Some und *any*: Gebrauch

Some und *any* dienen bei zählbaren Substantiven im Singular dazu, eine unbestimmte Person oder Sache zu bezeichnen [1]. In dieser Bedeutung entsprechen sie manchmal dem deutschen Wort *irgendein*:

[1]

I saw some bloke in cowboy boots yesterday.	Gestern habe ich irgendeinen Typen gesehen, der Cowboystiefel trug.
Some day you'll be sorry for this.	Irgendwann einmal wird dir das noch leid tun.
I don't need any new coat.	Ich brauche keinen neuen Mantel.
I won't accept just any job.	Ich will nicht irgendeine Stelle annehmen.

Some ... or other [2] ist noch unbestimmter als *some* allein und kann auch andeuten, dass dem Sprecher das Bezeichnete gleichgültig ist.

[2]

He's learning some foreign language or other.	Er lernt irgendeine Fremdsprache.

Bei unzählbaren Substantiven können *some* und *any* eine unbestimmte Menge kennzeichnen. Dies gilt besonders häufig für Stoffnamen [3]:

[3]

Some sugar, please.	Etwas Zucker, bitte.
Have some cheese.	Nehmen Sie ein bisschen Käse.
I'm a vegetarian. I haven't eaten any meat in years.	Ich bin Vegetarier. Seit Jahren habe ich kein Fleisch mehr gegessen.
Mike hadn't seen any water for miles.	Weit und breit/Meilenweit hatte Mike kein Wasser gesehen.

Pronomen

Bei einem Substantiv im Plural können *some* und *any* für eine unbestimmte Anzahl stehen (4):

(4)

Some boys play football.	Manche Jungen spielen Fußball.
Some trees lose their leaves in winter.	Einige Bäume verlieren im Winter die Blätter.
I don't know if any girls play football.	Ich weiß nicht, ob Mädchen Fußball spielen.
I can't think of any good pubs nearby.	Mir fallen keine guten Pubs in der Nähe ein.

Bei Fragen wird *some* verwendet, wenn man etwas höflich anbietet oder wenn man eine positive Antwort erwartet (5). *Any* setzt man hingegen, wenn die Antwort noch ungewiss ist oder wenn man mit einer negativen Antwort rechnet (6):

(5)

Would you like some coffee?	Möchten Sie etwas Kaffee?
Did you offer Charlie some beer?	Hast du Charlie Bier angeboten?

(6)

Don't you want any coffee?	Möchtest du keinen Kaffee?
Did you give Charlie any money?	Hast du Charlie Geld gegeben?

Some und *any* können auch als substantivische Pronomen in Bezug auf ein vorausgehendes Substantiv verwendet werden (7):

(7)

I need some ink.	Ich brauche etwas Tinte.
Could you give me some?	Könntest du mir welche geben?
I'm sorry, I don't have any.	Es tut mir Leid, ich habe keine.

Diese Regeln gelten auch für die Zusammensetzungen von *some* und *any* (8):

(8)

somebody	*anybody*
something	*anything*
somewhere	*anywhere*
sometimes	
somehow	*anyhow*
somewhat	
Somebody opened the door.	Jemand hat die Tür geöffnet.
Has anybody opened the door?	Hat jemand die Tür geöffnet?

Some und any: *Sonderfälle*

Some kann den deutschen Wörtern *etwa* oder *ungefähr* entsprechen, wenn es vor Zahlwörtern steht (9):

(9)

He weighs some ninety kilos.	Er wiegt ungefähr neunzig Kilo.
She spent some ten days in the desert.	Sie hat etwa zehn Tage in der Wüste verbracht.

Kommt *any* in einem positiven Satz vor, bedeutet es *jeder/jedes beliebige* oder *gleichgültig welcher*. Wenn man *any* so benutzt, schließt es Zweifel oder Skepsis aus (10):

(10)

You can take any train to get to Bristol.	Sie können jeden Zug nehmen, um Bristol zu erreichen.
You can find out about Shakespeare in any encyclopaedia.	Sie können sich über Shakespeare in allen Enzyklopädien informieren.

Wenn *any* vor einem Adjektiv oder einem Adverb steht, hat es im Deutschen keine Entsprechung [11]:

[11]

Is the book any good?	Taugt das Buch etwas?
Can't you walk any faster?	Kannst du nicht schneller gehen?

Pronomen

Every und each

Regel: *Every* und *each* bedeuten etwa das deutsche Wort *jeder*. Gelegentlich sind sie austauschbar, aber es gibt auch einen wichtigen Unterschied zwischen ihnen: Man verwendet *every*, wenn man jede Person oder Sache innerhalb einer bestimmten Anzahl in einem ganz allgemeinen Sinn meint. *Every* heißt also *jeder ohne Ausnahme*. Dagegen verwendet man *each*, wenn man jede einzelne Person oder Sache aus einer begrenzten Anzahl betont [12]:

[12]

Every day he goes jogging.	Jeden Tag (ohne Ausnahme) geht er joggen.
Each job application will be considered separately.	Man wird jede (einzelne) Bewerbung gesondert betrachten.

Wenn *each* nachgestellt wird, bedeutet es *je* [13]:

[13]

These oranges cost one euro each.	Die Orangen kosten je einen Euro.
You can eat three sausages each.	Sie dürfen je/jeder drei Würste essen.

Von *every* gibt es auch Zusammensetzungen ⑭:

⑭

everyone/ everybody	jeder, alle
everything	alles
everywhere	überall

All und no

Regel: *All* wird im Deutschen normalerweise mit *alle* übersetzt. Es bezieht sich auf einen Plural oder auf einen unzählbaren Begriff, wenn dieser Singularform hat (→1.5 Bsp. ⑥) ⑮:

⑮

All birds have wings.	Alle Vögel haben Flügel.
All information is free.	Alle Auskünfte sind frei.

Hinweis: *All the* bedeutet *alle aus einer bestimmten Anzahl* ⑯:

⑯

All the boys wore kilts.	Alle Jungen haben Schottenröcke angehabt.

All kann manchmal auch *ganz* bedeuten ⑰:

⑰

Alice spent all day in the library.	Alice hat den ganzen Tag in der Bibliothek verbracht.

Regel: *No* bedeutet normalerweise *kein* (18). Im Allgemeinen ist *no* stärker als *not ... any* (19):

(18)

There were no interesting films-	Es gab keine interessanten *Filme.*

(19)

I've not seen any comfortable shoes.	Ich habe keine bequemen Schuhe gesehen.
I've seen no comfortable shoes.	Ich habe (gar) keine bequemen Schuhe gesehen.

Die substantivische Form von *no* lautet *none* und bedeutet *keiner. None* bezieht sich auf ein vorausgehendes Substantiv oder steht vor einer *of*-Fügung (20):

(20)

Is there any cake left? – No, none at all.	Ist noch ein Stück Kuchen übrig? – Nein, gar keines.
None of the girls were at home.	Keines der Mädchen war zu Hause.

Much und *many*

Regel: *Much* bedeutet *viel* oder selten *viele.* Es kann nur bei unzählbaren Begriffen verwendet werden, die in der Singularform stehen (→ 1.4 Bsp. (6)) (21). *Many* heißt *viele.* Es kann nur bei zählbaren Begriffen im Plural gebraucht werden (22):

(21)

Do you have much furniture?	Haben Sie viele Möbel?
We don't have much money.	Wir haben nicht viel Geld.

(22)

Do you have many friends?	Haben Sie viele Freunde?
We don't have many pictures.	Wir haben nicht viele Bilder.

Hinweis: In der Regel sollte man *much* nur in Fragen und in verneinten Sätzen benutzen ㉑. Dasselbe gilt für *many* ㉒. In Aussagesätzen kann man anstelle von *much* und *many* meistens *a lot of* verwenden. Es kann sowohl bei zählbaren als auch bei unzählbaren Begriffen gesetzt werden ㉓:

㉓

He earns a lot of money.	Er verdient viel Geld.
A lot of people go to Spain for their holiday.	Viele Leute fahren in den Ferien nach Spanien.

Sonderfälle: Bei Aussagesätzen mit *as, too, so* und *how* wirdnur *much* oder *many* verwendet ㉔:

㉔

You can read as many books as you like.	Du darfst so viele Bücher lesen, wie du willst.
It costs too much money.	Es kostet zu viel Geld.

A few/a little und few/little

Regel: *Few* bedeutet *wenige*; *a few* heißt *einige* oder *ein paar*. *Little* entspricht *wenig*. *A little* bezeichnet *ein wenig*. *Few* und *a few* werden nur bei zählbaren Begriffen (→ 1.4 Bsp. ①–③) im Plural verwendet (㉕, ㉖), *little* und *a little* hingegen nur bei unzählbaren Begriffen mit Singularform (→ 1.4 Bsp. ⑥) (㉗, ㉘):

㉕

Few stars are as famous as Clint Eastwood.	Wenige Stars sind so berühmt wie Clint Eastwood.

㉖

He arrived a few minutes late.	Er ist ein paar Minuten zu spät gekommen.

(27)	*There is little milk left.*	Es ist wenig Milch übrig.
(28)	*We only made a little progress.*	Wir haben nur wenige Fortschritte gemacht.

Few und *little* entsprechen fast Verneinungen. Sie heben die Kleinheit einer Summe oder Menge hervor: Es gibt fast keine Stars, die so berühmt sind wie Clint Eastwood (25). Die Milchflasche ist fast leer (27). *A few* und *a little* haben dagegen positivere Bedeutung. Sie betonen, dass die Summen oder Mengen trotz ihrer Kleinheit existieren: Die Minuten (26) und die Fortschritte (28) waren wenige, aber mehr als nichts.

Both, either *und* neither

Regel: *Both*, *either* und *neither* bezeichnen eine Gruppe von zwei Personen oder Sachen. Sie können nur bei zählbaren Begriffen verwendet werden.

Both besitzt dieselbe Bedeutung wie *beide*. Man kann es an verschiedenen Stellen im Satz gebrauchen (29):

(29)
Both boys studied physics.
Both of the boys studied physics.
Both the boys studied physics.
The boys both studied physics.

Both kann auch substantivisch benutzt werden (30):

(30) *Both studied physics.*

Hinweis: Wenn die Zahl der Personen oder Sachen noch nicht erwähnt wurde, muss man *the two* setzen (31):

(31)

The two boys studied. physics.	Die beiden/die zwei Jungen haben Physik studiert.

Both ... and heißt dagegen *sowohl ... als auch* (32):

(32) *The boys want to study both mathematics and physics.*

Either bedeutet *der eine oder der andere von zweien* (33). *Neither* heißt *weder der eine noch der andere von zweien* (34). Man kann beide Wörter substantivisch verwenden (35):

(33)

You can use either car.	Du darfst jedes der zwei Autos benutzen.

(34)

Neither car can go very fast.	Weder das eine Auto noch das andere fährt sehr schnell.

(35) *You can use either. Neither can go very fast.*

Hinweis: *Neither* wird hauptsächlich als Subjekt bzw. Teil des Subjekts gebraucht. Beim Objekt eines Satzes wird es normalerweise durch *not ... either* ersetzt (36):

(36)

He has not seen either film.	Er hat beide Filme nicht gesehen./ Er hat keinen der beiden Filme gesehen.
He has not seen either.	Er hat beide nicht gesehen.

Diese Regel gilt auch, wenn man *not ... either* oder *neither* als Adverbien (→ 5.) in der Bedeutung *auch nicht* verwendet [37]:

[37]

I haven't seen him either.	Ich habe ihn auch nicht gesehen.
Neither has she.	Sie auch nicht.

Either ... or bedeutet *entweder ... oder* [38]. *Neither ... nor* bedeutet *weder ... noch* [39]:

[38] *You can have either an ice cream or a lollipop.*

[39] *You can have neither an ice cream nor a lollipop.*

3.7 Das Interrogativpronomen

Grundwissen: Das Interrogativpronomen (das fragende Fürwort) dient dazu, nach Personen und Sachen zu fragen.

Who

Regel: Das Interrogativpronomen *who* fragt nach Personen. In seinem gewöhnlichen, umgangssprachlichen Gebrauch entspricht es den deutschen Fragewörtern *wer* (Nominativ) [1], *wem* (Dativ) [2] und *wen* (Akkusativ) [3]:

[1] *Who can type quickly?*

[2] *Who did you give it to?*

[3] *Who could I ask?*

Im formellen Englisch bevorzugt man aber *whom* für den Dativ und den Akkusativ (4):

(4)

To whom did you give it?

Whom could I ask?

Gebraucht man *who* mit einer Präposition (→ 7.), muss sie am Satzende stehen (5):

(5)

Who did you get that diamond ring from?	Von wem hast du den Diamantring bekommen?
Who are you going to give that diamond ring to?	Wem willst du den Diamantring geben?

Wenn man die formelle Form *whom* benutzt, müssen die Präpositionen vor das Interrogativpronomen gestellt werden (6):

(6)

From whom did you get that diamond ring?

To whom are you going to give that diamond ring?

Whose

Um nach dem Besitz oder der Zugehörigkeit zu fragen, muss man das Interrogativpronomen *whose (wessen)* verwenden (7):

(7)

Whose diamond ring is that?	Wessen Diamantring ist das?/ Wem gehört der Diamantring?
Whose car is that?	Wessen Auto ist das hier?/ Wem gehört das Auto?

Pronomen

What und which

Will man sowohl nach Sachen als auch nach Personen fragen, muss man *what* oder *which* gebrauchen.

Regel: *What* wird normalerweise benutzt, wenn die Auswahl nicht begrenzt ist, d. h. wenn man ganz allgemein nach etwas fragt. Im Deutschen heißt es gewöhnlich *welch, was für* oder *was* (8, 9):

8

What books did you buy this time?	Welche Bücher hast du diesmal gekauft?
What soap operas do you watch?	Welche Familienserien schauen Sie an?

9

What's in your handbag?	Was ist in deiner Handtasche?
What did that?	Was hat das gemacht?

What kann als Objekt 8 oder Subjekt 9 eines Satzes verwendet werden. Im zweiten Fall steht es allein (ohne Substantiv).

What wird auch gebraucht, um nach Eigenschaften zu tragen. Oft folgen dann *kind of* oder *sort of* 10:

10

What kind of people have you invited?	Was für Leute hast du eingeladen?
What kind of fruit do you like most?	Welches Obst isst du am liebsten?
What sort of car have you bought?	Was für ein Auto haben Sie gekauft?

Mit *what* kann man eine Person auch nach Beruf, Nationalität, Sternzeichen, Religion usw. fragen (11):

(11)	*I'm a carpenter: What are you?/What do you do?*	Ich bin Zimmermann. Was machen Sie?
	I'm a Capricorn. What are you?	Ich bin Steinbock. Was sind Sie?

Hinweis: Manchmal entspricht *what* dem deutschen *wie* (12). Dies gilt besonders, wenn man die Konstruktion *what ... like* benutzt, um nach Eigenschaften oder Aussehen zu fragen (13):

(12)	*What time is it?*	Wie spät ist es?/Wie viel Uhr ist es?
	What are you called?/What is your name?	Wie heißen Sie?
(13)	*What is your new job like?*	Wie ist deine neue Stellung?
	What does his girlfriend look like?	Wie sieht seine Freundin aus?

Merksatz: *What ... for* bedeutet *warum* (14):

(14)	*What did he do that for?*	Warum hat er das gemacht?

Regel: Man verwendet *which*, wenn man aus einer begrenzten Anzahl von Personen oder Sachen eine Auswahl treffen muss ⑮:

⑮

Which Englishman founded Inter Milan?	Welcher Engländer hat Inter Mailand gegründet?
Which American actor has won the most Oscars?	Welcher amerikanische Schauspieler hat die meisten Oscars gewonnen?
Which German football team has won the most league championships?	Welche deutsche Fußballmannschaft hat die meisten Meisterschaften in der Bundesliga gewonnen?

Which kann manchmal allein ⑯ oder vor einer *of*-Fügung ⑰ stehen:

⑯

Which is the fastest?	Welcher ist am schnellsten?
Which would you buy?	Welchen würden Sie kaufen?

⑰

Which of you opened the door?	Wer von Ihnen hat die Tür geöffnet?
Which of the letters did you throw away?	Welchen der Briefe hast du weggeworfen?
Which of the films did you like the best?	Welcher der Filme hat dir am besten gefallen?

Andere Fragewörter: where, when, why und how mit ihren Zusammensetzungen

Zusätzlich zu den Interrogativpronomen gibt es noch die sogenannten Interrogativadverbien. Obwohl sie genau genommen keine Pronomen sind, ist es übersichtlicher, sie im Zusammenhang mit den Interrogativpronomen zu erklären.

Where

Where fragt nach dem Ort oder der Richtung (18, 19, 20). Die Präpositionen *to* 19 und *from* 20 stehen immer nach dem Verb. Man darf *to* 19 weglassen:

18

Where is my shirt?	Wo ist mein Hemd?
Where are they going?	Wohin gehen sie?

19

Where are you going (to) on holiday?	Wohin fahren Sie auf Urlaub?

20

Where has he come from?	Wo ist er hergekommen?

When

When fragt nach der Zeit 21:

21

When was Shakespeare born?	Wann wurde Shakespeare geboren?
When is the next train?	Wann/Um wie viel Uhr kommt der nächste Zug an?

When folgt der Präposition *since* (22):

(22)	*Since when has he been headmaster?*	Seit wann ist er Schulleiter?

Why

Why fragt nach einem Grund (23):

(23)	*Why is the sky blue?*	Warum ist der Himmel blau?

How

How fragt nach der Art und Weise (24):

(24)	*How do you train a dog?*	Wie richtet man einen Hund ab?

Zusammengesetzte Fragewörter mit *how*:

How much fragt nach dem Preis (25) und der Menge (26):

(25)	*How much does this lampshade cost?*	Wie viel kostet dieser Lampenschirm?
(26)	*How much sugar do you take?*	Wie viel Zucker nehmen Sie?

How many fragt nach der Anzahl (27):

(27)	*How many rooms does your flat have?*	Wie viele Zimmer hat Ihre Wohnung?

How long fragt nach der Länge (28) oder der Dauer (29):

(28)	*How long is your garden?*	Wie lang ist Ihr Garten?
(29)	*How long does the play last.*	Wie lang dauert das Stück?

3.8 Das Relativpronomen

Grundwissen: Im Unterschied zum Deutschen gibt es im Englischen zwei verschiedene Typen von Relativsätzen, den bestimmenden und den nicht-bestimmenden Relativsatz. Die Wahl des Relativpronomens kann manchmal davon abhängen, zu welchem dieser Typen ein Relativsatz gehört.

Bestimmende und nicht-bestimmende Relativsätze

Regel: Bestimmende Relativsätze definieren dasjenige Substantiv eindeutig, auf das sie sich beziehen. Sie können nicht entfallen, ohne dass der Sinn des Hauptsatzes völlig verändert würde. Weil man den bestimmenden Relativsatz und den Hauptsatz als Einheit betrachtet, trennt man beide voneinander nicht durch Kommas ab (1):

(1)	*The painting which I bought last year in Paris is a genuine Canaletto.*	Das Gemälde, das ich letztes Jahr in Paris gekauft habe, ist ein echter Canaletto.

Nicht-bestimmende Relativsätze enthalten nur eine zusätzliche, ergänzende Auskunft zu einem Substantiv. Sie können wegbleiben, ohne dass der Sinn des Hauptsatzes entstellt würde. Sie werden durch Kommas vom Hauptsatz abgetrennt (2):

(2)

I bought the painting, which is a genuine Canaletto, in Paris.	Ich habe das Gemälde, das ein echter Canaletto ist, in Paris gekauft.
I bought the painting in Paris, which is the capital of France.	Ich habe das Gemälde in Paris gekauft, das die Hauptstadt von Frankreich ist.

Merksatz: Nicht-bestimmende Relativsätze sind im schriftlichen und formellen Englisch gebräuchlicher als in der Umgangssprache.

Relativpronomen: Gebrauch

Der Gebrauch von Relativpronomen ist im Englischen ziemlich flexibel (→ 3.8 Bsp. (16)–(17)).

Regel: In beiden Typen von Relativsätzen heißt das Relativpronomen für Personen *who* (3) und das Relativpronomen für Sachen *which* (4):

(3)

You ought to meet Mr Smith, who lives next door.	Du solltest Mr. Smith kennenlernen, der nebenan wohnt.
The man who lives next door is very interesting.	Der Mann, der nebenan wohnt, ist sehr interessant.

(4)

Her dress, which she bought in Harrods, is very beautiful.	Ihr Kleid, das sie bei Harrods gekauft hat, ist sehr schön.
She's wearing that beautiful dress which she bought in Harrods.	Sie trägt dieses schöne Kleid, das sie bei Harrods gekauft hat.

Which kann sich auch auf einen ganzen Satz beziehen, wenn es dem deutschen *was* entspricht (5):

(5)

He got the job, which doesn't surprise me.	Er hat die Stelle bekommen, was mich nicht überrascht.

Das Relativpronomen im Genitiv heißt sowohl bei Personen als auch bei Sachen *whose* (*dessen* oder *deren*). Es steht sowohl vor bestimmenden als auch vor nicht-bestimmenden Relativsätzen (6):

(6)

Mike, whose uncle is an architect, wants to be a pilot.	Mike, dessen Onkel Architekt ist, will Pilot werden.
Political parties whose policies are old-fashioned have no future.	Politische Parteien, deren Politik altmodisch ist, haben keine Zukunft.

Sowohl im Objektfall als auch nach einer Präposition (→ 7.) muss das Pronomen für Personen in nicht-bestimmenden Relativsätzen *whom* lauten (7):

(7)

Tina, whom I love, is on holiday.	Tina, die ich liebe, ist im Urlaub.
Tina, to whom I owe thirty pounds, is on holiday.	Tina, der ich dreißig Pfund schulde, ist im Urlaub.
In came three men, all of whom were drunk.	Herein kamen drei Männer, die alle betrunken waren.

In bestimmenden Relativsätzen kann das Pronomen für Personen sowohl im Objektfall als auch in Zusammenhang mit einer Präposition (→ 7.) entweder *who* oder *whom* heißen (8):

(8)

Tomorrow Tina sees the man who/whom she loves.	Morgen sieht Tina den Mann, den sie liebt.
Tomorrow Tina sees the man to whom she owes thirty pounds/who she owes thirty pounds to.	Morgen sieht Tina den Mann, dem sie dreißig Pfund schuldet.

Hinweis: *Who* ist in der Umgangssprache gebräuchlicher als *whom*. Man betrachtet *whom* als formell. *Whom* wird in nicht-bestimmenden Relativsätzen noch verwendet, weil diese im formellen Englisch weitaus häufiger vorkommen als in der Umgangssprache. Während bei *whom* die Präposition vor dem Pronomen steht, wird sie bei *who* hinter das Verb gestellt.

What entspricht als Relativpronomen dem deutschen *das, was* oder *was* (9):

(9)

You shouldn't just ignore what I'm saying.	Du solltest das, was ich sage, nicht einfach ignorieren.

That wird als Relativpronomen nach *much, all, every, any, no, nothing, none, something, anything, everything, little* und *few* (10) oder nach Superlativen gebraucht (11):

(10)

I have done everything that I can.	Ich habe alles getan, was ich kann.

(11)

This is the best film that I've ever seen.	Das ist der beste Film, den ich je gesehen habe.

Relativpronomen: umgangssprachlicher Gebrauch

Regel: Bei bestimmenden Relativsätzen wird umgangssprachlich *that* statt *who* bzw. *whom* für Personen (12) und *which* für Sachen (13) verwendet:

(12)

The man that is standing over there is my uncle.	Der Mann, der da drüben steht, ist mein Onkel.
He is the man that I gave all my money to.	Er ist der Mann, dem ich mein ganzes Geld gegeben habe.

(13)

This is the table that my uncle gave me.	Das ist der Tisch, den mein Onkel mir gegeben hat.

Bei *that* steht die Präposition immer hinter dem Verb.

In der Umgangssprache wird ein Relativpronomen fast immer weggelassen, wenn es als Objekt in einem bestimmenden Relativsatz steht (14):

(14)

That is the firm my mother bought.	Das ist die Firma, die meine Mutter gekauft hat.
He is the man I love.	Er ist der Mann, den ich liebe.
The book I have just read is very boring.	Das Buch, das ich gerade gelesen habe, ist sehr langweilig.

In diesem Fall rückt die Präposition immer hinter das Verb (15):

(15)

She is the girl I was looking for.	Sie ist das Mädchen, das ich suchte.
I've just seen the man you were talking about.	Ich habe gerade den Mann gesehen, über den du sprachst.

Pronomen

Die Formen der Relativpronomen: eine Übersicht

Relativpronomen in bestimmenden Relativsätzen [16]:

[16]

	Personen	Sachen
Subjektfall	*who/that*	*which/that*
Objektfall	*who/whom/that*	*which/that*
mit Präposition	*who/whom/that*	*which/that*
Genitiv	*whose*	*whose*

Relativpronomen in nicht-bestimmenden Relativsätzen [17]:

[17]

	Personen	Sachen
Subjektfall	*who*	*which*
Objektfall	*whom*	*which*
mit Präposition	*whom*	*which*
Genitiv	*whose*	*whose*

3.9 Besonderheiten: *it* und das deutsche *es*

Wie im Deutschen steht das Personalpronomen *it (es)* nicht nur an Stelle eines neutralen Substantivs (→ 3.1 Bsp. [5]), sondern auch in unpersönlichen Wendungen. Manchmal jedoch sind die Bedeutungen von *it* und *es* unterschiedlich.
Man kann *it* verwenden, um jemanden zu identifizieren. In diesem Fall entspricht *it* dem deutschen *es* [1]:

[1]

It's me.	Ich bin es.
It's not the postman.	Es ist nicht der Briefträger.
It's uncle Harry.	Es ist Onkel Harry.

Hinweis: Bezieht sich das deutsche *es* auf vorher genannte Personen, so wird es im Englischen durch *he, she* oder *they* ausgedrückt (2):

(2)

Do you know that man? – Yes, he is my husband.	Kennen Sie den Mann da? – Ja, es ist mein Mann.
Who are those people? – They are my friends.	Wer sind die Leute da? – Es sind meine Freunde.

Wie im Deutschen verwendet man *it*, um das Wetter (3), die Zeit (4), die Temperatur (5) und die Entfernung (6) zu beschreiben:

(3)

It's snowing.

It rained heavily last night.

It is freezing.

(4)

It's three o'clock.

It's the fourth of November.

What time is it?

(5)

It's warm.

It's twenty-five degrees Celsius.

(6)

How far is it to London?

It's fifty miles from here.

Bei einigen Verben, die mit *that/dass* konstruiert werden, bildet *it/es* das Subjekt (7):

(7)

It appears/It seems that he was late.	Es hat den Anschein, dass er spät kam./Anscheinend kam er zu spät.
It turned out/It emerged that he was just the chauffeur.	Es stellte sich heraus, dass er nur der Chauffeur war.

It is/was am Anfang eines Satzes kann zur Hervorhebung des nachfolgenden Satzglieds dienen, das durch einen Relativsatz ((8), (9)) oder einen *dass*-Satz ((10), (11)) ergänzt wird. Diese Form von Hervorhebung wird häufig in der Schriftsprache verwendet, um einen Gegensatz auszudrücken. Sie ist im Deutschen unüblich.

(8) *It was Christopher who drank a full bottle of wine at the party last week.*

(9) *It was a full bottle of wine that Christopher drank at the party last week.*

(10) *It was at the party that Christopher drank a full bottle of wine last week.*

(11) *It was last week that Christopher drank a full bottle of wine at the party.*

Christopher wird im Beispiel (8) hervorgehoben, *a full bottle of wine* im Beispiel (9), *at the party* im Beispiel (10) und *last week* im Beispiel (11).

Wie das deutsche *es* steht *it* häufig für einen nachfolgenden Satz (12):

(12)

It is no wonder that he's so tired.	Es ist kein Wunder, dass er so müde ist.
It would be a pity to miss the concert.	Es wäre schade, das Konzert zu versäumen.
He made it quite plain to us that we are not welcome.	Er machte es uns ganz klar, dass wir nicht willkommen sind.

Bei einigen festen Redewendungen bedeutet *it* nichts Bestimmtes (13):

(13)

Hold it!	Warte!
to have it out with someone	etwas mit jemandem ausdiskutieren
to rough it	primitiv leben

Wenn es auf einen vorangegangenen Satzinhalt hinweist, wird das deutsche *es* nach einigen Verben durch *so* wiedergegeben (14):

(14)

I hope so.	Ich hoffe es.
They don't think so.	Sie glauben es nicht.
I suppose so.	Ich nehme es an.
I am afraid so.	Ich fürchte es.

Bei anderen Verben wird das deutsche *es* überhaupt nicht übersetzt (15):

(15)

I don't know.	*Ich weiß es nicht.*

Für viele unpersönliche Ausdrücke im Deutschen gibt es im Englischen persönliche Ausdrücke (16):

(16)

I'm sorry.	Es tut mir Leid.
She is glad.	Sie freut sich.
I am cold.	Mich friert.
We liked it.	Es hat uns gefallen.

Wenn es im Sinne von *es gibt* gebraucht ist, wird es mit *there* wiedergeben (17):

(17)

There is no milk in the fridge.	Es ist keine Milch im Kühlschrank.

Manchmal entspricht dem deutschen *es* eine ganz andere Konstruktion (18):

(18)

There was a great crowd/crush.	Es herrschte großer Andrang.
There is someone knocking at the door.	Es hat geklopft.
Somebody just rang the door-bell./The phone just rang.	Es hat geklingelt.
Once upon a time ...	Es war einmal ...

Gelegentlich wird das deutsche *es* gar nicht wiedergegeben, wenn es für einen nachfolgenden Satz steht (19):

(19)

I knew the train would be late.	Ich hatte (es) geahnt, dass der Zug Verspätung haben würde.

Übungen

1. Ersetzen Sie die Wörter in Klammern durch die richtige Form des Personalpronomens. **Hinweis:** In ein paar Fällen sind zwei Antworten möglich:

a. (Edward) was late for school.
b. (Mary and Connie) passed their driving test on the same day.
c. Janet loves (Maurice).
d. (The worm) slithered across the damp earth.
e. It was Carrie's turn to bathe (their Alsatian Rex).
f. Maurice has bought some flowers for (Janet).
g. "I love (my ship)," said the Captain.
h. (The customs officers) searched Tom's bags.
i. Miriam has still got (the old record).
j. The jacket belongs to (Denise).

2. Schreiben Sie die folgenden Sätze um, indem Sie das formal richtige Personalpronomen, das sich in Klammern befindet, durch das umgangssprachlich gebräuchliche Personalpronomen ersetzen:

a. Who is there? – Joseph and (I).
b. It is (he) who is to blame.
c. Conrad is taller than (they).
d. No one works as hard as (she).
e. Who let the cat out? – (I).
f. When the doorbell rings, hide! It might be (they).
g. I might have known it! (He) again.
h. George is just as well-paid as (she).
i. It is (we) who have to do all the work.
j. Philip does not know anyone as quick-witted as (he).

3. Schreiben Sie die folgenden Sätze um, indem Sie ein Reflexivpronomen verwenden:

z. B.: "Get washed right now!" she told Martin sternly.
Lösung: "Wash yourself right now!" she told Martin sternly.

- **a.** After breakfast he had a shave.
- **b.** One ought to have a wash at least once a day.
- **c.** John got dressed and collected his mail.
- **d.** We didn't behave at all well at the wedding.
- **e.** Charlie bought a milkshake.

4. Setzen Sie das richtige Reflexivpronomen in die Lücken ein. **Hinweis:** In ein paar Fällen ist das Personalpronomen gebräuchlicher als das Reflexivpronomen:

- **a.** Nicholas distinguished ... at rowing.
- **b.** Don't worry, I was just talking to ...
- **c.** We managed to build the house all by ...
- **d.** Dad cut ... while he was shaving.
- **e.** You should make ... a model boat.
- **f.** I opened the bottle of milk standing in front of ...
- **g.** My sister felt as if the wind was blowing right through ...
- **h.** It was an honour to meet the author ... (**Hinweis:** Hier wird das Reflexivpronomen als verstärkendes Pronomen verwendet.)
- **i.** By mistake May addressed the letter to ...
- **j.** We searched the ground before ...
- **k.** The hedgehog dug ... a hole.
- **l.** Sara, you know that this bedroom is not going to tidy ..., don't you!
- **m.** "Fred! Tom! Go wash ... immediately!" father called to the dirty boys.
- **n.** The bird did not hear the cat behind ...
- **o.** During the evening, Margaret amused ... by playing patience.

5. Verkürzen Sie den jeweils zweiten Satz der folgenden Satzpaare mit Hilfe des passenden Possessivpronomens:

z. B.: The workmen arrived on time. The workmen's tools were already there.

Lösung: The workmen arrived on time. Their tools were already there.

a. Linford's mum packed his lunchbox for him. Linford's lunchbox was always well-packed.

b. The girls are going on holiday. The girls' favourite holiday destination is Paris.

c. Rover the dog gnawed at the bone. Rover's bone was big and juicy.

d. The spider ran away into the corner. The spider's web was in the corner.

e. The Frenchman went to buy a new hat. The Frenchman's old hat is a little battered.

f. Barbara stood impatiently on the street corner. Barbara's Taxi was late.

g. The coat is lovely. The colour of the coat is brown.

h. Jennifer and Henry are a mysterious couple. No one knows Jennifer and Henry's surnames.

i. Tom, the cat, was asleep. A mouse nibbled Tom's tail.

j. Susan phoned her parents. Susan's mother answered.

6. Ersetzen Sie die Wörter in Klammem durch ein substantivisches Possessivpronomen:

a. If your television is broken you can borrow (my television).

b. Are those trousers (my trousers)?

c. We would be happy to lend you (our lawnmower).

d. I hope someone buys (my book).

e. Kevin was annoyed because (his football) had a hole in it.

f. They repeatedly bragged about (their house).
g. Sue drove to work in (my car).
h. Our dog can jump over (their fence).
i. John flexed his muscles and Gary flexed (his muscles).
j. The fox pricked up its ears and the rabbit pricked up (its ears).

7. Setzen Sie das passende Demonstrativpronomen ein, und bilden Sie anschließend den Plural:

a. She owns ... shop over there./She owns ... shops over there.
b. I want you to remember ... story I am about to tell you./ I want you to remember ... stories I am about to tell you.
c. Would you rather take ... place next to me or ... one?/ Would you and your husband rather take ... places next to me or ...?
d. "No!" he shouted, and with ... word he left./"No way!" he shouted, and with ... words he left.
e. Be careful! ... knife you are holding is sharp./Be careful! ... knives you are holding are sharp.
f. May I introduce you? ... is Mr and Mrs Florio./May I introduce you? ... are the Florios.
g. ... man over there is a doctor./... men over there are doctors.
h. ... Sunday, when we went for a ride in the car, was wonderful./... Sundays, when we went for rides in the car, were wonderful.
i. Let's go out for a meal ... coming Friday./Let's go out for a meal one of ... days.
j. ... was a funny thing to say./... were funny things to say.

8. Setzen Sie entweder *some* oder *any* in den folgenden Sätzen ein:

a. I would like ... butter, please.
b. Sorry, we don't have ... butter.
c. You are in luck. You can take ... bus to Streatham.
d. Have you ... potatoes? – Sorry, I don't want ...
e. I don't know if we've got ...thing for you, sir.
f. Do ... girls in your school play hockey? – ... do.
g. John has ... things to say to you, Mr Houston.
h. I don't think ... girls play hockey in our school.
i. Did ...body call for me last night? – ...body did.
j. We have ... really nice honey. If you want, you can have ...

9. Setzen Sie dasjenige der folgenden Wörter ein, das am besten dem Sinn entspricht: *all, every, each, much, many, both, either, neither*:

a. Does she earn ... money?
b. I'm afraid that he does not have ... time.
c. You can have ... of the two holidays but you can't have ...
d. Let's see ... of the two holidays but you can't have ...
e. ... the children in the class were late.
f. These cost 50 pence ...
g. ...one in England knows the rules of cricket.
h. I don't know him and ... do you.
i. Which Hitchcock films have you seen? –
Not ... of them but ...

10. Setzen Sie die passenden Interrogativpronomen ein:

a. To ... did you speak?
b. ... did you speak to?
c. ... do you keep in your wallet?
d. ... of the two musicals do you prefer?
e. ... is that? (Who does it belong to?)
f. ... did you say to him?
g. ... time is it?
h. ... of you want to go to the shops for me?
i. ... did he lend your tools to?
j. ... is your new house like?

11. Schreiben Sie die folgenden Sätze so um, dass sie umgangssprachlich werden. Dabei gibt es mehrere Lösungen:

z. B. The address to which I wrote doesn't exist.
Lösungen: The address which I wrote to doesn't exist.
The address that I wrote to doesn't exist.
The address I wrote to doesn't exist.

a. The man to whom I spoke was in charge.
b. The charity to which she donates money has just launched another appeal.
c. The radio programme to which she always listens has just come on.
d. The animal of which he is fondest is a gazelle.
e. She has attained the respect for which she has worked.

Lösungen

1.
a. He
b. They
c. him
d. It
e. him
f. her
g. her/it
h. They
i. it
j. her

2.
a. me
b. him
c. them
d. her
e. Me
f. them
g. Him
h. her
i. us
j. him

3.
a. After breakfast he shaved (himself).
b. One ought to wash oneself at least once a day.
c. John dressed himself and collected his mail.
d. We didn't behave ourselves at all well at the wedding.
e. Charlie bought himself a milkshake.

4.
a. himself
b. myself
c. ourselves
d. himself
e. yourself/yourselves
f. me
g. her
h. himself
i. herself
j. us
k. itself
l. itself
m. yourselves
n. it
o. herself

5.
a. Linford's mum packed his lunchbox for him. His lunch box was always well-packed.
b. The girls are going on holiday. Their favourite holiday destination is Paris.
c. Rover the dog gnawed at the bone. His bone was big and juicy.
d. The spider ran away into the corner. Its web was in the corner.
e. The Frenchman went to buy a new hat. His old hat is a little battered.
f. Barbara stood impatiently on the street corner. Her taxi was late.
g. The coat is lovely. Its colour is brown.

h. Jennifer and Henry are a mysterious couple. No one knows their surnames.
i. Tom, the cat, was asleep. A mouse nobbled his tail.
j. Susan phoned her parents. Her mother answered.

6. a. mine
b. mine
c. ours
d. mine
e. his
f. theirs
g. mine
h. theirs
i. his
j. its

7. a. that/those
b. this/these
c. this; that/these; those
d. that/those
e. That/Those
f. This/These
g. That/Those
h. That/Those
i. this/these
j. That/Those

8. a. some
b. any
c. any
d. some; any
e. any
f. any; some
g. some
h. any
i. any; some
j. some; some

9. a. much
b. much
c. either; both
d. both; either
e. All
f. each
g. Every
h. neither
i. all; many

10. a. whom
b. Who
c. What
d. Which
e. Whose
f. What
g. What
h. Which
i. Who
j. What

11. a. The man who I spoke to was in charge.
The man that I spoke to was in charge.
The man I spoke to was in charge.

b. The charity which she donates money to has just launched another appeal.
The charity that she donates money to has just launched another appeal.
The charity she donates money to has just launched another appeal.

c. The radio programme which she always listens to has just come on.
The radio programme that she always listens to has just come on.
The radio programme she always listens to has just come on.

d. The animal which he is fondest of is a gazelle.
The animal that he is fondest of is a gazelle.
The animal he is fondest of is a gazelle.

e. She has attained the respect which she has worked for.
She has attained the respect that she has worked for.
She has attained the respect she has worked for.

4. Das Adjektiv

Grundwissen: Adjektive sind Wörter, die Substantive oder Pronomen näher bestimmen. Sie stehen als Attribut ① oder als Prädikatsnomen ②:

①

a tall tree	ein hoher Baum

②

The bicycle is red.	Das Fahrrad ist rot.
She is pretty.	Sie ist hübsch.

4.1 Steigerung des Adjektivs

Im Englischen können Adjektive gesteigert werden. Man hat wie im Deutschen eine erste und eine zweite Steigerungsstufe (Komparativ bzw. Superlativ).

Steigerung durch Endungen

Regel: Im Allgemeinen werden Adjektive gesteigert, indem man *-er* bzw. *-est* anhängt.

③

Positiv:	*Robert is young.*	Robert ist jung.
Komparativ:	*Mitch is younger.*	Mitch ist jünger.
Superlativ:	*Martin is the youngest.*	Martin ist der Jüngste/ am jüngsten.

Regel: Endet das Adjektiv auf *-e*, so wird beim Komparativ nur -r ③ bzw. -st ④ beim Superlativ angehängt:

④

a large apple	ein großer Apfel
a larger apple	ein größerer Apfel
the largest apple	der größte Apfel

Regel: Endet das Adjektiv auf *-y*, so wird das *y* in der Steigerung zu *i* (5):

(5)

Positiv:	*happy*	glücklich
Komparativ:	*happier*	glücklicher
Superlativ:	*happiest*	am glücklichsten

Regel: Endet das Adjektiv auf kurzen Vokal + Konsonant, so wird der Konsonant bei der Steigerung verdoppelt (6):

(6)

sad	*wet*	*big*	*hot*
sadder	*wetter*	*bigger*	*hotter*
saddest	*wettest*	*biggest*	*hottest*

Steigerung durch more/most

Manche Adjektive kann man nicht durch das Anhängen von Endungen steigern. Man muss sie mit *more* und *most* steigern. Dazu gehören alle drei- und mehrsilbigen Adjektive sowie viele zweisilbige Adjektive außer denen, die auf *-y* enden (7):

(7)

Positiv:	*practical*	praktisch
Komparativ:	*more practical*	praktischer
Superlativ:	*most practical*	am praktischsten
Positiv:	*pitiful*	kläglich
Komparativ:	*more pitiful*	kläglicher
Superlativ:	*most pitiful*	am kläglichsten
Positiv:	*curious*	neugierig
Komparativ:	*more curious*	neugieriger
Superlativ:	*most curious*	am neugierigsten

Hinweis: Gebräuchliche zweisilbige Adjektive, die meist nicht mit *more/most* gesteigert werden, sind z. B. *clever (schlau), narrow (eng), noble (edel)* und *simple (einfach)*.

Die meisten zusammengesetzten Adjektive werden ebenfalls mit *more/most* gesteigert [8]:

[8]

Positiv:	*self-conscious*	selbstbewusst
Komparativ:	*more self-conscious*	selbstbewusster
Superlativ:	*most self-conscious*	am selbstbewusstesten

Hinweis: Zusammengesetzte Adjektive, deren erster Teil ein Adverb ist, werden gesteigert, indem man den adverbialen Teil steigert (→ 5.3) [9]:

[9]

well-prepared	gut vorbereitet
better-prepared	besser vorbereitet
best-prepared	am besten vorbereitet
fast-moving	schnell
faster-moving	schneller
fastest-moving	am schnellsten

Unregelmäßige Steigerung

	Komparativ	Superlativ	
bad	*worse*	*worst*	schlecht
good	*better*	*best*	gut
little	*less*	*least*	wenig
many	*more*	*most*	viele
much	*more*	*most*	viel
some	*more*	*many*	einige

Sonderfall: *Old* wird normalerweise *old-older-oldest* gesteigert (10). Wenn es sich aber um Familienmitglieder handelt, heißt die Steigerung *old-elder-eldest* (11).

Elder kann man nie in Zusammenhang mit *than* benutzen (10):

(10)	*Our house is the oldest one in the neighbourhood.*	Unser Haus ist das älteste der Nachbarschaft.
(11)	*Ralph is my eldest brother.*	Ralph ist mein ältester Bruder.
	We met Jason and his elder brother Barry.	Wir trafen Jason und seinen älteren Bruder Barry.
(12)	*Edwin is six years older than his brother Peter.*	Edwin ist sechs Jahre älter als sein Bruder Peter.

Hinweis: *Far* wird als Adjektiv sowie als Adverb unregelmäßig gesteigert (→ 5.3 Bsp. (4)–(6)). Zu *near* gibt es zwei Superlative *(nearest, next)*. Dasselbe gilt für *late (latest, last)*.

Steigerung durch less/least

Wenn man ein Adjektiv negativ steigern möchte, erfolgt dies mit *less* und *least* (13):

(13)	Positiv:	*enthusiastic*	begeistert
	Komparativ:	*less enthusiastic*	weniger begeistert
	Superlativ:	*least enthusiastic*	am wenigsten begeistert

This painting is less well-known than some of his other works.	Dieses Gemälde ist weniger bekannt als einige seiner anderen Werke.

Adjektiv

Rick was the least worried of all of us.	Von uns allen war Rick am wenigsten besorgt.
Our teacher is less strict than the others.	Unsere Lehrerin ist weniger streng als die anderen.
The least adventurous of our group didn't join in the skydiving.	Die aus unserer Gruppe, die am wenigsten abenteuerlustig waren, machten beim Fallschirmspringen nicht mit.

Statt Adjektive auf diese Weise negativ zu steigern, benutzt man oft das gegenteilige Adjektiv. Dieser Gebrauch entspricht dem Gebrauch im Deutschen. Jemand ist nicht etwa *weniger alt* als ein anderer, sondern er ist *jünger* (14):

(14)

old – younger – youngest

large – smaller – smallest

Adjektive, die nicht oder nur unvollständig gesteigert werden können

Genau wie im Deutschen können einige Adjektive wegen ihrer Bedeutung gar nicht gesteigert werden: Eine Sache ist perfekt, oder sie ist es nicht. Etwas anderes kann nicht *perfekter* sein, sonst wäre die erste Sache nicht perfekt, weil die zweite sie übertreffen würde (15):

(15)

all-powerful	allmächtig
perfect	perfekt, vollkommen
priceless	unschätzbar
single	einzig
ultimate	letzte(r,s), endgültig
unique	einzigartig

Manche Adjektive gibt es nur als Komparative. Dazu gehören (16):

(16)

superior to	besser als
inferior to	niedriger als
junior to	jünger als
senior to	älter als
major	größer
minor	kleiner
interior	innere
exterior	äußere

The wine of France is superior to American wine.	Der Wein aus Frankreich ist besser als amerikanischer Wein.
The food at a snack bar is inferior to the food at a fine restaurant.	Das Essen in einer Imbissstube ist minderwertiger als das bei einem feinen Restaurant.
General Matthews is senior to Lieutenant Lake.	General Matthews ist dienstälter/ ranghöher als Leutnant Lake.

Nur im Superlativ werden verwendet (17):

(17)

extreme	äußerst
supreme	höchst
foremost	vorderst
innermost	innerst
outermost	äußerst
uppermost	oberst

The king was the supreme ruler of the nation.	Der König war der oberste Herrscher der Nation.
Mr Jones is the world's foremost expert on whales.	Herr Jones ist der führende Experte in Sachen Wale.
The satellite will travel to the outermost reaches of the galaxy.	Der Satellit wird sich zu den äußersten Bereichen der Galaxie fortbewegen.

4.2 Attributiver Gebrauch

Grundwissen: Im attributiven Gebrauch steht das Adjektiv (oder mehrere Adjektive) direkt vor einem Substantiv 1:

1

the old bicycle	das alte Fahrrad
a shiny new coin	eine glänzende neue Münze

Anders als im Deutschen werden Adjektive im Englischen nicht gebeugt. Ein Adjektiv wird immer gleich geschrieben, egal, wo es im Satz steht, und egal, ob das näher bestimmte Substantiv im Singular oder Plural gebraucht ist 2:

2

an old bicycle	ein altes Fahrrad
three rusty old bicycles	drei rostige alte Fahrräder
an old, rusty bicycle	ein altes, rostiges Fahrrad
with an old bicycle	mit einem alten Fahrrad
the handlebars of an old German bicycle	die Lenkstange eines alten deutschen Fahrrads

Auch Substantive können wie attributive Adjektive verwendet werden. Im Englischen werden zwei Substantive nicht zu einem neuen Wort verbunden wie im Deutschen, sondern man setzt das eine Substantiv vor das andere. Das erste Substantiv fungiert dann als Attribut. Diese Attribute können weder gesteigert noch verstärkt werden (3):

(3)

school rules	Schulordnung
research expedition	Forschungsexpedition
police car	Polizeiauto

Adjektive im attributiven Gebrauch werden vor eine solche Zusammensetzung gestellt (4):

(4)

a lengthy business lunch	ein langes Geschäftsessen
a dark blue police car	ein dunkelblauer Polizeiwagen

Auch Adverbien können als attributive Adjektive verwendet werden. Man kann sie weder steigern noch verstärken. Zu ihnen können keine Adjektive im attributiven Gebrauch hinzutreten (5):

(5)

the then minister	der damalige Minister
the above paragraph	der obige Abschnitt

Wenn mehrere Attribute vor einem Substantiv stehen, werden sie in dieser Reihenfolge geordnet: Farbe-Herkunft-Stoff-Zweck. Adjektive, die nicht zu einer dieser Kategorien gehören, stehen an erster Stelle (6):

(6)

übrige Adjektive	Farbe	Herkunft	Stoff	Zweck	Substantiv
large	*black*		*leather*	*basketball*	*shoes*
fast, sleeklooking	*red*	*Italian*		*sports*	*car*
superb	*dark*	*Bavarian*			*beer*

4.3 Prädikativer Gebrauch

Grundwissen: Im prädikativen Gebrauch steht das Adjektiv nach dem Verb und ergänzt das Subjekt oder das Objekt. Im Gegensatz zum Adverb wird nicht eine Handlung näher bestimmt.
Der prädikative Gebrauch kommt am häufigsten in Zusammenhang mit dem Verb *to be* vor, wobei das Subjekt ergänzt wird (1):

(1)

I am happy.	Ich bin glücklich.
His shoes are dirty.	Seine Schuhe sind schmutzig.

Die Verben des Scheinens und Aussehens sowie der Sinneswahrnehmung (→ 6.10 Bsp. (1)–(3)) stehen mit prädikativem Adjektiv, das das Subjekt ergänzt. Dies gilt aber nur in den Fällen, in denen diese Verben als Kopula (*linking verbs*) fungieren. Zu diesen Verben gehören (2):

(2)

to seem	*scheinen*
to appear	*scheinen*
to look	*aussehen*
to feel	*sich (an)fühlen*
to sound	*klingen*
to taste	*schmecken*
to smell	*riechen*

The fabric looks soft.	Der Stoff sieht weich aus.
The fabric feels soft.	Der Stoff fühlt sich weich an.
The music sounds good.	Die Musik klingt gut.
The food tastes delicious.	Das Essen schmeckt lecker.
The food smells delicious.	Das Essen riecht lecker.

Eine weitere Form des prädikativen Gebrauchs ist gegeben, wenn man die Veränderung eines Zustands mit den Verben des Werdens *(to become,to get, to go* oder *to turn)* ausdrücken möchte (→ 6.10 Bsp. ①) ③:

③

It's becoming difficult to keep track of all of the changes.	Es wird schwierig, über die ganzen Änderungen auf dem Laufenden zu bleiben.
It got dark around 5.30 p.m.	Um etwa 17.30 Uhr wurde es dunkel.
He went mad.	Er wurde wahnsinnig.
The sauce has gone bad.	Die Soße wurde schlecht.
In autumn the leaves turn brown.	Im Herbst werden die Blätter braun.

Subjektergänzungen kommen auch in Zusammenhang mit einigen Verben der Bewegung oder der Ruhe vor (→ 6.10 Bsp. ④–⑤). Zu diesen Verben gehören ④:

④

to arrive	*ankommen*
to leave	*weggehen*
to lie	*liegen*
to remain	*bleiben*
to return	*zurückkehren*

All of us remained calm.	Wir blieben alle ruhig.
He lay exhausted on the ground.	Er lag erschöpft auf dem Boden.

Eine andere Art des prädikativen Gebrauchs ist die Ergänzung des direkten Objekts (→ 6.10 Bsp. 6–7, 9, 11). In solchen Fällen schreibt das Adjektiv nicht dem Subjekt des Satzes, sondern dem direkten Objekt eine Eigenschaft zu 5:

5

I found the play boring.	Das Theaterstück fand ich langweilig.
Try to make your speech short and relevant.	Versuchen Sie, Ihre Rede kurz und treffend abzufassen.

Hinweis: Hier müssen Adjektive verwendet werden und nicht Adverbien, weil man ausdrücken möchte, wie das direkte Objekt beschaffen ist, und nicht, wie die Tätigkeit vor sich geht.

4.4 Ausschließlich prädikative und ausschließlich attributive Adjektive

Einige Adjektive dürfen nicht attributiv gebraucht werden, d. h., sie können nur prädikativ nach dem Verb im Satz erscheinen 1:

1

I was all alone.	Ich war ganz allein.
Jonathan stood perfectly still.	Jonathan stand vollkommen still.

Dazu gehören (2):

(2)

nur prädikativ gebrauchtes Adjektiv		entsprechendes Adjektiv im attributiven Gebrauch
afraid	Angst habend	*a frightened boy*
alive	lebend	*a living person*
alone	allein	*a solitary man*
asleep	schlafend	*a sleeping dog*
awake	wach	*an alert child*
aware	bewusst	*a conscious liar*
drunk	betrunken	*a drunken sailor*
ill	krank	*a sick woman*
still	bewegungslos	*a motionless person*
well	gesund	*a healthy girl*
worth	wert	*a worthy farewell*

Hinweis: Diese Adjektive sowie prädikative Adjektive im Allgemeinen müssen gemeinsam mit einem Verb im Satz erscheinen. Sie können sowohl im Haupt- als auch im Nebensatz vorkommen (3):

(3)

When I am all alone,
I often sing out loud.

Einige Adjektive können nur attributiv verwendet werden. Um denselben Begriff prädikativ auszudrücken, kann man andere Adjektive, Relativsätze u. Ä. gebrauchen (4):

(4)

attributiv gebrauchtes Adjektiv		Gegenstück im prädikativen Gebrauch
earthen	irden	–
elder	älter	*Eric is older than his brother Mark.*
favourite	Lieblings ...	*Blue is the colour that I like best.*
former	ehemalig	–
late	verstorben	*My grandfather is deceased.*
inner	innere(r,s)	–
left	linke(r,s)	*The switch is on the left side.*
right	rechte(r,s)	*The switch is on the right side.*
spare	übrig	*This money is left over.*
utter	völlig	*My astonishment was complete.*
woollen	wollen	*My sweater is made of wool.*

(vgl. auch *wooden, oaken*)

4.5 Stellung des Adjektivs nach dem Substantiv

Einige Adjektive kann man betonen, indem man sie hinter das Substantiv stellt (1):

(1)

possible	*I think that my plan is the best solution possible.*	Ich halte meinen Plan für die bestmögliche Lösung.
necessary	*We shall use any means necessary.*	Wir werden alles Nötige tun.
imaginable	*Pele was the best player imaginable.*	Pele war der denkbar beste Spieler.
available	*This is the best product available.*	Dieses ist das beste Produkt, das es gibt.

Es gibt auch einige vereinzelte Ausdrücke, bei denen das Adjektiv nach dem Substantiv steht (2):

(2)

mother dear	liebe Mutter
all things German	alles Deutsche
since time immemorial	seit unerdenklichen Zeiten

Bei einigen Wortzusammensetzungen kommt das Adjektiv nach dem Substantiv (3):

(3)

court martial	Kriegsgericht
notary public	öffentlicher Notar
solicitor general	zweiter Kronanwalt
poet laureate	Dichterfürst

Bei diesen Zusammensetzungen bildet man den Plural nur mit dem Substantiv. Das Adjektiv bleibt wie immer unverändert [4]:

[4]

courts martial

notaries public

solicitors general

poets laureate

4.6 Substantivierte Adjektive

Grundwissen: Anders als im Deutschen ist es im Englischen oft nicht möglich, Adjektive in Substantive zu verwandeln, z. B. *die Größten*, im Englischen muss in fast allen Fällen noch ein Substantiv als sogenanntes Stützwort dabeistehen [1]:

[1]

I'll take the red one.	Ich nehme den roten (Apfel).
The white car is nicer than the red one.	Das weiße Auto ist schöner als das rote.
a muscular man; a muscular boy	ein Muskulöser
a red-haired woman; a red-haired girl	eine Rothaarige
the strange thing	das Seltsame
That's the strange thing to it.	Das ist das Seltsame daran.
three crazy people	drei Wahnsinnige

One als Stützwort

Das Stützwort, das wohl am meisten vorkommt, ist *one* (bzw. im Plural *ones*). Man benutzt es allgemein (mit Adjektiven oder anderen Wendungen), um ein bereits genanntes Substantiv nicht wiederholenzu müssen ②. *One* kann eine Sache oder einen Menschen bezeichnen ③:

②

the red car or the blue car	das rote Auto oder das blaue Auto
the red car or the blue one	das rote Auto oder das blaue

③

the tourists from China or the ones from Japan	die Touristen aus China oder die aus Japan
Do you want to sit in that seat or this one?	Möchtest du auf jenem Platz sitzen oder auf diesem?
Are you talking about the woman who is standing there or the one who is sitting there?	Sprichst du von der Frau, die da steht, oder von der, die da sitzt?

One kann manchmal auch benutzt werden, wenn das Substantiv vorher nicht ausdrücklich genannt wurde ④:

④

Which one is your boyfriend?	Welcher ist dein Freund?
He's the one wearing the blue cap.	Es ist der, der die blaue Kappe trägt.

Neben *one* sind die üblichsten Stützwörter (5):

(5)

thing	Sache
person	Mensch
people	Leute
man	Mann
gentleman	Herr
fellow	Kerl
boy	Junge
woman	Frau
girl	Mädchen
lady	Dame

Sonderfälle: Adjektive ohne Stützwort

Nach dem Komparativ oder Superlativ kann das Stützwort ausfallen (6):

(6)

He is the fastest of them all.	Er ist der schnellste von ihnen allen.
Doug is the friendlier of the duo.	Doug ist der freundlichere des Duos.
The first concert was the best.	Das erste Konzert war das beste.

Das Stützwort entfällt, wenn die Gesamtheit von Personen einer bestimmten Eigenschaft bezeichnet wird (7):

(7)

a school for the children of the rich	eine Schule für die Kinder der Reichen
He strives to help the poor and the oppressed.	Er bemüht sich, den Armen und den Unterdrückten zu helfen.

Man benötigt kein Stützwort nach dem Adjektiv *own* (8):

(8)

I don't need it. I have my own.	Ich brauche es nicht. Ich habe mein eigenes.

Nach Kardinal- oder Ordinalzahlen steht kein Stützwort (9):

(9)

I have three bicycles, and he has only two.	Ich habe drei Fahrräder, und er hat nur zwei.
This is my first visit and his third.	Dieses ist mein erster Besuch und sein dritter.

Nach den Adjektiven *any*, *few*, *many*, *some* fehlt das Stützwort (10):

(10)

He made a lot of promises but kept few.	Er hat viele Versprechen gegeben, aber wenige gehalten.
Don asked Maria for some water, but she didn't have any.	Don bat Maria um Wasser, aber sie hatte keines.
I don't own any CDs, but I want to buy some.	Ich besitze keine CDs, aber ich möchte welche kaufen.

Bei zweigliedrigen Gegensätzen braucht man kein Stützwort (11):

(11)

The building has two wings: the old and the new.	Das Gebäude hat zwei Flügel: den alten und den neuen.

Adjektive, die sich auf Dinge beziehen, die menschliche Kenntnisse übertreffen, werden oft ohne Stützwort geschrieben (12):

(12)

the occult	das Okkulte
the unknown	das Unbekannte
the supernatural	das Übernatürliche

Bei Adjektiven der Erscheingsweise einer Publikation entfällt oft das Stützwort (13):

(13)

The New York Times is a daily newspaper.
The New York Times is a daily.

Die üblichsten davon sind (14):

(14)

annual	jährlich
bimonthly	zweimonatlich
daily	täglich
monthly	monatlich
quarterly	vierteljährlich
weekly	wöchentlich

Adjektive der Reihenfolge

Regel: Adjektive, die auf eine Reihenfolge hinweisen, können ohne Stützwort gebraucht werden. Zu diesen gehören die Ordinalzahlen (→ 10.) sowie (15):

(15)

the former	das Erstgenannte
the latter	das Letztgenannte
the following	das Folgende

I spoke with salesmen from Acme and from Universal; the former offered a better selection, but the latter offered lower prices.	Ich sprach mit Verkäufern von Acme und von Universal. Die Erstgenannten boten eine bessere Auswahl, aber die Letztgenannten boten niedrigere Preise.
When you call, ask for one of the following: Dr Exel, Mr Schmidt or Mrs Dunn.	Wenn Sie anrufen, verlangen Sie einen der Folgenden: Dr. Exel, Herr Schmidt oder Frau Dunn.

Hinweis: *The former* und *the latter* spielen im Englischen manchmal die Rolle, die Demonstrativpronomen im Deutschen spielen (16):

(16)

She did my secretary's work in the latter's absence.	Sie machte die Arbeit meiner Sekretärin in deren Abwesenheit.

Deren lässt sich dabei *nicht* mit dem Possessivpronomen *her* wiedergeben, weil es sich auf beide Frauen beziehen könnte.

Nationalitätsbezeichnungen

Um Nationalitäten zu benennen, können die jeweiligen Adjektive prädikativisch gebraucht werden (17). Die substantivische Nationalitätsbezeichnung wird oft ohne Stützwort mit entsprechendem Adjektiv gebildet, sowohl im Singular (18) als auch im Plural (19). Wenn das gesamte Volk eines Landes gemeint ist, benutzt man die Mehrzahl mit *the* (20):

(17)

He is German.	Er ist Deutscher./Er kommt aus Deutschland.

18 *She is a German.* — Sie ist eine Deutsche.

19 *Two Germans asked me where Big Ben was.* — Zwei Deutsche fragten mich, wo Big Ben sei.

Three Japanese asked me where Big Ben was. — Drei Japaner fragten mich, wo Big Ben sei.

19 *The Germans are famous for their love of travelling.* — Die Deutschen sind für ihre Freude am Reisen berühmt.

Wine is the favourite beverage of the French. — Wein ist das Lieblingsgetränk der Franzosen.

Die genaue Form der Substantivierung des Adjektivs bzw. der Bildung des Plurals hängt von der Endung des Adjektivs ab (→ 1.).

Wenn das Adjektiv auf *-an* endet, lautet es als Substantiv gleich. Im Plural wird -s angehängt 21:

21

Adjektiv	Singular	Plural	Kollektivbezeichnung
American	*American*	*Americans*	*the Americans*
German	*German*	*Germans*	*the Germans*

Wenn das Adjektiv auf *-ese* oder *-ss* endet, werden die Substantive im Singular und Plural gleichgeschrieben (22):

(22)

Adjektiv	Singular	Plural	Kollektivbezeichnung
Japanese	*Japanese*	*Japanese*	*the Japanese*
Swiss	*Swiss*	*Swiss*	*the Swiss*

Endet das Adjektiv auf *-sh* oder *-ch*, unterscheiden sich die einzelnen substantivierten Formen (23):

(23)

Adjektiv	Singular	Plural	Kollektivbezeichnung
English	*Englishman*	*Englishmen*	*the English*
Irish	*Irishman*	*Irishmen*	*the Irish*
Scottish	*Scotsman*	*Scotsmen*	*the Scots*
Welsh	*Welshman*	*Welshmen*	*the Welsh*
French	*Frenchman*	*Frenchmen*	*the French*
Dutch	*Dutchman*	*Dutchmen*	*the Dutch*
British	*Briton*	*Britons*	*the British*
Danish	*Dane*	*Danes*	*the Danes*
Finnish	*Finn*	*Finns*	*the Finns*
Spanish	*Spaniard*	*Spaniards*	*the Spanish*
Polish	*Pole*	*Poles*	*the Poles*
Swedish	*Swede*	*Swedes*	*the Swedes*
Turkish	*Turk*	*Turks*	*the Turks*
Czech	*Czech*	*Czechs*	*the Czechs*

Hinweis: Nationalitätsbezeichnungen, die auf *-man* bzw. *-men* enden, enden in der weiblichen Form auf *-woman* bzw. *-women*: *Englishwoman, Irishwomen.*

Wenn das Adjektiv auf *-i* endet, lautet es als Substantiv gleich: Im Plural wird -s angehängt [24]:

[24]

Adjektiv	Singular	Plural	Kollektivbezeichnung
Iraqi	*Iraqi*	*Iraqis*	*the Iraqis*
Thai	*Thai*	*Thais*	*the Thais*
Pakistani	*Pakistani*	*Pakistanis*	*the Pakistanis*

Adjektiv

Sonderfälle [25]**:**

[25]

Adjektiv	Singular	Plural	Kollektivbezeichnung
Filipino	*Filipino*	*Filipinos*	*the Filipinos*
Greek	*Greek*	*Greeks*	*the Greeks*

Hinweis: Diese substantivierte Nationalitätsbezeichnung benutzt man im Englischen, wenn man etwas über eine Person eines gewissen Landes aussagt. Wenn man die Nationalität eines Menschen beschreiben will, gebraucht man *to be* mit prädikativem Adjektiv. *Ich bin Engländerin* heißt also nicht *I'm Englishwoman*, sondern *I'm English* [26]:

[26]

He is German.	Er ist Deutscher.
He is Spanish.	Er ist Spanier.
She is French.	Sie ist Französin.
She is Polish.	Sie ist Polin.
He is Japanese.	Er ist Japaner.

Sprachen

Das englische Wort für eine bestimmte Sprache ist in der Regel mit der substantivierten Form der Nationalitätsbezeichnung des Landes identisch, aus dem die Sprache stammt (27):

(27)

Land	Nationalitätsbezeichnung	Sprache
Germany	*German*	*German*
Japan	*Japanese*	*Japanese*
France	*French*	*French*

Adjektiv

Daneben gibt es auch Sprachen, deren Bezeichnung nicht vom Namen eines heute existierenden Landes abgeleitet sind, z. B. Arabic, Afrikaans, Mandarin, Flemish, Persian (28):

Bevölkerungsgruppenbezeichnungen

Bei Bezeichnungen von Bevölkerungsgruppen (Ethnien) können Adjektive zu zählbaren Substantiven gemacht werden (28). Im Plural wird -s angefügt (29):

(28)

George is white.	George ist Weißer.
David is Hispanic.	David ist Latino.
An Asian got the job.	Ein Asiate hat den Posten bekommen.

(29)

Five thousand blacks live in this city.	Fünftausend Schwarze wohnen in dieser Stadt.

Wenn über die Gesamtheit einer Bevölkerungsgruppe gesprochen wird, wird das substantivierte Adjektiv ohne Artikel benutzt (30):

(30)

He fought for civil rights for blacks.	Er trat für die Bürgerrechte der Schwarzen ein.

Zu Substantiven gewordene Adjektive

Einige Substantive sind von Adjektiven abgeleitet. Der Gebrauch dieser Substantive unterscheidet sich nicht vom Gebrauch anderer Substantive (31):

(31)

Adjektiv		**Substantiv**	
equal	gleich	*equal*	Gleichgestellte(r, s)
good	gut	*goods*	Güter
individual	einzeln	*individual*	Einzelperson
local	örtlich	*locals*	Ortsansässige(r)
minor	unbedeutend	*minor*	Minderjährige(r)
mortal	sterblich	*mortal*	Sterbliche(r)
native	einheimisch	*native*	Einheimische(r)
new	neu	*news*	Neuigkeiten, Nachrichten
prerequisite	erforderlich	*prerequisite*	Voraussetzung
round	rund	*round*	Runde
single	einzeln	*single*	Single
sweet	süß	*sweets*	Süßigkeiten

4.7 Vergleich von Adjektiven

Gleichheit

Die Gleichheit zweier Adjektive drückt man mit *as ... as* aus (1):

(1)

as good as	(eben)so gut wie
as large as	(eben)so groß wie
I'm just as smart as he (is).	Ich bin genauso schlau wie er.

Die Ungleichheit drückt man mit der ersten Steigerungsstufe + *than* aus (2):

(2)

better than	besser als
more dangerous than	gefährlicher als

Wenn man aussagen möchte, dass das eine geringer ist als das andere (im Deutschen *nicht so ... wie*), übersetzt man mit *not as ... as* (3) oder – seltener – mit *less ... than* (4):

(3)

Denmark is not as large as Germany.	Dänemark ist nicht so groß wie Deutschland.

(4)

Skydiving is less dangerous than hang-gliding.	Fallschirmspringen ist weniger gefährlich als Drachenfliegen.

Hinweis: In der Umgangssprache werden die Personalpronomen *I, he, she, we, they* bei Vergleichen (5) manchmal durch die Objektformen *me, him, her, us, them* ersetzt (6):

(5)

Her roommate is even shorter than she.	Ihre Mitbewohnerin ist noch kleiner als sie.
Everyone in the class was as smart as I.	Alle in der Klasse waren so schlau wie ich.

(6)

Her roommate isn't taller than her.	Ihre Mitbewohnerin ist nicht größer als sie.
My colleagues are as dedicated as me.	Meine Kollegen sind genauso engagiert wie ich.

Den Ausdruck *je ... desto ...* übersetzt man mit *the + Komparativ ... the + Komparativ.* Anders als im Deutschen bleibt der normale Satzbau (Subjekt vor Prädikat) auch im zweiten Teil erhalten (7):

(7)

The later it gets, the colder it gets.	Je später es wird, desto kälter wird es.
The more renowned a gem becomes, the more valuable it becomes.	Je berühmter ein Edelstein wird, desto wertvoller wird er.

4.8 Die allmähliche Steigerung

Für die allmähliche Steigerung (im Deutschen *immer mehr*) benutzt man Komparativ + Komparativ (1):

(1)

larger and larger	immer größer
hotter and hotter	immer heißer
faster and faster	immer schneller
better and better	immer besser
worse and worse	immer schlechter
She seems to be getting lazier and lazier.	Sie scheint immer fauler zu werden.

Adjektive, die mit *more* gesteigert werden (→ 4.1 Bsp. (6)–(7)), werden allmählich gesteigert mit *more and more* + ungesteigertem Adjektiv (2):

(2)

more and more fascinated	immer faszinierender
The lecture got more and more interesting.	Der Vortrag wurde immer interessanter.

Eine negative allmähliche Steigerung (im Deutschen *immer weniger*) erfolgt mit *less and less* + ungesteigertem Adjektiv (3):

(3)

less and less certain	immer weniger sicher
less and less interested	immer weniger interessiert
As we described the plan to him, he became less and less enthusiastic about it.	Als wir ihm den Plan beschrieben, war er immer weniger davon begeistert.

4.9 Verstärkung von Adjektiven

Grundwissen: Adjektive werden durch Adverbien oder Adverbialbestimmungen verstärkt.

Verstärkung der Grundstufe

Um ein Adjektiv positiv zu verstärken (im Deutschen *sehr*), benutzt man u. a. [1]:

[1]

Verstärkung	**Anwendungsbeispiel (Verstärkung des Adjektivs *beautiful*)**
very	*Today was a very beautiful day.*
a most	*Today was a most beautiful day.*
quite	*Today was quite a beautiful day.*
extremely	*Today was an extremely beautiful day.*
exceptionally	*Today was an exceptionally beautiful day.*

Um ein Adjektiv beschränkt positiv zu verstärken (im Deutschen *etwas, einigermaßen*), benutzt man [2]:

[2]

rather	She is *rather* upset.
somewhat	She is *somewhat* upset.
a bit	She is *a bit* upset.
fairly	She is *fairly* upset.
a little	She is *a little* upset.

Adjektive verneint man verstärkt mit *not at all*, *not a bit* oder *by no means* [3]:

[3]

He's not at all displeased.	Er ist überhaupt nicht unzufrieden.
I'm not a bit worried about the exam.	Ich mache mir gar keine Sorgen um die Prüfung.
She was by no means the only woman wearing a hat.	Sie war keineswegs die einzige Frau, die einen Hut trug.

Hinweis: Das verstärkende Adverb *very* kann auch ein Adjektiv sein. Es steht in diesem Fall vor einem Substantiv und hebt es hervor [4] oder bestimmt es näher [5]:

[4]

I spoke with him that very day.	Genau an diesem Tag sprach ich mit ihm.
The very idea is absurd!	So eine unsinnige Idee!
The very best of Johnny Cash	Das allerbeste von Johnny Cash

[5]

That actress only appears at the very end of the film.	Diese Schauspielerin tritt erst ganz am Ende des Films auf.

Verstärkung des Komparativs

Um einen Komparativ zu verstärken, benutzt man folgende Adverbien mit dem Komparativ des Adjektivs (6):

(6)

	Anwendungsbeispiel (Verstärkung des Adjektivs good)	
somewhat	*The first film was somewhat better than the second.*	Der erste Film war etwas besser als der zweite.
a bit	*The first film was a bit better than the second.*	Der erste Film war ein bisschen besser als der zweite.
far	*The first film was far better than the second.*	Der erste Film war weitaus besser als der zweite.
by far	*The first film was better by far.*	Der erste Film war weitaus besser.
much	*The first film was much better.*	Der erste Film war viel besser.
a lot	*The first film was a lot better than the second.*	Der erste Film war viel besser als der zweite.
quite a bit	*The first film was quite a bit better than the second.*	Der erste Film war um einiges besser als der zweite.

Hierbei wird nicht erwähnt, ob der zweite Film gut war, sondern nur augesagt, dass der erste besser war. Deshalb gibt es noch folgende Formulierungsmöglichkeiten 7:

7

The second film was good, but the first film was much better.	Der zweite Film war gut, aber der erste Film war viel besser.

Folgende Adverbien kann man nur benutzen, wenn die Grundstufe des Adjektivs sowohl für das Erstgenannte als auch für das Zweitgenannte gilt.
Sie entsprechen dem deutschen *noch* 8:

8

even	*The first film was even better than the second.*
yet	*The first film was good, and the second was better yet.*
still	*The first film was good, and the second was better still.*

Der Ausdruck *all the* + Komparativ entspricht dem deutschen *um so ...* 9:

9

That's all the more coincidental, because Jamie and Bret were there today as well.	Das ist umso zufälliger, als Jamie und Bret heute auch dort waren.

Folgende Adverbien benutzt man, um einen Komparativ negativ zu verstärken (im Deutschen *kaum*) (10):

(10)

hardly	*Physics is hardly more interesting than chemistry.*
scarcely	*Peabody's perfomance was bad, and mine was scarcely better.*

Wenn man einen Komparativ verneinen möchte (im Deutschen *nicht*), benutzt man *no* (11):

(11)

He's no taller than he was last year.	Er ist nicht größer als letztes Jahr.
He is no more intelligent than his colleague.	Er ist nicht intelligenter als sein Kollege.
I'm no less inclined to take risks than Ned is.	Ich neige nicht weniger dazu, Risiken einzugehen, als Ned.

Einen Komparativ kann man auch mit einem Negativsatz verneinen. Diese Form wirkt deutlicher und man benutzt sie v. a., wenn ein Gesprächspartner gerade den Komparativ behauptet hat oder meint, dass der Komparativ stimmt (12):

(12)

He is not more intelligent than his colleague.	Er ist nicht intelligenter als sein Kollege.
A trip to Melbourne isn't more expensive than one to Sydney.	Eine Reise nach Melbourne ist nicht teurer als eine nach Sydney.

Um den Komparativ stärker zu verneinen (im Deutschen *nicht im Geringsten, kein bisschen*) benutzt man (13):

(13)

not at all	*He's not at all thinner than he was when he began his diet.*	Er ist überhaupt nicht dünner als vor seiner Diät.
not a bit	*He's not a bit taller than he was last year.*	Er ist kein bisschen größer als letztes Jahr.

Hinweis: Die Verstärkung des Komparativs muss nicht unbedingt im Vergleich mit einer anderen Sache erfolgen. Es kann sich auch um einen Vergleich in sich selbst handeln (14):

(14)

The weather is awful, and it probably won't get much better.	Das Wetter ist furchtbar, und es wird wohl nicht wesentlich besser werden.
Sorry, I'm late – I'm usually a bit more punctual.	Es tut mir Leid, dass ich zu spät komme. Normalerweise bin ich etwas pünktlicher.
He's tall, and next year he'll be even taller.	Er ist groß, und nächstes Jahr wird er noch größer sein.

Verstärkung des Superlativs

Um einen Superlativ zu verstärken benutzt man (15):

(15)

the ... of all	*He is the most famous singer of all.*	Er ist der berühmteste Sänger von allen.

by far the ...	*It's by far the largest building in the city.*	Es ist bei Weitem das größte Gebäude in der Stadt.
far and away the ...	*This is far and away the best book he has ever written.*	Das ist mit Abstand das beste Buch, das er je geschrieben hat.
the very ...	*Clive is the very worst player of the team.*	Clive ist der aller schlechteste Spieler des Teams.
absolutely the ...	*I'd call it absolutely the most hilarious play of the season.*	Ich würde sagen, das ist das absolut großartigste Stück der Saison.

Übungen

1. Geben Sie die erste und zweite Steigerungsstufe jedes Adjektivs an:

a. skinny
b. young
c. cold
d. tall
e. fit
f. crowded
g. bad
h. beautiful
i. sharp
j. pale

2. Fügen Sie das Stützwort nur wo nötig ein:

a. Both performances were good, but Digby's was the better ... of the two.
b. That film was boring, but I recently saw a more interesting ...
c. The funny ... was that he didn't know that it was all a joke.
d. Nobody except a crazy ... would try that.
e. Your mother was a very kind ...
f. Is your brother the tall man or the short ...?
g. Your son Paul is certainly a clever ...
h. The charity provides clothing to the less fortunate ...
i. The group consists of two white men and four black ...
j. I have no money left. Do you have any ...?
k. The best ... about her plan is its simplicity.

l. I want to start collecting model planes, but so far I have only two ...
m. I like this brand better than any of the other ...
n. Three Irish ... were sitting at the next table.
o. The shop has both cheap items and very expensive ...
p. Jackson owns three cars, but he wants more ...
q. This trip to Lima was my first ...
r. The French ... have made cooking into an art.
s. Vince Jones is the only ... who wrote to me this month.
l. Only rich ... could afford that house.

3. Übersetzen Sie folgende Sätze:

a. Zwei Spanier gingen ins Hotel.
b. Sie ist Irin.
c. Die Chinesen sind sehr interessant.
d. Lars und zwei andere Norweger kamen ins Zimmer.
e. In dieser deutschen Stadt wohnen dreißig Engländer.
f. Ich bin Deutsche.
g. Ihr Ehemann ist Iraker.
h. Die Amerikaner arbeiten vierzig Stunden pro Woche.
i. Bei der Firma arbeiten drei Deutsche, zwei Japaner und eine Engländerin.
j. Ich kenne drei Schweden.

Lösungen

1. a. skinnier; skinniest
b. younger; youngest
c. colder; coldest
d. taller; tallest

e. fitter; fittest
f. more crowded; most crowded
g. worse; worst
h. more beautiful; most beautiful
i. sharper; sharpest
j. paler; palest

2. a. kein Stützwort nötig
b. one
c. thing
d. person
e. woman oder person
f. one oder man
g. boy oder man oder fellow
h. kein Stützwort nötig
i. men oder women
j. kein Stützwort nötig
k. thing
l. kein Stützwort nötig
m. ones oder brand
n. men oder women oder tourists oder businessmen usw.
o. ones
p. kein Stützwort nötig
q. kein Stützwort nötig
r. kein Stützwort nötig
s. person
t. people

3. a. Two Spaniards went into the hotel.
b. She is Irish.
c. The Chinese are very interesting.
d. Lars and two other Norwegians came into the room.
e. Thirty Englishmen live in this German city.
f. I am German.
g. Her husband is Iraqi.
h. The Americans work forty hours per week.
i. Three Germans, two Japanese and one Englishwoman work at the firm.
j. I know three Swedes.

5. Das Adverb

5.1 Unterschied zum Adjektiv

Grundwissen: Anders als im Deutschen werden im Englischen Adverbien und Adjektive meistens unterschiedlich geschrieben und unterschiedlich gebraucht. Während ein Adjektiv die Art oder die Eigenschaften einer Sache bzw. eines Menschen beschreibt und dabei ein Substantiv oder Pronomen näher bestimmt, stehen Adverbien als Ergänzungen zu Verben (1), Adjektiven (2), anderen Adverbien (3) oder auch ganzen Sätzen (4):

		Adverb des Satzes	näher bestimmtes Wort	
(1)	*Rob works slowly.*	*slowly*	*works*	Rob arbeitet langsam.
(2)	*The service was extremely good.*	*extremely*	*good*	Die Bedienung war äußerst gut.
(3)	*He did his work extremely well.*	*extremely*	*well*	Er hat seine Arbeit äußerst gut gemacht.
(4)	*Surprisingly, Rusty didn't even mention his new car.*	*surprisingly*	*(der ganze Satz)*	Überraschenderweise hat Rusty sein neues Auto Auto nicht einmal erwähnt.

Beispiele zum Unterschied zwischen Adjektiv und Adverb (5):

(5)

You did a perfect job.	Du hast eine tadellose Arbeit geleistet.
You did it perfectly.	Du hast es tadellos gemacht.

Im ersten Satz bezieht sich *tadellos* auf *Arbeit* (eine Sache) und ist ein Adjektiv. Im zweiten Satz bezieht sich *tadellos* auf *machen* (eine Tätigkeit) und ist ein Adverb.

He is an extremely good actor.	Er ist ein äußerst guter Schauspieler.
He sings extremely well.	Er singt äußerst gut.

Im ersten Satz bestimmt *äußerst* das Adjektiv *gut* näher; *äußerst* ist also ein Adverb. Im zweiten Satz bestimmt *gut* das Verb *singt* näher und ist somit ein Adverb. Das Adverb *gut* wird von *äußerst* näher bestimmt; *äußerst* ist hier ebenfalls ein Adverb.

5.2 Formen des Adverbs

Bildung des Adverbs

Regel: Man bildet die meisten Adverbien, indem man *-ly* an das entsprechende Adjektiv anhängt (1):

(1)

Adjektiv	**Adverb**	
cheerful	*cheerfully*	fröhlich
sad	*sadly*	traurig
mistaken	*mistakenly*	irrtümlich

Endet das Adjektiv auf *-y*, so wird y zu *i* [2]:

[2]

happy	*happily*	glücklich
easy	*easily*	einfach

Endet das Adjektiv auf *-le* und steht davor ein Konsonant, so entfällt das *e* [3]:

[3]

humble	*humbly*	bescheiden
terrible	*terribly*	schrecklich
horrible	*horribly*	fürchterlich

Endet das Adjektiv auf *-ic*, so wird *-ally* angehängt [4]:

[4]

automatic	*automatically*	automatisch
magic	*magically*	magisch

Endet das Adjektiv auf *-ll*, so entfällt ein *l* [5]:

[5]

full	*fully*	voll
shrill	*shrilly*	schrill

Adjektive auf -ly

Endet ein Adjektiv auf *-ly*, kann man nicht unbedingt davon ausgehen, dass es ein Adverb ist. *Friendly, lovely, homely, lowly, sickly* sind alles Adjektive [6]:

[6] *a friendly man*

Um aus solchen Adjektiven ein Adverb zu bilden, sagt man *in a ... way* oder *in a ... manner* (7):

(7)

He said it in a friendly way.	Er sagte es freundlich.
He dresses in a slovenly manner.	Er zieht sich schlampig an.
Elaine was dancing about in a silly way.	Elaine tanzte albern hin und her.

Unregelmäßig gebildete Adverbien

Von den bisher behandelten Regeln weichen ab (8):

(8)

Adjektiv	**Adverb**	
due	*duly*	ordnungsgemäß
good	*well*	gut
shy	*shyly*	schüchtern
public	*publicly*	öffentlich
true	*truly*	wahr
whole	*wholly*	ganz

Adjektiv:	*Nigel is a good player.*	Nigel ist ein guter Spieler.
Adverb:	*Nigel plays well.*	Nigel spielt gut.

Sonderfall: Die adverbiale Form von *difficult (schwierig)* ist *with difficulty.*

Ursprüngliche Adverbien

Im Englischen gibt es genau wie im Deutschen Adverbien (z. B. *sehr*), die nicht von einem Adjektiv abgeleitet sind. Zu diesen sogenannten ursprünglichen Adverbien gehören u. a. (9):

(9)

also	auch
already	schon
always	immer
here	hier
never	nie
not	nicht
now	jetzt
often	oft
sometimes	manchmal
soon	bald
today	heute
tomorrow	morgen
tonight	heute Nacht, heute Abend
very	sehr
yesterday	gestern
yet	noch

Formgleichheit von Adverb und Adjektiv

Einige Adverbien und Adjektive sind form- und bedeutungsgleich (10):

(10)

The Washington Post is published daily.

The Washington Post is a daily newspaper.

Die üblichsten davon sind (11):

(11)

daily	täglich
early	früh
enough	genug, genügend
far	weit
fast	schnell
hard	hart
late	spät
long	lang
low	tief
monthly	monatlich
nightly	nächtlich
straight	gerade
weekly	wöchentlich
yearly	jährlich

Einige Adjektive dienen zugleich als Adverbien, bilden aber außerdem eine abgeleitete *-ly* Form, die eine andere Bedeutung hat (12):

(12)

nicht abgeleitetes Adverb		**abgeleitetes Adverb**	
fair	gerecht	*fairly*	1) ziemlich 2) gerecht
hard	hart, schwierig	*hardly*	kaum
just	gerade, soeben	*justly*	gerecht
late	spät	*lately*	in letzter Zeit
most	am meisten	*mostly*	größtenteils

Einige Adverbien haben dieselbe Form wie das Adjektiv, jedoch eine völlig andere Bedeutung (13):

(13)

Adjektiv		Adverb	
clean	sauber	*clean*	glatt
ill	krank	*ill*	schlecht
only	einzige(r,s)	*only*	nur
pretty	hübsch	*pretty*	ziemlich
still	bewegungslos	*still*	noch
well	gesund	*well*	gut

Hinweis: Manchmal muss man die Bedeutung des Verbs in Betracht ziehen, um zu entscheiden, ob ein Adjektiv oder ein Adverb verwendet werden muss (14):

(14)

That man looks suspicious.	(Adjektiv)	Dieser Mann sieht verdächtig aus.
That man looked at me suspiciously.	(Adverb)	Dieser Mann sah mich argwöhnisch an.

Im ersten Satz bezieht sich *suspicious* nicht auf *look*, sondern es beschreibt das Subjekt *that man*. Es handelt sich um zwei verschiedene Bedeutungen von *look*: *aussehen* und *ansehen* (→ 4.3 Bsp. (2)–(4)).

Die Bedeutung spielt auch eine Rolle, wenn das fragliche Wort nach einem direkten Objekt (→ 4.3 Bsp. (5)) erscheint (15):

(15)

I found it easily.	(Adverb)	Ich habe es leicht gefunden.
I found it easy.	(Adjektiv)	Ich fand es einfach.

Im ersten Satz benötigt man ein Adverb, weil man die Tätigkeit des Findens näher bestimmen möchte. Im zweiten Satz erzählt man Näheres über *it*. Es handelt sich erneut um verschiedene Bedeutungen von *find: entdecken* und *betrachten*.

Viele Adjektive können gar nicht zu Adverbien gemacht werden (16):

(16)

favourite	Lieblings...
priceless	unschätzbar
woollen	wollen
major	Haupt...
boring	langweilig

5.3 Steigerung des Adverbs

Regel: Die Steigerung des Adverbs erfolgt durch *more* und *most* (1):

(1)

easily	einfach
more easily	einfacher
most easily	am einfachsten

Einige Adverbien können nicht gesteigert werden (z. B. *sometimes*).

Einsilbige Adverbien, die nicht zur letztgenannten Gruppe gehören, werden mit *-er* und *-est* gesteigert (2):

(2)

Leroy ran fast.	Leroy lief schnell.
Carl ran faster.	Carl lief schneller.
Linford ran fastest.	Linford lief am schnellsten.

Unregelmäßige Steigerungen (3):

(3)

badly; worse; worst

well; better; best

much; more; most

little; less; least

Sonderfall: Das Adverb *far* hat zwei verschiedene Steigerungen, die vom Sinn des Wortes abhängen (4):

(4)

far; farther; farthest

far; further; furthest

Wenn *far* im Sinne von *räumlich weiter* gemeint ist, kann es mit *farther-farthest* oder *further-furthest* gesteigert werden (5). Wenn es aber im Sinne von *zu einem höheren Grad* gemeint ist, kann es nur mit *further-furthest* gesteigert werden (6).

(5)

I can throw a ball far, but John can throw one even farther.

I can throw a ball far, but John can throw one even further.

(6)

I'm far from being finished with the job, but John is even further.

5.4 Stellung im Satz

Adverbien, die Verben näher bestimmen, können an verschiedenen Stellen im Satz erscheinen [1]:

[1]

vor dem Verb:	*I occasionally listen to the evening news.*
vor dem Subjekt:	*Occasionally, I listen to the evening news.*
nach dem direkten Objekt:	*I listen to the evening news occasionally.*

Anders als im Deutschen können Adverbien im Englischen zwischen Subjekt und Verb stehen [2]:

[2]

He often takes a walk in the park.	Er geht oft im Park spazieren.
I still don't understand what he's saying.	Ich verstehe immer noch nicht, was er sagt.

Adverbien, die oft an dieser Stelle erscheinen [3]:

[3]

almost	fast
already	schon, bereits
also	auch
always	immer
hardly	kaum
just	bloß
nearly	beinahe

never	nie
normally	normalerweise
often	oft
only	nur
rarely	selten
seldom	selten
sometimes	manchmal
still	noch
usually	üblicherweise

Adverb

Regel: Adverbien, die Adjektive oder andere Adverbien näher bestimmen, dürfen nur vor dem Adjektiv (4) bzw. Adverb (5) stehen:

(4)

She did a surprisingly good job.	Sie hat eine überraschend gute Arbeit geleistet.

(5)

She did it surprisingly well.	Sie hat es überraschend gut gemacht.

Sonderfall: Das Adverb *enough* erscheint immer unmittelbar nach dem Adverb (6) oder Adjektiv (7), das es näher bestimmt.

(6)

Oddly enough, I was the only one who had heard the news.	Sonderbarerweise war ich der Einzige, der die Neuigkeiten gehört hatte.

(7)

Her marks weren't good enough to satisfy her parents.	Ihre Noten waren nicht gut genug, um ihre Eltern zufriedenzustellen.

Regel: Adverbien werden nicht zwischen Verb und direktes Objekt gestellt ⑧:

⑧

He gradually improved his English.	Er verbesserte allmählich seine Englischkenntnisse.
I never eat oysters.	Ich esse nie Austern.
He quickly drew a pistol.	Er zog schnell eine Pistole.

Sonderfall: Das Adverb *ago* erscheint immer unmittelbar nach einer Zeitangabe ⑨:

⑨

I travelled to Rome thirty years ago.	Vor dreißig Jahren reiste ich nach Rom.
A few days ago, I received a letter from an old friend.	Vor ein paar Tagen bekam ich einen Brief von einem alten Freund.
That was a long time ago.	Das ist lange her.

Sonderfall: Das Adverb too erscheint nach ⑩ oder vor ⑪ dem Wort, auf das es sich bezieht, je nach dem Sinn:

⑩

I left at nine o'clock, and Shelly did too.	Ich ging um neun Uhr, und Shelly tat es auch.
She's very intelligent, and personable too.	Sie ist sehr intelligent und sympathisch dazu.

⑪

Ollie was none too pleased to hear the news.	Ollie war keineswegs froh, die Neuigkeiten zu hören.
He moves too clumsily to be successful as a gymnast.	Er bewegt sich zu ungeschickt, um als Kunstturner erfolgreich zu sein.

Einige Richtlinien zur Stellung des Adverbs

Außer den oben genannten Regeln gibt es keine festen Richtlinien zur Stellung des Adverbs, aber immerhin Wortstellungen, die häufig vorkommen.

Adverbien der Zeit (z. B. *afterwards, already, recently, soon, then*) erscheinen normalerweise am Satzende (12) oder am Satzbeginn (13):

(12)	*They will do it tomorrow.*	Sie werden es morgen tun.
(13)	*Yesterday, I went to the dentist.*	Gestern ging ich zum Zahnarzt.

Adverbien des Ortes (z. B. *everywhere, far, outside, somewhere*) stehen in der Regel am Satzende (14):

(14)	*I want to meet him here.*	Ich möchte ihn hier treffen.
	You can buy anything you need there.	Dort kann man alles kaufen, was man braucht.

Wenn ein Satz Adverbien des Ortes und der Zeit aufweist, wird im Deutschen sehr oft das Adverb der Zeit zuerst geschrieben. Im Englischen steht normalerweise das Adverb des Ortes voran (15):

(15)	*I have to go home now.*	Ich muss jetzt nach Hause gehen.

In Sätzen mit zwei Zeitangaben kommt im Deutschen die allgemeinere zuerst, während im Englischen meistens die genauere an erster Stelle gebraucht wird (16):

(16)

I will be there at six o'clock tomorrow.	Morgen um sechs Uhr werde ich da sein.
The first performance will take place at three o'clock this afternoon.	Die erste Vorstellung findet heute Nachmittag um drei Uhr statt.

Adverbien der Art und Weise erscheinen sehr oft am Satzende.
Zu dieser Kategorie gehören die meisten Adverbien, die von Adjektiven abgeleitet sind, z. B. *slowly, deliberately, politely* (17):

Adverb

(17)

I think of her constantly.	Ich denke dauernd an sie.
Bert sat down and waited patiently.	Bert setzte sich und wartete geduldig.

Wenn mehrere Adverbien oder Adverbialsätze zusammentreffen, erscheinen sie in der Reihenfolge Art und Weise/Ort/Zeit (18):

(18)

	Art und Weise	**Ort**	**Zeit**
I'm sure he'll present his case	*effectively*	*at the Old Bailey*	*tomorrow.*
He apologised for behaving	*rudely*	*at the party*	*last night.*
The song moved	*quickly*	*to the top of the charts*	*as soon asit was released.*
My lawyer came	*late*	*to the meeting*	*yesterday afternoon.*

Adverbien der bestimmten Häufigkeit (*weekly, twice*) stellt man normalerweise ans Satzende ⑲:

⑲

I've only seen the programme once.	Ich habe das Programm nur ein Mal gesehen.
He exercises daily.	Er trainiert täglich.

Hinweis: Adverbien der bestimmten Häufigkeit gehören zu denen, die sehr oft zwischen Subjekt und Verb erscheinen (→ 5.4 Bsp. ②).

Stellung im Satz und Bedeutung

Hinweis: Die Stellung eines Adverbs im Satz ist manchmal ausschlaggebend für die Bedeutung des gesamten Satzes ⑳:

⑳

He clearly can't remember it.	Es ist klar, dass er sich nicht daran erinnern kann.
He can't remember it cleraly. clearly.	Er kann sich nicht klar daran erinnern.
Jed has frequently considered seeing a psychiatrist.	Jed hat oft daran gedacht, zu einem Psychiater zu gehen.
Jed has considered seeing a psychiatrist frequently.	Jed hat daran gedacht, oft zu einem Psychiater zu gehen.

Adverbien und der Infinitiv

Die Trennung des Infinitivs durch ein Adverb ist selten (→ 6.7 Bsp ㊵–㊶) ㉑. Wenn man das Verb *to walk* durch ein Adverb näher bestimmen möchte, sollte man das Adverb nicht zwischen to und *walk* stellen ㉒:

㉑ *He began to slowly walk toward the bridge.*

(22)

He began to walk slowly toward the bridge.
He began to walk toward the bridge slowly.
Slowly, he began to walk toward the bridge.

In den ersten beiden Sätzen bestimmt *slowly* das Verb *to walk* näher, wobei das Adverb im zweiten Satz stärker betont ist. Im dritten Satz wird das Verb *to begin* durch *slowly* näher bestimmt.

Doch manchmal hat man keine andere Wahl, als einen Infinitiv zu trennen. In diesen Fällen ist es dann grammatikalisch akzeptabel (23):

(23)

I would like to officially announce my candidacy.	Ich möchte meine Kandidatur offiziell bekannt geben.

Hier kann *officially* nur die Stellung im Satz einnehmen, die es hat; denn es darf nicht zwischen Verb und direktes Objekt treten. Andere Stellungen im Satz würden dem Satz eine etwas andere Bedeutung geben (24):

(24)

Officially, I would like to announce my candidacy, but privately I have doubts.	Offiziell möchte ich meine Kandidatur bekannt geben, doch privat habe ich Bedenken.
I would like to announce my candidacy officially having already announced it privately to all of my friends.	Ich möchte meine Kandidatur offiziell bekannt geben, nachdem ich sie allen meinen Freunden schon mitgeteilt habe.

Stellung des Adverbialsatzes

Der Adverbialsatz (→ 12.2) agiert als Adverb. Er erscheint vor dem Subjekt (25) oder nach dem Objekt (26):

(25) *Whenever I'm in London, I visit my favourite pub.*

(26) *I visit my favourite pub whenever I'm in London.*

Adverbialbestimmungen

Adverbialbestimmungen sind Wendungen aus Präposition + Substantiv. Sie fungieren als Adverbien und nehmen die entsprechende Stellung im Satz ein (27):

(27)

He was well-known in France as a versatile entertainer.	In Frankreich war er als vielseitiger Unterhalter bekannt.
At dawn a bugle call wakes the soldiers.	Bei Tagesanbruch weckt ein Hornsignal die Soldaten.
Without any warning, he dashed out the door.	Ohne Vorwarnung stürzte er zur Tür hinaus.

Adverbien am Satzanfang

Adverbien werden oft an den Satzanfang gestellt. Diese Stellung betont das Adverb und verleiht dem Satz einen Rahmen (28) des Ortes (29), der Art und Weise (30) oder des Gefühls des Sprechers (31):

(28)

Yesterday, I realised what I've been doing wrong.	Gestern wurde mir klar, was ich falsch gemacht habe.

(29)

At the office, I often suffer from headaches.	Im Büro leide ich oft an Kopfschmerzen.

(30)

Gradually, he made his way toward the fence.	Nach und nach bewegte er sich zum Zaun.

(31)

Fortunately, there were no injuries.	Glücklicherweise gab es keine Verletzungen.

Adverbien, die sehr oft benutzt werden, um einen ganzen Satz näher zu bestimmen, sind (32):

(32)

actually	eigentlich
apparently	anscheinend
fortunately	glücklicherweise
luckily	glücklicherweise
maybe	vielleicht
naturally	natürlich
obviously	offenbar
perhaps	vielleicht
really	tatsächlich
strangely	seltsamerweise
surely	sicherlich
unfortunately	leider

Hinweis: Im Gegensatz zum Deutschen haben im Englischen Adverbien am Satzanfang keine Wirkung auf die Subjekt-Verb-Reihenfolge des Hauptsatzes (33):

(33)

ohne Adverb	mit Adverb am Satzanfang
I went to the cinema.	*Yesterday evening I went to the cinema.* (Subjekt vor Verb)
Ich ging ins Kino.	Gestern Abend ging ich ins Kino. *(Verb vor Subjekt)*

Adverb

Ein Adverb am Satzanfang dient oft als Übergang vom Satz zuvor (34). Manchmal hebt es einen Gegensatz hervor (35):

(34)	*It was raining hard. Luckily, I had my umbrella with me.*	Es regnete stark. Glücklicherweise hatte ich meinen Schirm dabei.
(35)	*It's raining hard. Still, we've no choice but to go outside.*	Es regnet stark. Dennoch bleibt uns nichts anderes übrig, als nach draußen zu gehen.

5.5 Vergleich der Adverbien

Die Ausdrücke zum Vergleich des Adjektivs (→ 4.7 Bsp. (1)–(7)) werden auch für Adverbien gebraucht.

Wenn dabei Gleichheit ausgedrückt werden soll (im Deutschen *so ... wie ...*), benutzt man *as ... as ...* Man kann damit auch eine Gleichheit verneinen (1).

(1)	*I worked as carefully as he did.*	Ich arbeitete genauso sorgfältig wie er.

You played just as badly as Klaus did.	Du hast genauso schlecht gespielt wie Klaus.
I didn't enjoy it as much as the others did.	Ich genoss es nicht so sehr wie die anderen.

Wenn man den Grad eines Adverbs vergleicht (wie beim deutschen *Er machte es besser als ich*), benutzt man den Komparativ + *than* 2:

2

I guessed more accurately than he did.	Ich riet genauer als er.
Bob arrived later than Jack did.	Bob kam später als Jack an.

Zwei Adverbien werden mit *more … than …* verglichen. Diese Form entspricht dem deutschen *eher … als …* 3:

3

He did it more hastily than carefully.	Er hat es eher eilig als sorgfältig gemacht.

Das deutsche *je … desto …* wird zu *the + Komparativ … the + Komparativ*. Anders als im Deutschen bleibt der normale Satzbau (Subjekt vor Verb) im zweiten Teil erhalten 4:

4

The faster we finish this work, the sooner we can go home.	Je schneller wir diese Arbeit beenden, desto früher können wir nach Hause gehen.

Dieser Ausdruck kann auch dazu dienen, ein Adjektiv mit einem Adverb (5) oder ein Adverb mit einem Adjektiv (6) zu vergleichen:

(5)	*The sharper one's mind is, the more effectively one can deal with daily life.*	Je schärfer der Verstand ist, um so erfolgreicher kommt man mit dem alltäglichen Leben zurecht.

(6)	*The more hastily he works, the poorer the result is.*	Je eiliger er arbeitet, um so schlechter ist das Ergebnis.

Adverb

5.6 Verstärkung des Adverbs

Adverbien werden durch andere Adverbien verstärkt. Die Ausdrücke sind dieselben, die man zur Verstärkung des Adjektivs benutzt (→ 4.9 Bsp. (1)–(5)) (1):

(1)	*Gerald mentioned it quite casually.*	Gerald hat es sehr beiläufig erwähnt.
	Mr Moore gives exceptionally generously to charity.	Herr Moore spendet außergewöhnlich großzügig für wohltätige Zwecke.
	Biff phrased the question rather impolitely.	Biff hat die Frage ziemlich unhöflich ausgedrückt.
	Kurt did fairly well on the exam.	Kurt hat ziemlich gut beim Examen abgeschnitten.
	When he wears those shoes, he seems to run a lot faster.	Wenn er diese Schuhe trägt, scheint er viel schneller zu laufen.

5.7 Allmähliche Steigerung des Adverbs

Für das deutsche *immer mehr ...* oder *immer weniger ...* benutzt man *more and more ...* (1) bzw. *less and less ...* (2):

(1)

The new computers handle information more and more efficiently.	Die neuen Computer verarbeiten Informationen immer effizienter.

(2)

I look forward less and less to the first day of school.	Ich freue mich immer weniger auf den ersten Schultag.

Sätze, die den Grad eines Adverbs mit *than* oder *as ... as* vergleichen, können auf drei verschiedene Weisen abgeschlossen werden (3):

(3)

ohne Wiederholung des Verbs:	*I work just as hard as Tom.*
mit dem Hilfsverb to do:	*I work just as hard as Tom does.*
mit Wiederholung des Verbs:	*I work just as hard as Tom works.*

Welche Ausdrucksweise man wählt, kommt auf die Betonung und die Verständlichkeit des Satzes an. *I work just as hard as Tom* ist z. B. sowohl ein korrekter als auch ein unzweideutiger Satz. Aber (4):

(4)

Anja treats her cats better than her husband.

In diesem Satz ist es nicht klar, ob Sarah ihre Katzen besser behandelt, als ihr Ehemann die Katzen behandelt, oder ob Sarah ihre Katzen besser behandelt, als sie ihren Ehemann behandelt! Ganz klar sind hingegen folgende Formulierungen (5):

(5)

Anja treats her cats better than her husband does.

Anja treats her cats better than her husband treats them.

Oder (6):

(6)

Anja treats her cats better than she treats her husband.

5.8 Englische Verben an Stelle von deutschen Adverbien

In manchen Fällen, in denen man im Deutschen ein Adverb benutzt, um seine Haltung gegenüber einer Tatsache auszudrücken, gebraucht man im Englischen eher ein Verb (1):

(1)

deutsches Adverb	englisches Verb	Beispielsatz	
anscheinend	*to seem* *to appear*	*It appears that he doesn't want to speak with us.*	Anscheinend möchte er nicht mit uns sprechen.
bestimmt	*to be certain to*	*It is certain to rain.*	Es wird bestimmt regnen.
dauernd	*to keep* + Gerundium	*I keep hearing these strange sounds.*	Ich höre dauernd seltsame Geräusche.

deutsches Adverb	englisches Verb	Beispielsatz	
früher	*used to*	*I used to work for American Motors.*	Ich arbeitete früher bei American Motors.
gern	*to be fond of* *to like to* *to enjoy* *to love to*	*He enjoys playing icehockey.* *You can come along if you like.*	Er spielt gern Eishockey. Sie können gerne mitkommen.
hoffentlich	*to hope*	*I hope he hurries.*	Hoffentlich beeilt er sich.
leider	*to be afraid* *to be sorry*	*I'm afraid I don't have any time just now.* *I'm sorry, but I don't have any time just now.*	Im Moment habe ich leider keine Zeit.
lieber	*to prefer*	*I would prefer not to discuss that.*	Das möchte ich lieber nicht diskutieren.
sicher	*to be sure to* *to be certain to*	*She is sure to notice it.*	Es wird ihr sicher auffallen.
ungern	*to dislike* *to hate*	*I dislike mowing the lawn.*	Ich mähe ungern Rasen.
vermutlich	*to suppose*	*I suppose she has something else in mind.*	Sie hat vermutlich etwas anderes vor.
weiter	*to go on + Gerundium* *to continue to*	*Bob will continue to support him.*	Bob wird ihn weiter unterstützen.
zufällig	*to happen to*	*I happened to be in the area.*	Ich war zufällig in dieser Gegend.

Übungen

1. Geben Sie an, welche Wörter in den folgenden Sätzen Adverbien und welche Adjektive sind:

a. Slowly, I discovered that I had been tricked by an unusually clever trickster.
b. He expressed himself well, choosing his words extremely carefully.
c. Neil is a friendly, generous person who is always eager to help.
d. Recently, I heard that the police arrested thirty unruly rioters in front of Buckingham Palace.
e. Yesterday, he told me it was highly unlikely that he'd be coming.
f. He has written songs for several well-known singers.
g. He organised the meeting well enough, but unfortunately the silly fellow didn't arrive punctually.

2. Bilden Sie Adverbien aus diesen Adjektiven:

a. good
b. crazy
c. selfish
d. silent
e. incredible
f. ecstatic
g. stunning
h. mild
i. friendly
j. eager

k. lame
l. petulant
m. shy
n. uncanny
o. basic
p. real
q. remorseful
r. mournful
s. simple
t. ridiculous

3. Geben Sie den Komparativ und Superlativ folgender Adverbien an:

a. hard
b. probably
c. well
d. soon
e. quietly
f. animatedly
g. sarcastically
h. noisily
i. much
j. noticeably

4. Stellen Sie folgende Adverbien oder Adverbialbestimmungen an die richtige Stelle im Satz:

a. (there)
Merchants sell their wares.

b. (well)
Manfred played in yesterday's game.

c. (just)
Although he was a young boy, he knew quite a bit about motorcars.

d. (fortunately)
The damage was not serious.

e. (always)
I exercise when I get up in the morning.

f. (extremely)
One could see from her expression that she was angry.

g. (today)
I wish I hadn't come here.

h. (after work)
I like to go for a stroll.

i. (quite)
Sammy's journey was pleasant.

j. (completely)
The job is now finished.

k. (never)
We discuss business during dinner.

l. (luckily)
I was able to understand most of the conversation.

m. (twice)
Chris has read the entire Bible.

n. (well)
Alex did his job.

o. (enough)
The textbook is easy to understand.
p. (scarcely)
I had time to put on my hat.
q. (ago)
He last wrote to me in 1973. That was a long time.
r. (completely)
The attempt failed.
s. (hardly)
I could believe that it was happening to me.
t. (surprisingly)
Only fifty people entered the contest, even though the grand prize was ten thousand pounds.
u. (rather)
Some unhappy customers complained about the store's service.
v. (wisely)
When you make your choice, please choose.
w. (seldom)
He mentioned his stepfather.
x. (too)
Ryan is an impatient person and he's very impolite.

5. Übersetzen Sie folgende Sätze ins Englische und benutzen Sie englische Verben an Stelle deutscher Adverbien:

a. Er fragt mich dauernd, ob Sie bald zurückkommen.
b. Ich koche sehr gern.
c. Hoffentlich gab es heute keine Schwierigkeiten.
d. Das mache ich lieber ein anderes Mal.
e. Er wird bestimmt sagen, er wusste nichts davon.

Lösungen

1. a. Adverbien: slowly, unusually
   Adjektiv: clever
   b. Adverbien: well; extremely; carefully
   c. Adverb: always
   Adjektive: friendly; generous; eager
   d. Adverb: recently
   Adjektive: thirty; unruly
   e. Adverbien: yesterday; highly
   Adjektiv: unlikely
   f. Adjektive: several, well-known
   g. Adverbien: well, enough, unfortunately, punctually
   Adjektiv: silly

2. a. well
   b. crazily
   c. selfishly
   d. silently
   e. incredibly
   f. ecstatically
   g. stunningly
   h. mildly
   i. in a friendly manner
   j. eagerly
   k. lamely
   l. petulantly
   m. shyly
   n. uncannily
   o. basically
   p. really
   q. remorsefully
   r. mournfully
   s. simply
   t. ridiculously

3. a. harder; hardest
   b. more probably; most probably
   c. better; best
   d. sooner; soonest
   e. more quietly; most quietly

f. more animatedly; most animatedly
g. more sarcastically; most sarcastically
h. more noisily; most noisily
i. more; most
j. more noticeably; most noticeably

4. a. Merchants sell their wares there.
b. Manfred played well in yesterday's game.
c. Although he was just a young boy, he knew quite a bit about motorcars.
d. Fortunately, the damage was not serious.
e. I always exercise when I get up in the morning.
f. One could see from her expression that she was extremely angry.
g. I wish I hadn't come here today.
h. I like to go for a stroll after work. Oder auch: After work, I like to go for a stroll.
i. Sammy's journey was quite pleasant.
j. The job is now completely finished.
k. We never discuss business during dinner.
l. Luckily, I was able to understand most of the conversation.
m. Chris has read the entire Bible twice.
n. Alex did his job well.
o. The textbook is easy enough to understand.
p. I scarcely had time to put on my hat.
q. He last wrote to me in 1973 – that was a long time ago.
r. The attempt failed completely.
s. I could hardly believe that it was happening to me.
t. Surprisingly, only fifty people entered the contest, even though the grand prize was ten thousand pounds.
u. Some rather unhappy customers complained about the store's service.
v. When you make your choice, please choose wisely.
w. He seldom mentioned his stepfather.
x. Ryan is an impatient person and he's very impolite, too.

5. a. He keeps asking me whether you will be back soon.
b. I enjoy cooking very much.
c. I hope that there were no difficulties today.
d. I would prefer to do that another time.
e. He is sure to say he knew nothing about it.

6. Das Verb

6.1 Einführung

Grundwissen: Im Englischen gibt es zwei Verbklassen: die Hilfsverben und die Vollverben. Unter den Hilfsverben gibt es die vollständigen und die unvollständigen Hilfsverben.

Es gibt nur eine Form der zweiten Person: *you*. D.h., das Englische kennt kein Äquivalent zum *du* oder *ihr*. Alle Lebewesen, ob Tiere, erwachsene Menschen, Kinder, Gott, Gruppen von Menschen usw. werden mit *you* angesprochen.

Im Englischen muss zwischen zwei Formen unterschieden werden: der einfachen Form und der Verlaufsform. Im Allgemeinen wird mit der einfachen Zeitform ausgedrückt, dass eine Feststellung allgemeingültig ist oder dass ein Vorgang gewöhnlich bzw. wiederholt stattfindet. Die Verlaufsform hingegen schildert einen Vorgang in seinem Verlauf während eines bestimmten Zeitraums.

Das Englische drückt Zeitverhältnisse genauer aus als das Deutsche. Es kennt folgende Zeitformen:

Präsens:	einfaches Präsens – *I work* Verlaufsform des Präsens – *I am working*
Present Perfect:	einfache Form des *Present Perfect* – *I have worked* Verlaufsform des *Present Perfect* – *I have been working* (Der Gebrauch von deutschem Perfekt und englischem *Present Perfect* (→ 6.3 Bsp. 28–38) ist nicht identisch.)

Verb

Präteritum:	einfache Form des Präteritums – *I worked* Verlaufsform des Präteritums – *I was working*
Plusquamperfekt:	einfache Form des Plusquamperfekts – *I had worked* Verlaufsform des Plusquamperfekts – *I had been working*
Futur I:	Futur mit *going to* – *I am going to work* einfaches Futur mit *will/shall* (Futur I) – *I will/shall work* Verlaufsform des Futur I – *I will be working*
Futur II:	einfaches Futur II – *I will have worked* Verlaufsform des Futur II – *I will have been working*

6.2 Das Hilfsverb

Das Hilfsverb hat zwei Funktionen:

Erstens wird es mit einem Partizip oder Infinitiv kombiniert, um bestimmte Zeitformen zu bilden (1):

(1)

I am eating.	Ich esse gerade.
He has sung.	Er sang/hat gesungen.
We will see.	Wir werden sehen.

Zweitens wird es mit einem Vollverb verwendet, um Möglichkeit (2), Fähigkeit (3), Erlaubnis (4), Pflicht (5) usw. auszudrücken.

(2)	*We might/may visit you.*	Es kann sein, dass wir euch besuchen.
(3)	*She can swim.*	Sie kann schwimmen.
(4)	*They may eat cake.*	Sie dürfen Kuchen essen.
(5)	*You must go to the dentist's.*	Du musst zum Zahnarzt gehen.

Die wichtigsten englischen Hilfsverben lauten (6):

(6)

Verb	Infinitiv	Übersetzung
be	*to be*	sein
have	*to have*	haben
do	*to do*	*(Bleibt als Hilfsverb (→ 6.2 Bsp. (46)–(58)) meist unübersetzt.)*
can	*(to be able to)*	können
dare	*to dare*	wagen
may		dürfen
must	*(to have to)*	müssen

need	brauchen
will/shall	werden
should (ought)	sollen
used (to)	gewohnt sein/pflegen

Die Hilfsverben *will* und *shall* werden im Kapitel *Futur* behandelt (→ 6.3 Bsp. 69–81).

Regeln für alle Hilfsverben

Zur Verneinung wird *not* hinter das Hilfsverb gestellt 7. Die Verneinung von *can* ist *cannot* 8:

7

They are not.	Sie sind nicht.
He will not.	Er wird nicht.
We must not.	Wir dürfen nicht.

8

You cannot.	Du kannst nicht.

Die Frageform wird durch Umkehrung von Subjekt und Hilfsverb gebildet 9:

9

Will you?	Werden Sie?
Has she?	Hat sie?
Did they?	(Haben) sie?

Hilfsverben werden in der Alltagssprache generell abgekürzt [10], *had* und *would* zu *'d* kontrahiert [11]:

[10]

I am.	*I'm.*
He cannot.	*He can't.*
They have.	*They've.*

[11]

He had = He'd

I would = I'd

Sonderfall: Am Ende eines Satzes werden bejahende Kontraktionen nicht benutzt [12], Verneinungen dagegen fast immer verkürzt verwendet [13]:

[12]

We're not German, but they are.
(nicht: *they're*)

I'm not tired, but you are.
(nicht: *you're*)

He hasn't got a car, but you have.
(nicht: *you've*)

[13]

They've got a car, but we haven't.

Der Infinitiv steht hinter dem Hilfsverb. Bei *to have*, *ought* und *used* wird er mit *to* (14), bei *to do*, *can*, *may*, *must*, *will* und *shall* ohne *to* gebraucht (15):

(14)

We have to eat.	Wir müssen essen.
You ought to speak to him.	Du sollst mit ihm reden.
She used to live in London.	Sie lebte früher in London.

(15)

She doesn't like milk.	Sie mag keine Milch.
They can swim.	Sie können schwimmen.
You may speak.	Sie dürfen sprechen.
We will go.	Wir werden gehen.
I shall sing.	Ich werde singen.

Sonderfall: Nach *to be* und *to have* können auch andere Verbformen, z. B. Partizipien, stehen (16):

(16)

I was seen.	Ich wurde gesehen.
The soup is being eaten.	Die Suppe wird gegessen.
She has eaten.	Sie hat gegessen/aß.
They have seen.	Sie haben gesehen.

Vollständige und unvollständige Hilfsverben

Grundwissen: Es gibt zwei Arten von Hilfsverben: vollständige und unvollständige. Unter den vollständigen Hilfsverben sind die zu verstehen, die alle Zeiten bilden, d.h. *to be*, *to have* und *to do*. Von diesen drei Hilfsverben gibt es Infinitive und Partizipien. Sie werden zudem auch als selbstständige Vollverben gebraucht und dann wie Vollverben konjugiert.

Unvollständige Hilfsverben haben lediglich eine Gegenwartsform (*I can*, *I must*, *I will*, etc.), das Verb *can* verfügt über eine Vergangeheitsform (*could*). Im Gegensatz zu den vollständigen Hilfsverben hat die 3. Person Singular kein -s. Fragen und Verneinungen werden nicht mit einer Form von *to do* umschrieben. Die häufigsten unvollständigen Hilfsverben sind (17):

(17)

can	können
may	dürfen
must	müssen
will/shall	werden
should/ought	sollen
dare	wagen
used (to)	gewohnt sein/ pflegen

Verb

Regel: Weder ein direktes Objekt noch ein Adverb kann einem unvollständigen Hilfsverb unmittelbar folgen; beide können nur in Verbindung mit einem Vollverb angeschlossen werden (18):

(18)

I can speak English. (*nicht: I can English*).	Ich kann Englisch.
She must go away. (*nicht: She must away*).	Sie muss weg.
He may play tennis.	Es kann sein, dass er Tennis spielt.

Das vollständige Hilfsverb *to be*

Infinitiv: *to be*
Partizip: *been*

Präsens bejahend		verneint	
I am	*I'm*	*I am not*	*I'm not*
you are	*you're*	*you are not*	*you're not/ you aren't*
he is	*he's*	*he is not*	*he's not/ he isn't*
she is	*she's*	*she is not*	*she's not/ she isn't*
it is	*it's*	*it is not*	*it's not/ it isn't*
we are	*we're*	*we are not*	*we're not/ we aren't*
you are	*you're*	*you are not*	*you're not/ you aren't*
they are	*they're*	*they are not*	*they're not/ they aren't*

bejahende Frage	verneinte Frage
Am I?	*Am I not?*
Are you?	*Aren't you?*
Is he?	*Isn't he?*
Is she?	*Isn't she?*

Verb

Is it?	*Isn't it?*
Are we?	*Aren't we?*
Are you?	*Aren't you?*
Are they?	*Aren't they?*

Hinweis: Die verkürzte Form *Amn't I* wird nur in bestimmten Dialekten verwendet.

Präteritum		
bejahend	**verneint**	
I was	*I was not*	*I wasn't*
you were	*you were not*	*your weren't*
he was	*he was not*	*he wasn't*
she was	*she was not*	*she wasn't*
it was	*it was not*	*it wasn't*
we were	*we were not*	*we weren't*
you were	*you were not*	*you weren't*
they were	*they were not*	*they weren't*

bejahende Frage	**verneinte Frage**
Was I	*Wasn't I?*
Were you	*Weren't you?*
Was he?	*Wasn't he?*
Was she?	*Wasn't she?*
Was it?	*Wasn't it?*
Were we?	*Weren't we?*
Were you?	*Weren't you?*
Were they?	*Weren't they?*

Verb

To be als Hilfsverb

Als Hilfsverb wird *to be* zur Bildung der Verlaufsform (19) und zur Bildung des Passivs (20) verwendet:

(19)

She is/She's reading.	Sie liest gerade.

(20)

The food was eaten.	Das Essen wurde gegessen.

To be mit dem Infinitiv entspricht dem deutschen *sollen* in mehreren Varianten. Es drückt Befehle, Verpflichtungen und Absichten (21) sowie im Präteritum schicksalhafte Fügungen aus (22). Auch steht es in zweifelnden Fragen (23):

(21)

You are to pay immediately.	Sie sollen/müssen sofort bezahlen.
I am to look after my son.	Ich soll/muss mich um meinen Sohn kümmern.

(22)

He was to become a famous writer.	Er sollte ein berühmter Schriftsteller werden.

(23)

How am I to know?	Wie soll/kann ich das wissen?

Die Konstruktion *to be about* + Infinitiv kommt häufig vor und drückt aus, dass man im Begriff ist, etwas zu tun (24):

(24)

I'm about to have a bath.	Ich werde gleich baden.
It's about to rain.	Es wird gleich regnen.
She's about to leave.	Sie wird gleich gehen.

To be als Vollverb

To be wird im Sinne von *sich befinden, liegen, stehen, vorhanden sein* als Vollverb verwendet (25). In Verbindung mit *there* weist es auf einen noch nicht erwähnten Gegenstand oder eine unbestimmte Person hin; *there is/there are* entspricht auch dem deutschen *es gibt* (26):

(25)

She is at the bridge club.	Sie befindet sich im Bridgeklub.

(26)

There's a woman in the room.	Im Zimmer ist eine Frau.
There's no sugar in my tea.	Es ist kein Zucker in meinem Tee.
There is a pond in our garden.	Es gibt einen Teich in unserem Garten.
There are taxis at the station.	Es gibt Taxis am Bahnhof.

To be verbindet als Vollverb auch Subjekt und Prädikatsnomen (27):

(27)

She is very young.	Sie ist sehr jung.
She is a beautiful woman.	Sie ist eine schöne Frau.

_To be_ in idiomatischen Wendungen

To be wird in Ausdrücken zu körperlicher und geistiger Verfassung ㉘, Größe und Farbe ㉙, Alter ㉚, Preis ㉛, Wetter ㉜ sowie Zeit und Datum ㉝ verwendet:

㉘

How are you?	Wie geht es Ihnen?
How is she?	Wie geht es ihr?
I'm cold/hot.	Mir ist kalt/warm.

㉙

How tall is he?	Wie groß ist er?
How long is this street?	Wie lang ist diese Straße?
What colour is it?	Welche Farbe hat es?

㉚

How old are you?	Wie alt bist du?
I am thirty (years old).	Ich bin dreißig (Jahre alt).
The baby is 18 months old.	Das Baby ist 18 Monate alt.

㉛

How much is it?	Was kostet das?
It's 10 pounds.	Es kostet 10 Pfund.

㉜

It's raining.	Es regnet.
It's sunny.	Es ist sonnig.

㉝

What's the time?	Wieviel Uhr ist es?
What time is it?	Wieviel Uhr ist es?

Hinweis: Das deutsche *Hier, bitte!*, das man gebraucht, wenn man etwas überreicht, wird im Englischen mit *Here you are!* übersetzt.

Das vollständige Hilfsverb *to have*

Infinitiv: *to have*
Partizip: *had*

Präsens bejahend		verneint	
I have	*I've*	*I have not*	*I haven't*
you have	*you've*	*you have not*	*you haven't*
he has	*he's*	*he has not*	*he hasn't*
she has	*she's*	*she has not*	*she hasn't*
it has	*it's*	*it has not*	*it hasn't*
we have	*we've*	*we have not*	*we haven't*
you have	*you've*	*you have not*	*you haven't*
they have	*they've*	*they have not*	*they haven't*

bejahende Frage	verneinte Frage
Have I?	*Haven't I?*
Have you?	*Haven't you?*
Has he?	*Hasn't he?*
Has she?	*Hasn't she?*
Has it?	*Hasn't it?*
Have we?	*Haven't we?*
Have you?	*Haven't you?*
Have they?	*Haven't they?*

Präteritum			
bejahend		verneint	
I had	*I'd*	*I had not*	*I hadn't*
you had	*you'd*	*you had not*	*you hadn't*
he had	*he'd*	*he had not*	*he hadn't*
she had	*she'd*	*she had not*	*she hadn't*
it had	*it'd*	*it had not*	*it hadn't*
we had	*we'd*	*we had not*	*we hadn't*
you had	*you'd*	*you had not*	*you hadn't*
they had	*they'd*	*they had not*	*they hadn't*

bejahende Frage	verneinte Frage
Had I?	*Hadn't I?*
Had you?	*Hadn't you?*
Had he?	*Hadn't he?*
Had she?	*Hadn't she?*
Had it?	*Hadn't it?*
Had we?	*Hadn't we?*
Had you?	*Hadn't you?*
Had they?	*Hadn't they?*

Hinweis: Wenn *to have* als Vollverb vorkommt, lautet das verneinte Präteritum: *I didn't have, you didn't have, she didn't have* usw.

To have als Hilfsverb

Viele englische Zeitformen werden mit *to have* gebildet (34):

(34)

Present Perfect:	*I have eaten.*
Plusquamperfekt:	*I had eaten.*
Futur II:	*I will have eaten.*
Konditional II:	*I should have worked.*

To have + Objekt + Partizip der Vergangenheit entspricht dem deutschen *etwas machen lassen, veranlassen* (35). Für *to have* kann auch *to get* eintreten (36):

(35)

He has his hair cut every week.	Er lässt sich die Haare jede Woche schneiden.
We had a house built.	Wir ließen uns ein Haus bauen.

(36)

Where do you get your car repaired?	Wo lässt du dein Auto reparieren?

To have + Infinitiv mit *to* drückt eine Notwendigkeit aus (→ 6.2 Bsp. (77)) und wird im Deutschen mit *müssen* übersetzt (37):

(37)

She has to wear glasses.	Sie muss eine Brille tragen.
We have to go home now.	Wir müssen jetzt nach Hause (gehen).
They have to give us the money.	Sie müssen uns das Geld geben.

Verb

Hinweis: In bejahenden Aussagesätzen (Präsens und Futur) bezeichnet *to have to* mehr eine Notwendigkeit, die sich aus äußeren Umständen ergibt; *must* dagegen bringt den Willen des Sprechers zum Ausdruck (38):

(38)

She has to leave now.	Sie muss jetzt weg (ansonsten verpasst sie die U-Bahn).
She must leave now.	Sie muss jetzt weg (weil ich sie nicht mehr sehen will).

Sehr gebräuchlich ist auch *have* got + Infinitiv. Die Bedeutung unterscheidet sich nicht von der Form ohne got; die *have* got-Form wird allerdings mehr im britischen Englisch verwendet (39):

(39)

I have got to go to the dentist's.	Ich muss zum Zahnarzt.
I have to go to the dentist's.	Ich muss zum Zahnarzt.

Die verneinenden Formen *don't/doesn't have to* werden häufig mit *brauchen nicht* wiedergegeben (40):

(40)

She doesn't have to wear glasses.	Sie braucht keine Brille zu tragen.
We don't have to go home.	Wir brauchen nicht nach Hause zu gehen.

To *have* als Vollverb

To have kommt in vielen Bedeutungen als Vollverb vor.
Die häufigste Bedeutung ist *haben* im Sinne von *zur Verfügung haben* (41):

(41)

I have a car.	Ich habe ein Auto.
They have a horse.	Sie haben ein Pferd.
I have a book for you.	Ich habe ein Buch für dich.

Im Präsens (seltener im Präteritum) wird *to have* oft mit got verbunden. Es gibt keinen Bedeutungsunterschied (42):

(42)

I've got a car.	Ich habe ein Auto.
I have a car.	Ich habe ein Auto.
They've got a dog.	Sie haben einen Hund.
They have a dog.	Sie haben einen Hund.
We've got some apples.	Wir haben Äpfel.
We have some apples.	Wir haben Äpfel.

Sonderfall: Fragen und Verneinungen von *have* got werden ohne *do* formuliert (43):

(43)

Do you have time?	Hast du Zeit?
Have you got time?	Hast du Zeit?
I don't have any money.	Ich habe kein Geld.
I haven't got any money.	Ich habe kein Geld.

To have als Vollverb heißt auch *empfangen, aufnehmen* und *essen, trinken* (44):

(44)

We don't have many visitors.	Wir empfangen/bekommen wenig Besuch.
They have tea in the afternoon.	Sie trinken nachmittags Tee.

Einige Verben können durch eine Verbindung von *to have* + Substantiv, das die gleiche Form wie das entsprechende Verb hat, ersetzt werden (45):

(45)

to have a look	sich ansehen
to have a wash	sich waschen
to have a rest	sich ausruhen
to have a swim	schwimmen
to have a talk	sich unterhalten
to have a drink	etwas trinken

Andere häufige Wendungen mit *to have* lauten:

to have a bath	sich baden
to have a party	ein Fest geben
to have an experience	eine Erfahrung machen
to have fun	sich belustigen/Spaß haben

Hinweis: Bei solchen Wendungen kann got nicht zu *have* hinzutreten.

Das vollständige Hilfsverb to do

Präsens bejahend	verneint	Kurzform
I do	I do not	I don't
you do	you do not	your don't
he does	he does not	he doesn't
she does	she does not	she doesn't
it does	it does not	it doesn't
we do	we do not	we don't
you do	you do not	you don't
they do	they do not	they don't

bejahende Frage	verneinte Frage
Do I	Don't I?
Do you	Don't you?
Does he?	Doesn't he?
Does she?	Doesn't she?
Does it?	Doesn't it?
Do we?	Don't we?
Do you?	Don't you?
Do they?	Don't they?

Die Vergangenheit wird in allen Personen mit *did* gebildet.

I did,	*I didn't,*
you did	*you didn't*
usw.	usw.
Did I?	*Didn't I?*
Did you?	*Didn't you?*
usw.	usw.

To do als Hilfsverb

Das Hilfsverb *to do* wird zur Bildung der Verneinung gebraucht. Sätze, die kein Hilfsverb enthalten, müssen im einfachen Präsens mit *don't/doesn't*, im einfachen Präteritum mit *didn't* + Infinitiv verneint werden (46):

(46)

Bejahung	Verneinung
I like classical music.	*I don't like classical music.*
She plays football.	*She doesn't play football.*
We saw our friends.	*We didn't see our friends.*

Der verneinte Imperativ (→ 6.4 Bsp. (2), (4)) wird mit *don't* gebildet (47):

(47)

Speak to me!	*Don't speak to me!*
Turn on the TV!	*Don't turn on the TV!*
Eat your dinner!	*Don't eat your dinner!*

To do als Hilfsverb wird zur Bildung der Frageform verwendet. Enthält das Prädikat kein Hilfsverb, tritt bei der Fragebildung im einfachen Präsens *do/does*, im einfachen Präteritum *did* vor das Subjekt. Das Vollverb erscheint im Infinitiv (48):

(48)

You like dogs.	*Do you like dogs?*
They play soccer.	*Do they play soccer?*
He opened the door.	*Did he open the door?*
She often ate icecream.	*Did she often eat icecream?*

Bei der verneinten Frage erscheinen *don't/doesn't/didn't* vor dem Subjekt (49):

(49)

They don't have a car.	*Don't they have a car?*
She doesn't like cities.	*Doesn't she like cities?*

Verb

To do kann auch der Verstärkung dienen. Bei bejahenden Sätzen werden die betonten Formen *do/does/did* vor das Vollverb (außer *to be*) gesetzt, um der Aussage Nachdruck zu verleihen. Dies entspricht ungefähr dem deutschen *wirklich* oder *doch* (50):

(50)

I do hope the weather is nice tomorrow.	Ich hoffe wirklich/sehr, dass das Wetter morgen schön sein wird.
I did see him yesterday.	Ich habe ihn gestern doch gesehen.

Auch der Imperativ (einschließlich *to be*) wird durch *do* intensiviert (51):

(51)

Do be quiet!	Sei doch endlich still!
Do turn on the light!	Mach doch das Licht an!

Verstärkend ist auch die kurze Antwort mit *to do*, die sich auf das Vollverb des Fragesatzes bezieht und Zustimmung ausdrückt (52):

(52)

"May I open the window?"	»Darf ich das Fenster öffnen?«
"Please do!"	»Aber ja. (Mach es doch auf!)«

To do ersetzt vorausgehende Vollverben in Vergleichssätzen (53) sowie in Kurzfragen und Kurzantworten (→ 6.2 Bsp. (101)–(111))

(53)

I like the same songs as you do.	Ich mag dieselben Lieder wie du.

To do als Vollverb

To do ist ein Vollverb, dessen Bedeutung dem deutschen *tun*, *machen* entspricht. Es bildet die Verneinungs-und Frageformen im Präsens und Präteritum mit to do:

He doesn't do this often.	Er tut/macht das nicht oft.
What do you do in the evening?	Was machst du abends?
When did she do that?	Wann hat sie das getan?

Das unvollständige Hilfsverb *can*

Grundwissen: *Can* drückt Erlaubnis, Fähigkeit und Möglichkeit aus.

Präsens:	*I/you/he/it/ we/you/they can*
Präteritum:	*I/you/he/it/ we/you/they could*
Konditional:	*I could* usw.
Verneinung:	*I cannot (can't), I could not (couldn't)* usw.
Frage:	*Can I?* usw., *Could I?* usw.

Verb

Can bildet weder Partizip noch Infinitiv und existiert nicht als Vollverb. Folgt ein Infinitiv, steht er ohne to 54:

54

I can sing.	Ich kann singen.
You can go now.	Du kannst jetzt gehen.
We can't swim.	Wir können nicht schwimmen.

Can – Erlaubnis

Can und *could* (Präteritum) können in bejahender Form eine Erlaubnis, in verneinter Form ein Verbot bezeichnen 55:

55

You can leave now.	Sie können/dürfen jetzt gehen.
You can't leave now.	Sie können/dürfen jetzt nicht gehen.

Can I ... ? wird bei Bitten gebraucht, wobei das Konditional wesentlich höflicher ist (56):

56

Can I open the window?	Kann ich das Fenster aufmachen?
Could I open the window?	Könnte/Darf ich das Fenster aufmachen?

In Verbindung mit einer Adverbialbestimmung der Zeit kann *can* auch für das Futur stehen (57):

57

I can see the film tomorrow.	Ich kann/darf den Film morgen sehen.
He can visit us next week.	Er kann/darf uns nächste Woche besuchen.
We can do it at the end of the year.	Wir können es Ende des Jahres machen.

In den fehlenden Zeiten und Formen wird *to be allowed to (dürfen)* gebraucht (58):

58

She hasn't been allowed to leave the house for weeks.	Sie darf das Haus schon wochenlang nicht verlassen.
He hadn't been allowed to take my book.	Er hatte mein Buch nicht nehmen dürfen.

Can – Fähigkeit, Möglichkeit

Can (und *could*) werden verwendet, um eine geistige oder körperliche Fähigkeit auszudrücken 59:

59

He can speak English.	Er kann Englisch sprechen/ ist fähig dazu, Englisch zu sprechen.
I could speak French well when I was young.	Als ich jung war, konnte ich gut Französisch sprechen.

Can drückt auch eine Möglichkeit aus 60:

60

We can ski in the mountains.	Wir können in den Bergen Ski fahren (weil genügend Schnee liegt).
You can go out now.	Du kannst jetzt ausgehen (es hat aufgehört zu regnen).

Hinweis: *Can* signalisiert in Fragesätzen auch Erstaunen oder Ungeduld 61:

61

What can she want?	Was kann sie nur wollen?

In den fehlenden Zeiten und Formen tritt *to be able to (fähig sein)* ein. *Can* kann durch *to be able to* auch in den bestehenden Zeitformen ersetzt werden. Das Futur muss immer umschrieben werden (62):

(62)

Präsens:	*I can ...* *I am able to ...*
Präteritum:	*I could ...* *I was able to ...*
Present Perfect:	*I have been able to ...*
Plusquamperfekt:	*I had been able to ...*
Futur:	*I will be able to ...* usw.

Das unvollständige Verb *may*

Grundwissen: *May* drückt Erlaubnis, Möglichkeit oder Vermutung aus.

Präsens:	I/you/he/she/it/ we/you/they may
Konditional:	I/you/he/she/it/ we/you/they might
Verneinung:	*I may not* usw.
Frage:	*May I?* usw.
verneinte Frage:	*May I not?* usw.

Das Präteritum wird mit *was allowed/permitted to*, das Futur mit *will be allowed/permitted to* umschrieben.

May bildet weder Partizip noch Infinitiv und existiert nicht als Vollverb. Folgt ein Infinitiv, steht er ohne to (63):

(63)

I may visit you tomorrow.	Es kann sein, dass ich Sie morgen besuche.
You may give me some tea.	Du darfst mir etwas Tee einschenken.

May wird oft durch *might* ersetzt (64):

Verb

(64)

It may rain.	Es kann sein, dass es regnet.
It might rain.	Es kann/könnte sein, dass es regnet.

May – Erlaubnis

Gegenüber *can* stellt *may* die gewähltere Ausdrucksform für eine Erlaubnis dar. In verneinter Form bezeichnet *may* ein höfliches Verbot (65):

(65)

May I smoke?	Darf ich rauchen?
May we come in?	Dürfen wir hinein/reinkommen?
You may not leave the room.	Sie dürfen das Zimmer nicht verlassen.

In Verbindung mit einer Adverbialbestimmung der Zeit kann *may* futurisch verwendet werden; ohne eine solche wird wie in allen anderen fehlenden Zeiten mit *to be allowed/permitted to (dürfen)* umschrieben 66:

66

You may come again tomorrow.	Sie dürfen morgen wiederkommen.
I was allowed/permitted to drive my mother's car.	Ich durfte das Auto meiner Mutter fahren.

Hinweis: Die Frage *Might I ... ?* ist noch höflicher als *May I ... ?* 67:

67

Might I have a cup of tea?	Dürfte ich eine Tasse Tee haben?
Might I smoke?	Dürfte ich rauchen?

May – Möglichkeit oder Vermutung

In Verbindung mit dem Infinitiv Präsens bezeichnet *may* eine Möglichkeit in Bezug auf die Gegenwart oder Zukunft. In der Alltagssprache wird *might* immer häufiger an Stelle von *may* gebraucht 68:

68

He may ring me today. *He might ring me today.*	Vielleicht ruft er mich heute an.
I may see them later. *I might see them later.*	Es kann sein, dass ich sie später sehe.

Verb

In Verbindung mit dem Infinitiv Perfekt bezeichnet *may* oder *might* eine Möglichkeit in Bezug auf die Vergangenheit (69):

(69)	*She may have written us a letter. She might have written us a letter.*	Vielleicht hat sie uns einen Brief geschrieben.

Die verneinte Form von *may* oder *might* drückt eine Vermutung aus (70). Unmöglichkeit wird durch *can't* wiedergegeben (71):

(70)	*They may not have enough time.*	Vielleicht haben sie nicht genug Zeit.
	We might not be able to help.	Es kann sein, dass wir nicht helfen können.

(71)	*They can't have enough time.*	Es ist nicht möglich, dass sie genug Zeit haben.

Hinweis: *Might* mit Infinitiv bezeichnet eine Bitte bzw. Aufforderung (72) oder einen Vorwurf (73):

(72)	*You might help me with the dishes.*	Du könntest mir (ruhig) beim Abwasch helfen.

(73)	*He might have rung me.*	Er hätte mich zumindest anrufen können.

Das unvollständige Hilfsverb *must*

Präsens:	*I/you/he/she/it/ we/you/they must*
Verneinung:	*I mustn't* usw.
Frage:	*Must I?* usw.

Must bildet weder Partizip noch Infinitiv und es existiert nicht als Vollverb. Folgt ein Infinitiv, steht er ohne *to* (74):

(74)

I must go home.	Ich muss nach Hause.
He must tell you the truth.	Er muss dir die Wahrheit sagen.

Must wird im Präsens im Sinne einer bestehenden Notwendigkeit verwendet (75). Mit einer entsprechenden Zeitangabe kann es auch für das Futur gebraucht werden (76). Bei allen anderen Zeiten und Formen wird es mit *have (got) to* umschrieben. Auch im Präsens gebraucht man oft *have to* an Stelle von *must* (77) (→ 6.2 Bsp. (37)–(40)):

(75)

I must pay these bills.	Ich muss diese Rechnungen begleichen.

(76)

I must do it tomorrow.	Ich muss es morgen machen.

Verb

(77)	*I had to do it yesterday.*	Ich musste es gestern machen.
	I have to do it now.	Ich muss es jetzt machen.

Hinweis: Als weitere Umschreibungen dienen *to be obliged to*, *to be forced to* und *to be compelled to*.

Verneintes *must* drückt ein Verbot aus (78). Als Umschreibung für Präsens, Futur und Präteritum kann *to be to* dienen, das jedoch veraltet ist (79). Gebräuchlicher ist die verneinte Umschreibung mit *not to be allowed to* (80):

(78)	*He must not do that.*	Er darf das nicht machen.
(79)	*He isn't to do that.*	Er darf das nicht machen.
(80)	*He wasn't allowed to do that.*	Er durfte das nicht machen.

Hinweis: Deutsches *nicht müssen*, *nicht brauchen* wird mit verneintem *have to* (→ 6.2 Bsp.(40)) oder *need* (→ 6.2 Bsp.(86)–(91)) wiedergegeben.

Must kann auch einen eindringlichen Rat (81) oder große Wahrscheinlichkeit ausdrücken (82)

(81)	*You must see this film!*	Du musst diesen Film (unbedingt) sehen!

Verb

(82)

"Who's that woman over there?" – "It must be Jennifer."	»Wer ist diese Frau dort drüben?« – »Das muss Jennifer sein.«

Das unvollständige Verb *to need*

	Hilfsverb	Vollverb
Infinitv:		*to need*
Partizip:		*needed*
Präsens:	*I/you/he/she/it/ we/you/they need*	*I/you/we/you/they need* *he/she/it needs*
Verneinung:	*I/you/he/she/it/ we/you/they needn't*	*I/you/we/you/they don't need* *he/she/it doesn't need* + direktes Objekt oder + Infinitiv mit to
Frage:	*Need I/you/he/she/ it/we/you/they* + Infinitiv ohne to	*Do I/you/we/you/they need?* *Does he/she/it need?* + direktes Objekt oder + Infinitiv mit to

Wird *to need* mit einem Akkusativobjekt verbunden, so muss das Vollverb stehen. Es entspricht dem deutschen *brauchen* oder *benötigen* (83). Folgt ein Infinitiv, ist die mit to konstruierte Vollverbform gebräuchlicher als die Hilfsverbform (84):

(83)

I need new boots this winter.	Ich brauche diesen Winter neue Stiefel.

Verb

Do you need any help?	Brauchst du Hilfe?
She doesn't need her old school books any more.	Sie benötigt ihre alten Schulbücher nicht mehr.

84

I need to go shopping.	Ich muss einkaufen.
He needs to go out.	Er muss hinausgehen.

Im Präsens wird die Frageform *Do I need to ...* ? oft im Sinne von *must* verwendet, besonders dann, wenn der Sprecher auf eine verneinende Antwort hofft. *Need I ...?* ist möglich, aber veraltet und weniger gebräuchlich 85:

85

Do I need to come?	Muss ich kommen?
Must I come?	Muss ich kommen?
(Need I come?)	(Muss ich kommen?)

Die verneinte Form von *to need* im Sinne von *nicht brauchen, nicht müssen* wird im Präsens und Futur manchmal als Hilfsverb (*I needn't*), öfter aber als Vollverb (*I don't need to*) verwendet. Das Futur kann durch *won't need to* verdeutlicht werden 86. Für das Präteritum ist *didn't need to* üblich 87:

86

I don't need to go to work this week. (I needn't go to work this week.)	Ich brauche diese Woche nicht zur Arbeit zu gehen.
We don't/won't need to get up early tomorrow. (We needn't get up early tomorrow.)	Wir müssen morgen nicht zeitig aufstehen.

Verb

87	*He didn't need to go to the bank yesterday.*	Er brauchte gestern nicht zur Bank gehen.

Hinweis: In Verbindung mit dem Infinitiv Perfekt drückt die Hilfsverbform *needn't* aus, dass eine Handlung überflüssig war 88:

88	*I needn't have written to him because he phoned me the next day.*	Ich hätte ihm nicht schreiben müssen, weil er mich sowieso am folgenden Tag angerufen hat.

Im verneinenden Sinne wird das Hilfsverb *to need* noch in Verbindung mit *never* 89, nach einem verneinten Verb 90 oder bei den einschränkenden Adverbien *hardly* und *scarcely* 91 gebraucht:

89	*She need never come again.*	Sie braucht nie wieder zu kommen.
	You need never work again.	Sie brauchen nie wieder zu arbeiten.
	They need never do that again.	Sie brauchen das nie wieder zu tun.

90	*I don't think he need come.*	Wir glauben nicht, dass er kommen muss.
	We don't believe you need help her.	Wir glauben nicht, dass du ihr helfen musst.

91

You need hardly tell me that.	Das brauchst du mir wohl kaum zu sagen.
She need scarcely try.	Sie braucht es kaum zu versuchen.

Das unvollständige Hilfsverb *should/ought*

Präsens:	*I should/ ought*
Verneinung:	*I shouldn't/ oughtn't*
Frage:	*Should/ Ought I?*

Verb

Es gibt weder Partizip noch Infinitiv. Folgt ein Infinitiv, steht er nach *should* ohne *to*, nach *ought* hingegen mit to.

Should drückt einen Rat, eine Empfehlung oder eine moralische Verpflichtung aus 92. *Should not* bedeutet Ablehnung oder Verurteilung einer Handlung 93:

92

You should brush your teeth twice a day.	Du sollst dir zweimal am Tag die Zähne putzen.

93

I shouldn't tell you this.	Ich sollte es dir eigentlich nicht sagen.

Should kann durch *ought* ersetzt werden. Der Bedeutungsunterschied ist gering, *ought* wird aber immer weniger verwendet:

You ought to brush your teeth twice a day.	Du sollst dir zweimal am Tag die Zähne putzen.
I oughtn't to tell you this.	Ich sollte es dir eigentlich nicht sagen.

Hinweis: Das deutsche *sollen* im Sinne von *Es heißt, dass* ... wird nicht mit *should* übersetzt, sondern mit *to be supposed/said* + Infinitiv (94):

94	*He is supposed/said to be rich.*	Er soll reich sein. (Es heißt, er sei reich.)

Das unvollständige Hilfsverb to *dare*

In der bejahten Aussageform wird *to dare* wie ein Vollverb konjugiert:

Infinitiv:	*to dare*
Präsens:	*I dare, you dare, he/she/it dares* usw.
Präteritum:	*I dared, you dared* usw.
Partizip:	*dared*

Bei Verneinung oder Frage kann es entweder wie ein Voll- oder Hilfsverb konjugiert werden:

	Vollverb	Hilfsverb
Verneinung		
Präsens	*I/you/we/you/they do not dare.* *He/she/it does not dare.*	*I/you/he/she/it/we/you/ they dare not.*
Präteritum	*I did not dare* usw.	*I dared not* usw.
Frage		
Präsens	*Do I/you/we/you/they dare?* *Does he/she/it dare?*	*Dare I/you/he/she/it/ we/you/they?*
Präteritum	*Did I dare?*	*Dared I?*

Verb

Wenn *to dare* als unvollständiges Hilfsverb gebraucht wird, steht der Infinitiv ohne *to*; wird *to dare* als Vollverb verwendet, kann der Infinitiv mit oder ohne *to* folgen 95:

95

He daren't ask her.	Er traut sich nicht, sie zu fragen.
Dare she do it?	Traut sie sich, es zu tun?
They daren't ski.	Sie trauen sich nicht, Ski zu fahren.

Hinweis: Der Gebrauch von *to dare* als Hilfsverb wird immer seltener (96).

(96)

I don't dare (to) speak.	Ich wage nicht zu sprechen.
They didn't dare (to) drive.	Sie haben sich nicht getraut zu fahren.
Had she dared to climb that mountain?	Hatte sie sich getraut, diesen Berg zu besteigen?

Nach *how* drückt *dare* Missbilligung aus (97):

(97)

How dare you say that!	Wie können Sie es wagen, das zu sagen?
How dare she eat my lunch!	Wie kann sie es wagen, mein Mittagessen zu essen?

Die feste Wendung *I dare say* kommt nur in der ersten Person Singular vor und bezeichnet eine Vermutung (98):

(98)

I dare say it will rain tomorrow.	Ich nehme an, dass es morgen regnen wird.
I dare say they'll get married.	Ich gehe davon aus, dass sie heiraten werden.

Das unvollständige Verb *used (to)*

Präteritum:	*I/you/he/she/it/we/you/ they used to*
Verneinung:	*I/you/he/she/it/we/you/ they didn't use to*
Frage:	*Did I use to?* usw.

Used to existiert nur im Präteritum. Es bezeichnet eine Gewohnheit in der Vergangenheit, die jetzt nicht mehr zutrifft (99):

(99)

I used to smoke (but now I don't).	Ich rauchte früher (aber jetzt nicht mehr).
She used to play tennis when she was at school.	Als sie noch in der Schule war, spielte sie Tennis.

Bei der Verneinung steht *did + not (didn't)* vor der Grundform *use* (100):

(100)

I didn't use to smoke.	Ich rauchte früher nicht.
She didn't use to play tennis.	Früher hat sie nicht Tennis gespielt.

Hinweis: *Used* darf weder mit dem Vollverb *to use (gebrauchen)* noch mit der Konstruktion *to be used to (gewöhnt sein an)* verwechselt werden.

Hilfsverben in Kurzantworten und Erwiderungen

Grundwissen: Die englischen Hilfsverben werden in Kurzantworten und Erwiderungen gebraucht. Das Hilfsverb des vorangegangenen Satzes bzw. der vorangegangenen Frage wird an Stelle des Vollverbs wiederholt. Enthält der vorausgehende Satz kein Hilfsverb, wird eine Form von *to do* verwendet. Die Zeitform des Hilfsverbs bleibt erhalten. Dasselbe gilt auch für die Kurzfragen.

Kurzantworten auf Entscheidungs-und Subjektfragen

Fragen, die eine Antwort mit ja oder nein verlangen, werden mit *yes* oder *no* + Hilfsverb beantwortet. Das Subjekt wird durch ein Pronomen ersetzt (101):

(101)

Frage	bejahend	verneinend
Are you British?	*Yes, I am.*	*No, I'm not.*
Have you got a brother?	*Yes, I have.*	*No, I haven't.*
Do you like soccer?	*Yes, I do.*	*No, I don't.*
Can he swim?	*Yes, he can.*	*No, he can't.*
Will you come?	*Yes, I will.*	*No, I won't.*
Do I need to do that?	*Yes, you do.*	*No, you don't.*
Did you use to live here?	*Yes, I did.*	*No, I didn't.*

Das Hilfsverb wird bei Kurzantworten auf Subjektfragen wiederholt. Fehlt ein Hilfsverb, wird es durch eine Form von to do ersetzt (102):

(102)

Who can answer this question?	*I can.*
How many of you can speak English?	*All of us can.*
Who's got a pen?	*He has.*
Who discovered America?	*Columbus did.*

Verb

Erwiderungen auf Aussagesätze

Zustimmung zu einem bejahten Aussagesatz erfolgt in Form einer bejahenden Kurzantwort. Statt *yes* kann zur besonderen Bekräftigung *of course* oder *obviously* stehen. *So* zeigt Überraschung an. Widerspruch wird in Form der verneinenden Kurzantwort ausgedrückt, wobei für *no* oft *oh no* eintritt 103:

103

Aussagesatz	Zustimmung	Widerspruch
She can swim well.	*Yes, she can.*	*No, she can't.*
They'll win.	*Of course they will.*	*Oh no, they won't.*
Your kettle has boiled.	*So it has!*	*No, it hasn't.*
He works too much.	*Yes, he does.*	*No, he doesn't.*

Zustimmung zu einem verneinten Aussagesatz erfolgt in Form einer verneinenden Kurzantwort; Widerspruch wird durch eine bejahende Kurzantwort ausgedrückt und oft durch *oh* ergänzt 104:

104

Aussagesatz	Zustimmung	Widerspruch
He isn't late.	*No, he isn't.*	*Oh yes, he is!*
She hasn't done it yet.	*No, she hasn't.*	*Yes, she has!*
They didn't buy that car.	*No, they didn't.*	*Yes, they did!*
You can't speak German.	*No, I can't.*	*Yes, I can.*

Auf eine Frage mit *Why ... ?* wird der Widerspruch mit *but* eingeleitet (105):

(105)

Why did you leave without telling me?	*But I didn't!*
Why do you speak Russian?	*But I don't!*
Why are you deranged?	*But I'm not!*
Why didn't he ring me?	*But he did!*

Eine zweifelnde oder überraschte Erwiderung auf einen Aussagesatz erfolgt in Form einer Kurzfrage. Bei Überraschung wird oft *oh* hinzugefügt. Die Zeitform stimmt mit der des Aussagesatzes überein (106):

(106)

Aussagesatz	Zweifel	Überraschung
She's American.	*Is she?*	*Oh, is she?*
We can run fast.	*Can you?*	*Oh, can you?*
She likes Bach.	*Does she?*	*Oh, does she?*
He's not German.	*Isn't he?*	*Oh, isn't he?*
I don't live here.	*Don't you?*	*Oh, don't you?*
They won't visit us.	*Won't they?*	*Oh, don't they?*

Zustimmung und Widerspruch

Zustimmung

Grundwissen: Zu einer Aussage erfolgt eine Zustimmung im Sinne von *Ich auch* durch *so* + Hilfsverb + Subjekt oder – betonter – durch Subjekt + Hilfsverb + *too* (107). Die verneinende Aussage *ich auch nicht* wird ausgedrückt durch *neither/nor* + Hilfsverb + Subjekt. Bei Gebrauch von *not ... either* ändert sich die Satzstellung: Subjekt + verneintes Hilfsverb + *either* (108).

Wenn kein Hilfsverb aus dem Aussagesatz übernommen werden kann, tritt eine Form von *to do* ein. Die Zustimmung kann vom Sprecher oder einer anderen Person erfolgen:

107

bejahend (auch)

I can speak English.	Ich kann Englisch.
– So can I.	– Ich auch.
– I can too.	
We'll see him tomorrow.	Wir werden ihn morgen sehen.
– So will we.	– Wir auch.
– We will too.	
She's German.	Sie ist Deutsche.
– So am I.	– Ich auch.
– I am too.	
She comes from Germany.	Sie kommt aus Deutschland.
– So does he.	– Er auch.
– He does too.	
I saw them yesterday.	Ich sah sie gestern.
– So did I.	– Ich auch.

108

verneinend (auch nicht)

I can't speak English.	Ich kann kein Englisch sprechen.
– Nor/Neither can I.	– Ich auch nicht.
– I can't either.	
We won't see him tomorrow.	Wir werden ihn morgen nicht sehen.
– Nor/Neither will we.	– Wir auch nicht.
– We won't either.	
She isn't German.	Sie ist keine Deutsche.
– Nor/Neither am I.	– Ich auch nicht.
– I'm not either.	
She doesn't come from Germany.	Sie kommt nicht aus Deutschland.
– Nor/Neither do I.	– Ich auch nicht.
– I don't either.	
I didn't see them yesterday.	Ich habe sie gestern nicht gesehen.
– Nor/Neither did I.	– Ich auch nicht.
– I didn't either.	

Verb

Hinweis: Anstelle von *So do I*, *So can I* usw. ist in der ersten Person Singular umgangssprachlich die Konstruktion *Me too* sehr gebräuchlich. Sie sollte allerdings in der Schriftsprache gemieden werden.

Me too ist unveränderlich (109):

(109)

I'm British.	– *So am I.* oder – *Me too.*
I love opera.	– *So do I.* oder – *Me too.*
I can swim.	– *So can I.* oder – *Me too.*
I'll be there tomorrow.	– *So will I.* oder – *Me too.*

Widerspruch

Grundwissen: Der Widerspruch auf eine negative Aussage erfolgt mit der bejahten Form des Hilfsverbs oder *to do*; der Widerspruch auf eine positive Aussage wird mit der verneinten Form des Hilfsverbs oder *to do* gebildet. Die Bedeutung entspricht im ersten Fall oft dem deutschen *doch* (110); im zweiten Fall übersetzt man häufig mit *aber (doch)* nicht (111). Wie bei der Zustimmung kann der Widerspruch von Seiten des Sprechers oder einer anderen Person erfolgen. Die Erwiderung wird oft mit *but*, *no* oder *yes* eingeleitet.

(110)

bejahend (doch)

Jeremy can't speak French.	Jeremy kann kein Französisch sprechen.
– But he can.	– Doch (er kann es).

I won't see him at the weekend.	Ich werde ihn am Wochenende nicht sehen.
– Yes, you will.	– Doch.
She never eats her lunch.	Sie isst nie ihr Mittagessen.
– Yes, she does.	– Doch.
They didn't ring me.	Sie haben mich nicht angerufen.
– But they did!	– Doch.
I didn't have time yesterday.	Ich habe gestern keine Zeit gehabt.
– Yes, you did.	– Doch.

111

verneinend (aber nicht)

They can speak French.	Sie können Französisch sprechen.
– But I can't.	– Aber ich nicht.
We'll see her.	Wir werden sie sehen.
– But I won't.	– Aber ich (doch) nicht.
They eat meat.	Sie essen Fleisch.
– No, they don't.	– Nein, das tun sie nicht.

6.3 Die Zeitformen des Vollverbs

Das einfache Präsens

Grundwissen: Das Englische besitzt zwei Formen der Gegenwart: eine einfache (das einfache Präsens) und eine erweiterte Form (Verlaufsform des Präsens).

Bildung des einfachen Präsens

Regel: Das einfache Präsens besitzt in allen Personen außer der dritten Person Singular die gleiche Form wie der Infinitiv. Zur Bildung der dritten Person Singular wird -s angehängt (1):

(1)

Infinitiv:	*to work* (arbeiten)
einfaches Präsens:	*I work*
	you work
	he works usw.

Die Verneinung wird mit der verneinten Form von *to do* + Infinitiv (ohne *to*) des Hauptverbs umschrieben (2):

(2)

I don't work, you don't work,

he doesn't work usw.

Die Frage wird mit dem Präsens von *to do* + Subjekt + Infinitiv des Hauptverbs (ohne *to*) gebildet (3):

(3)

Do I work?, Do you work?

Does he work?

usw.

Das einfache Präsens des regelmäßigen Verbs to work:

bejahend	verneint
I work	*I do not (don't) work*
you work	*you do not (don't) work*
he works	*he does not (doesn't) work*
she works	*she does not (doesn't) work*
it works	*it does not (doesn't) work*
we work	*we do not (don't) work*
you work	*you do not (don't) work*
they work	*they do not (don't) work*

bejahende Frage	verneinte Frage
Do I work?	*Don't I work?*
Do you work?	*Don't you work?*
Does he work?	*Doesn't he work?*
Does she work?	*Doesn't she work?*
Does it work?	*Doesn't it work?*
Do we work?	*Don't we work?*
Do you work?	*Don't you work?*
Do they work?	*Don't they work?*

Hinweis: Bei der verneinten Frage ist die verkürzte Form üblich.

Regel: Verben mit den Endbuchstaben *-ss*, *-sh*, *-ch*, *-x* und *-o* erhalten als Endung in der dritten Person Singular *-es* an Stelle von *-s* (4):

(4)

I kiss – he kisses

I box – she boxes

I rush – he rushes

I watch – she watches

I go – he goes

I do – she does

Gebrauch des einfachen Präsens

Die einfache Form bezeichnet eine allgemeingültige Aussage (5):

(5)

Cats drink milk.	Katzen trinken Milch.
Dogs bark.	Hunde bellen.
Birds sing.	Vögel singen.

Sie drückt auch eine gewohnheitsmäßige, sich wiederholende Handlung aus (6):

(6)

I always get up at 6 o'clock.	Ich stehe immer um 6 Uhr auf.
The sun rises every morning.	Die Sonne geht jeden Morgen auf.
The train runs every 20 minutes.	Der Zug fährt alle 20 Minuten.

Aufeinanderfolgende Tätigkeiten werden ebenfalls mit der einfachen Form wiedergegeben (7):

(7)

Julie gets home from work at 7, and then she has dinner and watches television.	Julie kommt um 19 Uhr von der Arbeit nach Hause, dann isst sie zu Abend und sieht fern.

Sie bezeichnet auch Vorgänge von Dauer ohne Rücksicht auf den zeitlichen Verlauf (8):

(8)

She lives in Paris.	Sie lebt in Paris.
I drink tea.	Ich trinke Tee.

Einfache Form bei Zustandsverben

Verben, bei denen sich kein Ablauf einer Handlung vorstellen lässt, stehen normalerweise in der einfachen Form. Zu diesen Zustandsverben gehören Verben der Sinneswahrnehmung, die teils häufig mit can verbunden sind (9):

(9)

(can) see	sehen (können)
(can) hear	hören (können)
to notice	(be)merken
to recognise	(an)erkennen
to smell	riechen

I (can) hear the music.	Ich (kann) die Musik hören.
We (can) see the mountains from our house.	Wir (können) die Berge von unserem Haus aus sehen.

Hinweis: Im Unterschied zu diesen Verben bezeichnen *to look at (ansehen)*, *to watch (beobachten)* und *to listen to (zuhören)* bewusst ausgeführte Tätigkeiten. Diese Verben kennen die Verlaufsform.

Verben des Wünschens und Gefühlsverben werden im Allgemeinen auch nur in der einfachen Form gebraucht. Dazu gehören (10):

(10)

to want	wollen
to wish	(sich) wünschen
to like	mögen
to dislike	nicht mögen
to love	lieben
to hate	hassen
to refuse	sich weigern

Verb

They want a cup of tee.	Sie wollen eine Tasse Tee.
I wish I could fly.	Ich wünsche mir, ich könnte fliegen.

Andere Verben, bei denen nur die einfache Form gebräuchlich ist, sind diejenigen des Denkens, z. B. (11):

(11)

to think (of, about)	meinen, glauben, halten (von)
to believe	glauben
to feel	sich fühlen
to expect	glauben, meinen
to suppose	vermuten

to know	wissen, kennen
to understand	verstehen
to see	verstehen
to mean	sagen wollen, meinen
to remember	denken an, sich erinnern
to forget	vergessen

I think the weather will be fine tomorrow.	Ich glaube, dass das Wetter morgen schön sein wird.
He thinks you're mad.	Er hält dich für verrückt.
Do you believe in God?	Glauben Sie an Gott?
I expect it will rain tonight.	Ich glaube, dass es heute Nacht regnen wird.
He supposes I'm right.	Er geht davon aus, dass ich Recht habe.
I know John well.	Ich kenne John gut.

Bei den folgenden Verben wird ebenfalls nur das einfache Präsens verwendet (12):

(12)

to have	besitzen
to own	besitzen
to contain	beinhalten
to consist of	bestehen aus
to seem	scheinen

We have a new car.	Wir haben ein neues Auto.
They own the big house in our street.	Sie besitzen das große Haus in unserer Straße.
This tin contains chocolate biscuits.	Diese Dose enthält Schokokekse.
Our flat consists of one room, a bathroom and a kitchen.	Unsere Wohnung besteht aus einem Zimmer, einem Bad und einer Küche.
She seems happy today.	Sie scheint heute glücklich zu sein.

Verb

Hinweis: Hilfsverben bilden normalerweise keine Verlaufsform; nur das Hilfsverb *to be* kennt eine Verlaufsform, die zur Bildung der passivischen Verlaufsformen bei den Vollverben dient (→ 6.5 Überblickstabelle).

Einfaches Präsens in futurischer Bedeutung

Gelegentlich wird das einfache Präsens in futurischer Bedeutung gebraucht, z. B. in Verbindung mit einer geplanten Reise (13):

(13)

We leave London at 6 and arrive in Edinburgh at 10.	Wir fahren von London um 6 Uhr ab und kommen in Edinburgh um 10 Uhr an.
The plane leaves tomorrow at 2 and lands 3 hours later.	Das Flugzeug fliegt morgen um 14 Uhr ab und landet 3 Stunden später.

Es steht auch in Nebensätzen der Zeit, die durch eine Konjunktion eingeleitet werden, die in die Zukunft weist, wie z. B. (14):

(14)

before	bevor, ehe
until/till	bis
as soon as	sobald

I'll shut the windows before I leave.	Ich werde die Fenster schließen, bevor ich gehe.
We'll go on until/till we succeed.	Wir werden weitermachen, bis wir Erfolg haben.
As soon as it stops raining I'll go for a walk.	Sobald es nicht mehr regnet, werde ich spazieren gehen.

Verb

Die Verlaufsform des Präsens

Bildung der Verlaufsform

Regel: Die Verlaufsform des Präsens wird mit dem Präsens des Hilfsverbs *to be* und dem Partizip Präsens (Infinitiv + *-ing*) gebildet (15):

(15)

I am working
you are working
he is working
usw.

Zur Verneinung wird *not* hinter dem Hilfsverb eingefügt (16):

(16)

I'm not working

you're not working

he is not working

usw.

Die Frageform wird gebildet durch Umkehrung von Subjekt und Hilfsverb (17):

(17)

Am I working?

Are you working?

Is she working?

Die Verlaufsform des Präsens des Verbs *to work:*

Infinitiv: *to be working*

bejahend	verneint
I am (I'm) working	*I am not ('m not) working*
you are (you're) working	*you are not ('re not) working*
he is (he's) working	*he is not (isn't) working*
she is (she's) working	*she is not (isn't) working*
it is (it's) working	*it is not (isn't) working*
we are (we're) working	*we are not (aren't) working*
you are (you're) working	*you are not ('re not) working*
they are (they're) working	*they are not (aren't) working*

bejahende Frage	verneinte Frage
Am I working?	*Am I not working?*
Are you working?	*Aren't you working?*
Is he working?	*Isn't he working?*
Is she working?	*Isn't she working?*
Is it working?	*Isn't it working?*
Are we working?	*Aren't we working?*
Are you working?	*Aren't you working?*
Are they working?	*Aren't they working?*

Hinweis: Die verneinte Frage ist nur in der verkürzten Form üblich.

Verb

Gebrauch der Verlaufsform

Grundwissen: Die Verlaufsform des Präsens schildert den Verlauf einer Handlung oder Tätigkeit, die im Augenblick des Sprechens vor sich geht. Sie ist oft mit Adverbien wie *now* (jetzt) oder *at the moment* (im Moment) verbunden (18):

(18)	*I am eating breakfast at the moment.*	Im Moment frühstücke ich.

Die Verlaufsform des Präsens wird auch verwendet, um zu betonen, dass eine Handlung oder Tätigkeit, die über einen längeren Zeitraum hinweg andauert, im gegenwärtigen Zeitraum vor sich geht (19):

(19)	*He's living in London at the moment.*	Er lebt zurzeit in London.

We're reading a new book in our English class this week.	Wir lesen diese Woche ein neues Buch im Englischunterricht.

Bei wiederholten oder gewohnheitsmäßigen Handlungen sowie allgemeinen Feststellungen steht in der Regel keine Verlaufsform (→ 6.3 Bsp. 5–8).

In Verbindung mit *always (immer)* kann die erweiterte Form der Aussage jedoch einen gewissen Nachdruck verleihen oder einen bestimmten Gefühlswert beilegen, besonders Unwillen oder Vorwurf 20:

20

My daughter is always asking me difficult questions.	Meine Tochter stellt mir immer schwierige Fragen.
He is constantly watching that rubbish on television.	Er sieht dauernd diesen Quatsch im Fernsehen.
Why are you constantly doing that?	Warum musst du das ständig machen?

Durch die erweiterte Form wird die Gleichzeitigkeit mehrerer Handlungen hervorgehoben 21:

21

John is washing up, while his wife is working and their son is sleeping.	John wäscht gerade ab, während seine Frau arbeitet und ihr Sohn schläft.

Manche Zustandsverben (→ 6.3 Bsp. ⑨–⑫) stehen in der erweiterten Form, wenn sie in spezieller Bedeutung verwendet werden und eine Tätigkeit bezeichnen, bei der man sich einen Ablauf vorstellen kann, z. B. ㉒:

㉒

to see	Termin haben, interviewen, besuchen, besichtigen
to see about	sich erkundigen, sich kümmern um
to see off	fortbringen, begleiten
to hear	eine Nachricht bekommen
to like	genießen, Spaß haben
to expect	erwarten (besonders Baby, Post)
to think about	nachdenken über
to have	essen, trinken

The tourist is seeing the town.	Der Tourist sieht sich die Stadt an.
Anna is seeing him off at the station.	Anna bringt ihn zum Bahnhof.
He's thinking about his work.	Er denkt über seine Arbeit nach.
We're having lunch.	Wir essen gerade zu Mittag.
She's expecting a baby.	Sie erwartet ein Baby.

Gelegentlich wird die Verlaufsform bei Zustandsverben auch verwendet, um eine gewisse Intensivierung zum Ausdruck zu bringen ㉓:

㉓

I'm seeing it better now.	Jetzt sehe ich es besser.
I'm disliking my job especially at the moment.	Mein Job gefällt mir besonders im Moment überhaupt nicht.

Verb

Verlaufsform des Präsens in futurischer Bedeutung

In Verbindung mit einem festgesetzten Termin bezeichnet die Verlaufsform eine (nahe bevorstehende) zukünftige Handlung oder eine Absicht. Bei *to go* und *to come* kann die Zeitbestimmung entfallen. Die wichtigsten Verben, die so gebraucht werden, sind (24):

(24)

- to *arrive* – ankommen
- to *come* – kommen
- to *do* – machen, tun
- to *go* – gehen
- to *have* – essen, trinken, veranstalten, (Treffen) abhalten
- to *leave* – gehen, verlassen
- to *meet* – treffen
- to *see* – aufsuchen
- to *stay* – bleiben, übernachten

We're leaving at 2 o'clock tomorrow afternoon.	Wir fahren morgen um 14 Uhr ab.
Are you coming with us?	Wirst du mit uns mitkommen?
They are staying with our friends next week.	Sie übernachten nächste Woche bei unseren Freunden.
I'm having dinner with him on Tuesday.	Ich werde mit ihm am Dienstag essen gehen.

Hinweis: Die Verlaufsform des Präsens nach *When ...?* und *How long ... ?* hat immer futurische Bedeutung (25):

(25)

When is he leaving?	Wann fährt er weg?/ Wird er wegfahren?
How long are they staying here?	Wie lange werden sie hier bleiben?
When are you getting back?	Wann kommst du wieder?

Das einfache Present Perfect

Hinweis: Weil sich der Gebrauch des englischen *Present Perfect* nur teilweise mit dem des deutschen Perfekts deckt, ist die englische Bezeichnung genauer.

Bildung des einfachen *Present Perfect*

Regel: Regelmäßige Verben: *have/has* + Partizip der Vergangenheit (*-ed*). Das Partizip bei regelmäßigen Verben hat die gleiche Form wie das Präteritum.

Unregelmäßige Verben: *have/has* + Partizip der Vergangenheit. Die Form des Partizips ist nicht immer vorauszusehen. (→ 6.13)

Hinweis: Zur Bildung des Perfekts wird immer *have* gebraucht, auch bei den Verben, die im Deutschen mit *sein* verwendet werden (26):

(26)

We have come.	Wir sind gekommen.
She has gone.	Sie ist gegangen.
They have stayed.	Sie sind geblieben.

Das *Present Perfect* des Verbs *to work*:

bejahend	verneint
I have (I've) worked	*I have not (haven't) worked*
you have (you've) worked	*you have not (haven't) worked*
he has (he's) worked	*he has not (hasn't) worked*
she has (she's) worked	*she has not (hasn't) worked*
it has (it's) worked	*it has not (hasn't) worked*
we have (we've) worked	*we have not (haven't) worked*
you have (you've) worked	*you have not (haven't) worked*
they have (they've) worked	*they have not (haven't) worked*

bejahende Frage	verneinte Frage
Have I worked?	*Haven't I worked?*
Have you worked?	*Haven't you worked?*
Has he worked?	*Hasn't he worked?*
Has she worked?	*Hasn't she worked?*
Has it worked?	*Hasn't it worked?*
Have we worked?	*Haven't we worked?*
Have you worked?	*Haven't you worked?*
Have they worked?	*Haven't they worked?*

Gebrauch des einfachen *Present Perfect*

Grundwissen: Das englische *Present Perfect* deckt sich nicht mit dem deutschen Perfekt. Es drückt eine Verbindung zwischen Vergangenheit und Gegenwart aus. Im Gegensatz zum Deutschen, das Präteritum und Perfekt oft ohne Bedeutungsunterschied gebraucht (*Ich sah dich, Ich habe dich gesehen*), trennt das Englische Präteritum und *Present Perfect* streng.

Das *Present Perfect* steht, wenn eine Handlung bzw. ein Zustand in der Vergangenheit begonnen hat und sich bis in die Gegenwart fortsetzt. Es kann sich dabei auch um den Nichteintritt eines Ereignisses handeln. Die Verbindung zwischen Vergangenheit und Gegenwart wird oft durch *for* (Zeitraum) oder *since* (Zeitpunkt) hergestellt (27):

(27)

Have you seen him?	Hast du ihn gesehen?
The train hasn't arrived yet.	Der Zug ist noch nicht angekommen.
I haven't seen them since Christmas.	Ich habe sie seit Weihnachten nicht mehr gesehen.

Im Deutschen wird sehr oft das Präsens verwendet, wenn im Englischen das *Present Perfect* stehen muss. Dies gilt insbesondere für Sätze mit *since* und *for* (28). In der Umgangssprache kann *for* auch entfallen (29):

(28)

I have been here since 2 o'clock.	Ich bin seit 14 Uhr hier.
I have been here for three hours.	Ich bin seit 3 Stunden hier.
She has smoked since she left school.	Sie raucht schon, seitdem sie die Schule verlassen hat.
He has been in this job for 10 years.	Er macht diese Arbeit schon seit 10 Jahren.

(29)

We've lived here (for) 3 years.	Wir leben seit 3 Jahren hier.

Hinweis: Die Frageformeln *How long ...?* und *Since when ...?* leiten häufig Fragen im *Present Perfect* ein (30):

(30)

How long has he been here?	Wie lange ist er schon hier?
Since when have you lived here?	Wie lange leben Sie schon hier?

Andere Zeitbestimmungen, die auf einen in die Gegenwart reichenden Zeitpunkt hinweisen und gewöhlich das *Present Perfect* erfordern, sind z. B. *this week/ month/year (diese Woche, diesen Monat, dieses Jahr)*. Dagegen werden *this morning/afternoon/evening (heute Morgen, Nachmittag, Abend)* nur dann mit dem *Present Perfect* gebraucht, wenn die betreffende Tageszeit im Augenblick des Sprechens noch nicht vergangen ist (31); andernfalls ist das *Präteritum* (→ 6.3 Bsp. (47)) zu verwenden (32):

Verb

(31)

(um 11 Uhr)	*He has phoned me five times already this morning.*	Er hat mich schon fünf Mal heute Morgen angerufen.
(um 16 Uhr)	*It has been a lovely afternoon.*	Es ist bisher ein schöner Nachmittag gewesen.

Aber:

(32)

(um 14 Uhr)	*He phoned me five times this morning.*	Er rief mich heute Morgen fünf Mal an.
(um 22 Uhr)	*It was a lovely afternoon.*	Es war ein schöner Nachmittag.

Bei *just (gerade)* steht in der Regel das *Present Perfect*. Damit wird betont, dass eine Handlung, obwohl abgeschlossen, gerade erst passiert ist (33):

(33)

He's just left the room.	Er hat gerade erst das Zimmer verlassen.
They've just got married.	Sie haben gerade erst geheiratet.
Have you just arrived?	Bist du gerade erst gekommen?

Das *Present Perfect* wird gebraucht, wenn die Zeit einer Handlung unbestimmt ist, d. h. wenn überhaupt keine oder eine nur allgemeine Zeitangabe erfolgt. Es wird nicht betont, wann, sondern dass etwas passiert ist. Dieser Gebrauch erfolgt oft mit folgenden Wörtern (34):

(34)

yet	schon (bei Fragen)
up to the present	bis jetzt
not yet	noch nicht
already	schon (in bejahenden Aussagen und Bestimmungsfragen)
so far	bis jetzt
ever	jemals
never	niemals
lately	in letzter Zeit
recently	in letzter Zeit

Have you been to London yet?	Warst du schon in London?

Have you ever visited the Queen?	Hast du jemals die englische Königin besucht?
What has the weather been like lately?	Wie ist das Wetter in letzter Zeit gewesen?
I haven't read that book yet.	Ich habe das Buch noch nicht gelesen.
He's phoned us often recently.	Er hat uns in letzter Zeit oft angerufen.
She's already left.	Sie ist schon weg.
They haven't finished the book so far.	Bis jetzt haben sie das Buch noch nicht fertig.

Das *Present Perfect* bezeichnet auch eine Handlung, die zwar bereits abgeschlossen ist, in ihrer Auswirkung aber noch in der Gegenwart gilt (35):

(35)

I've lost my keys.	Ich habe meine Schlüssel verloren (und jetzt kann ich sie nicht finden).
He's seen that film.	Er hat diesen Film gesehen (und jetzt weiß er Bescheid, worum es geht).
I've cut my finger.	Ich habe mir in den Finger geschnitten (und jetzt tut er weh).

Hinweis: Eine Konversation über eine Handlung in der Vergangenheit beginnt oft mit einer Frage und Antwort im *Present Perfect*, wird dann aber im Präteritum fortgesetzt, selbst wenn keine Zeitangabe erfolgt. Der Grund dafür ist, dass die erwähnte Handlung jetzt in den Gedanken des Sprechers eine konkrete Form annimmt (36):

(36)

A: *Have you ever been to Australia?*	A: Waren Sie jemals in Australien?
B: *Yes, I have.*	B: Ja.
A: *When were you there?*	A: Wann waren Sie dort?
B: *I was there two years ago.*	B: Ich war vor zwei Jahren dort.

Die Verlaufsform des Present Perfect

Bildung der Verlaufsform

Regel: Die Verlaufsform des *Present Perfect* wird mit *have/has* been + Partizip Präsens (*-ing*) gebildet.

Die Verlaufsform des *Present Perfect* des Verbs to work:

bejahend	verneint
I have been working	*I have not been working*
you have been working	*you have not been working*
he has been working	*he has not been working*
she has been working	*she has not been working*
it has been working	*it has not been working*
we have been working	*we have not been working*
you have been working	*you have not been working*
they have been working	*they have not been working*

Verb

bejahende Frage	verneinte Frage
Have I been working?	*Haven't I been working?*
Have you been working?	*Haven't you been working?*
Has he been working?	*Hasn't he been working?*
Has she been working?	*Hasn't she been working?*
Have we been working?	*Haven't we been working?*
Have you been working?	*Haven't you been working?*
Have they been working?	*Haven't they been working?*

Hinweis: Das Hilfsverb wird oft kontrahiert: *I have – I've, she has not – she hasn't.* Bei der verneinten Frage ist die kontrahierte Form üblich.

Gebrauch der Verlaufsform

Grundwissen: Die Verlaufsform des *Present Perfect* kann, ähnlich wie die einfache Form, eine Handlung bezeichnen, die in der Vergangenheit begonnen hat und sich bis in die Gegenwart fortsetzt oder gerade erst aufgehört hat. Im Unterschied zur einfachen Form hebt die Verlaufsform den ununterbrochenen Fortgang der Handlung hervor und steht deshalb vor allem in Verbindung mit Verben wie (37):

(37)

to *learn* – lernen

to *live* – leben, wohnen

to *rest* – sich ausruhen

to *stand* – stehen

to *stay* – bleiben, übernachten

to *study* – studieren, lernen

to teach – unterrichten, lehren

to try – versuchen

to wait – warten

to sit – sitzen

I've been learning English since I moved to London.	Ich lerne Englisch (regelmäßig und oft), seitdem ich nach London gezogen bin.
I've been standing at this bus stop for 45 minutes.	Ich stehe hier an der Bushaltestelle schon seit 45 Minuten (und habe nichts anderes in der Zeit gemacht).

Die Verlaufsform des *Present Perfect* kann auch eine Handlung bezeichnen, die eine gewisse Zeit hindurch angedauert hat, in der unmittelbaren Vergangenheit beendet worden ist und jetzt eine direkte Wirkung auf die Gegenwart hat (38):

(38)

I have been painting the kitchen.	Ich habe gerade aufgehört, die Küche zu streichen (und deswegen sind meine Haare voller Farbe).
I've been running up the hill.	Ich bin gerade den Berg hoch gerannt (und deswegen bin ich jetzt müde).
It's been raining all week.	Es hat die ganze Woche geregnet (und jetzt sind die Felder voller Wasser).

Vergleich der einfachen und der Verlaufsform des *Present Perfect*

Sehr oft kann man beide Formen ohne wesentlichen Bedeutungsunterschied benutzen (39):

(39)

He has lived here for 6 weeks.	Er lebt seit 6 Wochen hier.
He has been living here for 6 weeks.	
I have wanted to do this for a long time.	Ich habe das seit langem machen wollen.
They have eaten at this restaurant for years.	Sie essen schon seit Jahren in diesem Restaurant.
They have been eating at this restaurant for years.	

Verb

Bestimmte Verben werden nur selten in der Verlaufsform verwendet, z. B. *to be*, *to know*, *to see* usw. (→ 6.3 Bsp. (9)–(12), (22)–(23)) (40):

(40)

I've been here twice already.	Ich bin schon zweimal hier gewesen.
Nicht: *I've been being …*	
He's heard this piece many times.	Er hat dieses Stück schon oft gehört.
Nicht: *He's been hearing …*	
They've known each other for 20 years.	Sie kennen sich schon seit 20 Jahren.
Nicht: *They've been knowing …*	

I've owned this house for 30 years.	Ich besitze dieses Haus seit 30 Jahren.
Nicht: *I've been owning ...*	

Die Verlaufsform drückt eine ununterbrochene Handlung aus. Deswegen wird sie nicht verwendet, wenn eine gewisse Anzahl von Handlungen erwähnt wird (41):

(41)

I've written four letters since breakfast.	Ich habe seit dem Frühstück vier Briefe geschrieben.
I've been writing letters all morning.	Ich schreibe schon den ganzen Vormittag (ununterbrochen) Briefe.
He's spoken to her twice this evening.	Er hat mit ihr heute Abend schon zweimal gesprochen.
He's been speaking to her all evening.	Er spricht schon den ganzen Abend mit ihr.

Hinweis: Es gibt oft einen großen Unterschied zwischen einer einzelnen Handlung in der einfachen Form und einer ununterbrochenen Handlung in der Verlaufsform (42):

(42)

I've cut my finger.	Ich habe mich gerade in den Finger geschnitten.
I've been cutting my finger recently.	Ich habe mir in letzter Zeit mehrmals in den Finger geschnitten.

I've just run into Mike.	Ich habe gerade zufällig Mike getroffen.
I've been running into Mike lately.	Ich bin in letzter Zeit mehrmals Mike begegnet./Mike begegnet mir in letzter Zeit häufiger.

Das einfache Präteritum

Grundwissen: Das Präteritum wird für die abgeschlossene Vergangenheit verwendet.

Bildung der einfachen Form

Regel: Regelmäßige Verben: Die einfache Form des Präteritums wird mit dem Infinitiv ohne to + *-ed* gebildet 43:

Verb

43

Infinitiv:	*to work*
Präteritum:	*worked*

Die Form bleibt in allen Personen gleich 44:

44

I worked
you worked
he worked
usw.

Unregelmäßige Verben: Es gibt viele verschiedene Formen, die man einzeln lernen muss (→ 6.12).

Die Verneinung von regelmäßigen und unregelmäßigen Verben wird mit *did not* + Infinitiv (ohne *to*) gebildet 45:

45

I did not (didn't) work

you did not (didn't) work

usw.

Die Frageform von regelmäßigen und unregelmäßigen Verben wird mit *did* + Subjekt + Infinitiv (ohne *to*) gebildet 46:

Das einfache Präteritum des Verbs *to work*:

46

bejahend	verneint
I worked	*I did not work*
you worked	*you did not work*
he worked	*he did not work*
she worked	*she did not work*
it worked	*it did not work*
we worked	*we did not work*
you worked	*you did not work*
they worked	*they did not work*

bejahende Frage	verneinte Frage
Did I work?	*Didn't I work?*
Did you work?	*Didn't you work?*
Did he work?	*Didn't he work?*
Did she work?	*Didn't she work?*
Did it work?	*Didn't it work?*

bejahende Frage	verneinte Frage
Did we work?	*Didn't we work?*
Did you work?	*Didn't you work?*
Did they work?	*Didn't they work?*

Hinweis: Das Hilfsverb wird bei der verneinten Aussage oft kontrahiert: *I did not – I didn't, you did not – you didn't* usw. In der verneinten Frage wird generell die kontrahierte Form verwendet.

Gebrauch des einfachen Präteritums

Verb

Regel: Eine in der Vergangenheit gänzlich abgeschlossene Handlung, die nicht in Beziehung zur Gegenwart gesetzt wird, muss im Gegensatz zum Deutschen, das hier oft das Perfekt gebraucht, im Englischen immer im Präteritum wiedergegeben werden.

Es wird für eine abgeschlossene Handlung verwendet, insbesondere wenn ein Zeitpunkt in der Vergangenheit angegeben ist.
Solche Zeitangaben sind 47:

47

yesterday – gestern

last week – letzte Woche

last month – letzten Monat

last year – letztes Jahr

two minutes ago – vor zwei Minuten

three years ago – vor drei Jahren

on Tuesday – am (vergangenen, nächsten) Dienstag

the other day – vor ein paar Tagen, neulich

in 1990 – (im Jahre) 1990

on the 3rd of May – am dritten Mai

the day before yesterday – vorgestern

last night – gestern Abend

usw.

I saw her yesterday.	Ich habe sie gestern gesehen.
It happened two minutes ago.	Es ist vor zwei Minuten passiert.
He was born in 1990.	Er wurde 1990 geboren.
They bought it a few days ago.	Sie haben es vor ein paar Tagen gekauft.
We were there last year.	Wir waren letztes Jahr dort.

Hinweis: Das Interrogativpronomen *when* verlangt das einfache Präteritum 48:

48

When did he arrive?	Wann ist er angekommen?
When did they leave?	Wann sind sie gegangen?
When did it happen?	Wann ist es passiert?

Das einfache Präteritum wird auch gebraucht, wenn es eindeutig ist, dass eine Handlung abgeschlossen ist, obwohl kein Zeitpunkt erwähnt wird 49:

49

The bus was 30 minutes late.	Der Bus hatte 30 Minuten Verspätung.
We bought the car in Italy.	Wir haben das Auto in Italien gekauft.
It was warm and sunny.	Das Wetter war warm und sonnig.

Für Handlungen, die sich in einem abgeschlossenen Zeitraum abspielten, wird ebenfalls das einfache Präteritum verwendet 50:

Verb

50

We lived in London for three years.	Wir lebten früher drei Jahre lang in London.
She worked in a bank from 1980 until 1990.	Sie arbeitete von 1980 bis 1990 in einer Bank.
He was here from Monday until Friday.	Er war von Montag bis Freitag hier.

Das einfache Präteritum bezeichnet vergangene Gewohnheiten (→ 6.2 Bsp. 99–100 51):

51

She never smoked cigars.	Sie rauchte nie Zigarren.
He always wore boots in the rain.	Er trug immer Stiefel bei Regenwetter.
We often went for walks in the forest.	Wir sind oft im Wald spazieren gegangen.

Oft wird eine Konversation, die mit Frage und Antwort im *Present Perfect* anfängt, im einfachen Präteritum fortgesetzt (→ 6.3 Bsp. 36) 52:

52

A: Have you ever been to Egypt?	A: Waren Sie schon einmal in Ägypten?
B: Yes, I have.	B: Ja.
A: When were you there?	A: Wann waren Sie da?
B: I was there 2 years ago.	B: Ich war vor 2 Jahren dort.

Die Verlaufsform des Präteritums

Bildung der Verlaufsform

Regel: Die Verlaufsform des Präteritums wird mit dem Präteritum des Verbs *to be* + dem Partizip Präsens (auf *-ing*) gebildet:

bejahend	verneint
I was working	*I was not working*
you were working	*you were not working*
he was working	*he was not working*
she was working	*she was not working*
it was working	*it was not working*
we were working	*we were not working*
you were working	*you were not working*
they were working	*they were not working*

bejahende Frage	verneinte Frage
Was I working?	*Wasn't I working?*
Were you working?	*Weren't you working?*
Was he working?	*Wasn't he working?*
Was she working?	*Wasn't she working?*
Was it working?	*Wasn't it working?*
Were we working?	*Weren't we working?*
Were you working?	*Weren't you working?*
Were they working?	*Weren't they working?*

Gebrauch der Verlaufsform des Präteritums

Verb

Grundwissen: Die Verlaufsform des Präteritums wird gebraucht, um eine Handlung in ihrem Verlauf zu einem bestimmten Zeitpunkt oder Zeitraum in der Vergangenheit darzustellen (53):

(53)

At 6 o'clock yesterday evening I was eating my dinner.	Um 18 Uhr gestern Abend war ich gerade dabei, Abendbrot zu essen.
In January 1925 he was living in Berlin.	Im Januar 1925 lebte er in Berlin.

Hinweis: Die übliche Frage ist *What were you/was he doing at ...?* (54):

(54)

What were you doing at 10 o'clock this morning?	Was haben Sie um 10 Uhr heute Morgen gemacht?
What were they doing at breakfast time last Saturday?	Was haben sie letzten Samstag zur Frühstückszeit gerade gemacht?

Die Verlaufsform des Präteritums schildert zwei parallel laufende, vorübergehende Handlungen in der Vergangenheit, die in ihrer Gleichzeitigkeit betont werden sollen (55):

(55)

While I was mowing the lawn, Peter was baking a cake.	Während ich den Rasen mähte, hat Peter einen Kuchen gebacken.
While she was working, he was sleeping.	Während sie arbeitete, hat er geschlafen.

Die Verlaufsform des Präteritums wird auch verwendet, wenn zwei Handlungen in der Vergangenheit zueinander in Beziehung gebracht werden sollen, von denen die eine gerade abläuft und die andere neu eintritt.

Die im Verlauf befindliche, noch andauernde Handlung steht in der Verlaufsform des Präteritums, die neu eintretende Aktion steht im einfachen Präteritum (56):

(56)

While I was watching television, Brian walked into the room.	Während ich ferngesehen habe, betrat Brian das Zimmer.
While she was cycling, it started to rain.	Während sie Rad gefahren ist, fing es an zu regnen.
We were leaving the house when the sun suddenly started to shine.	Wir verließen gerade das Haus als die Sonne plötzlich zu scheinen begann.

Hinweis: Zwei aufeinanderfolgende Handlungen werden lediglich durch das einfache Präteritum ausgedrückt (57):

(57)

When he arrived, I opened the door.	Als er ankam, öffnete ich die Tür.

We opened our umbrella when it started to rain.	Wir öffneten unseren Regenschirm, als es zu regnen anfing.

Ohne einen Zeitausdruck kann die Verlaufsform des Präteritums auf eine allmähliche Entwicklung hinweisen 58:

58

It was getting colder.	Es wurde allmählich kälter.
Her cold was getting better.	Ihre Erkältung besserte sich allmählich/ging allmählich weg.

Mit *always (immer)* wird eine in der Vergangenheit oft wiederholte Handlung dargestellt, die der Sprecher als ärgerlich empfunden hat (→ 6.3 Bsp. 20) 59:

59

She was always asking for help.	Sie hat mich dauernd um Hilfe gebeten.
It was always raining.	Es hat dauernd geregnet.

Die Verlaufsform des Präteritums kann auch als Alternative zum einfachen Präsens verwendet werden, um eine Handlung informell auszudrücken 60:

60

He was watching television the other day.	Er hat vor ein paar Tagen ferngesehen.
He watched television the other day.	

Das einfache Plusquamperfekt

Bildung der einfachen Form

Regel: Die einfache Form des Plusquamperfekts wird mit *had* + Partizip der Vergangenheit gebildet und bleibt in allen Personen gleich:

Das einfache Plusquamperfekt des Verbs *to work*:

bejahend	verneint
I had worked	*I had not worked*
you had worked	*you had not worked*
he had worked	*he had not worked*
she had worked	*she had not worked*
it had worked	*it had not worked*
we had worked	*we had not worked*
you had worked	*you had not worked*
they had worked	*they had not worked*

bejahende Frage	verneinte Frage
Had I worked?	*Hadn't I worked?*
Had you worked?	*Hadn't you worked?*
Had he worked?	*Hadn't he worked?*
Had she worked?	*Hadn't she worked?*
Had it worked?	*Hadn't it worked?*
Had we worked?	*Hadn't we worked?*
Had you worked?	*Hadn't you worked?*
Had they worked?	*Hadn't they worked?*

Hinweis: Das Hilfsverb kann kontrahiert werden: *I had – I'd, I had not – I hadn't*. In der verneinten Frage ist die kontrahierte Form üblich.

Gebrauch des einfachen Plusquamperfekts

Grundwissen: Das Plusquamperfekt betont im Englischen wie im Deutschen die Vollendung einer Handlung vor einem Zeitpunkt in der Vergangenheit. Auf das Plusquamperfekt kann eine Zeitbestimmung hinweisen (61):

(61)

by that time – bis dahin

until then/that time – bis dahin

By that time he had left the house.	Bis dahin hatte er das Haus verlassen.
Until that time he had never lived away from home.	Bis dahin hatte er nie fort von Hause gelebt.

Häufig steht ein Nebensatz im Plusquamperfekt nach einem Hauptsatz im Präteritum. Der Nebensatz wird eingefügt durch (62):

(62)

when – als, nachdem

after – nachdem

When she had finished singing, she left the stage.	Als/Nachdem sie zu singen aufgehört hatte, verließ sie die Bühne.

After the rain had stopped, they went for a walk.	Nachdem es aufgehört hatte zu regnen, gingen sie spazieren.
After we had seen the film, we discussed it all night.	Nachdem wir den Film gesehen hatten, haben wir die ganze Nacht über ihn gesprochen.
We ate the food after the waiter had brought it to the table.	Wir aßen das Gericht, nachdem der Kellner es an den Tisch gebracht hatte.

Das Plusquamperfekt kann – dem entsprechenden Gebrauch des *Present Perfect* (→ 6.3 Bsp. 27) vergleichbar – auch Handlungen bezeichnen, die vor einem Zeitpunkt der Vergangenheit begonnen hatten und damals noch andauerten 63:

63

When she met him 20 years ago, he had been in the army for 10 years.	Als sie ihn vor 20 Jahren kennenlernte, war er schon 10 Jahre lang in der Armee gewesen.
They had many problems with their car before they could buy a new one.	Sie hatten viele Probleme mit ihrem Auto, bevor sie sich ein neues kaufen konnten.
She had been to Togo many times before the revolution.	Sie war vor der Revolution oft in Togo gewesen.

Verb

Die Verlaufsform des Plusquamperfekts

Bildung der Verlaufsform

Regel: Die Verlaufsform des Plusquamperfekts wird durch *had been* + Partizip Präsens (auf *-ing*) gebildet:

bejahend	verneint
I had been working	*I had not been working*
you had been working	*you had not been working*
he had been working	*he had not been working*
she had been working	*she had not been working*
it had been working	*it had not been working*
we had been working	*we had not been working*
you had been working	*you had not been working*
they had been working	*they had not been working*

bejahende Frage	verneinte Frage
Had I been working?	*Hadn't I been working?*
Had you been working?	*Hadn't you been working?*
Had he been working?	*Hadn't he been working?*
Had she been working?	*Hadn't she been working?*
Had it been working?	*Hadn't it been working?*
Had we been working?	*Hadn't we been working?*
Had you been working?	*Hadn't you been working?*
Had they been working?	*Hadn't they been working?*

Hinweis: Man kann das Hilfsverb kontrahieren: *I had – I'd, I had not – I hadn't*. Bei der verneinten Frage ist es üblich, die kontrahierte Form zu verwenden.

Gebrauch der Verlaufsform

Grundwissen: Das Verhältnis der Verlaufsform des Plusquamperfekts zur einfachen Form gleicht dem Verhältnis beider Formen im *Present Perfect*. (→ 6.3 Bsp. 37–42). D.h., die Verlaufsform hebt v.a. den ununterbrochenen Fortgang der Handlung hervor.

Wenn sich eine im Plusquamperfekt stehende Handlung bis zu einem Zeitpunkt der Vergangenheit fortsetzt bzw. unmittelbar an ihn heranreicht, können oft beide Formen des Plusquamperfekts verwendet werden 64:

64

It was late and she was tired because she had been studying all day.	Es war spät, und sie war müde, weil sie schon den ganzen Tag gelernt hatte.
It was late and she was tired because she had studied all day.	
When I left London, I had been living there for 20 years.	Als ich aus London wegzog, hatte ich schon 20 Jahre dort gelebt.
When I left London, I had lived there for 20 years.	

Eine ununterbrochene Handlung in der Vorvergangenheit wird normalerweise durch die Verlaufsform ausgedrückt, während eine wiederholte Handlung generell durch die einfache Form wiedergegeben wird (→ 6.3 Bsp. 39–42) 65:

65

I had tried many times to contact him.	Ich hatte mehrmals versucht, ihn zu erreichen.

Verb

I had been trying all morning to contact him.	Ich hatte den ganzen Vormittag versucht, ihn zu erreichen.

Hinweis: Bestimmte Verben werden nie oder selten in der Verlaufsform verwendet (→ 6.3 Bsp. ⑨–⑫, ㉒–㉓).

Das Futur mit *going to*

Grundwissen: Ein zukünftiger Vorgang oder Zustand wird im Deutschen sehr oft im Präsens wiedergegeben. Das Englische hingegen verwendet das Futur recht häufig und mit großer Genauigkeit.

Es gibt im Englischen 7 Formen des Futurs:

- das einfache Präsens
- die Verlaufsform des Präsens
- das Futur mit *going to*
- das einfache Futur (Futur I)
- die Verlaufsform des Futur I
- das einfache Futur II und
- die Verlaufsform des Futur II

Die erste und die zweite Form sind bereits behandelt worden (→ 6.3 Bsp. ⑬–⑭, ㉔–㉕). Jetzt werden die übrigen Formen dargestellt.

Verb

Bildung des Futurs mit *going to*

Regel: Das Futur mit *going to* wird mit dem Präsens von *be* + *going to* + Infinitiv ohne to gebildet:

going-to-Futur des Verbs *to work:*

bejahend	verneint
I am (I'm) going to work	*I am not (I'm not) going to work*
you are (you're) going to work	*you are not (aren't) going to work*
he is (he's) going to work	*he is not (isn't) going to work*
she is (she's) going to work	*she is not (isn't) going to work*
it is (it's) going to work	*it is not (isn't) going to work*
we are (we're) going to work	*we are not (aren't) going to work*
you are (you're) going to work	*you are not (aren't) going to work*
they are (they're) going to work	*they are not (aren't) going to work*

bejahende Frage	verneinte Frage
Am I going to work?	*Am I not going to work?*
Are you going to work?	*Aren't you going to work?*
Is he going to work?	*Isn't he going to work?*
Is she going to work?	*Isn't she going to work?*
Is it going to work?	*Isn't it going to work?*
Are we going to work?	*Aren't we going to work?*
Are you going to work?	*Aren't you going to work?*
Are they going to work?	*Aren't they going to work?*

Hinweis: Bei der verneinten Frage ist die kontrahierte Form üblich.

Gebrauch des Futurs mit *going to*

Grundwissen: Diese Zeitform drückt eine feste Absicht oder einen festen Plan des Sprechers aus. Sie kann im Deutschen mit *vorhaben* oder *planen* übersetzt werden (66):

(66)

I'm going to eat a pizza tonight.	Ich habe vor, heute Abend eine Pizza zu essen.
Julian's going to leave England at the end of the year.	Julian hat vor, England am Ende des Jahres zu verlassen.
They're going to spend Christmas in Leeds this year.	Sie planen, Weihnachten dieses Jahr in Leeds zu verbringen.

Das *going-to*-Futur wird auch verwendet, um eine Gewissheit oder Überzeugung des Sprechers auszudrücken. Diese Gewissheit ergibt sich aus den mitgenannten Voraussetzungen (67):

(67)

Look at those big black clouds in the sky: it's going to rain.	Sieh dir diese großen dunklen Wolken am Himmel an: Es wird regnen.
She's in the lead: she's going to win the race!	Sie ist an der Spitze: Sie wird das Rennen gewinnen.

Die Verben *to come* und *to go* werden selten im *going-to*-Futur verwendet. An Stelle von *I'm going to go/come* verwendet man die Verlaufsform des Präsens (68):

(68)

I'm going to Spain at the end of the year.	Ich fahre Ende des Jahres nach Spanien.

We're going to the cinema on Saturday night.	Wir gehen am Samstag ins Kino.
He's going to visit us on Friday.	Er kommt uns am Freitag besuchen.
Selten:	
I'm going to go home.	Ich werde nach Hause fahren.

Hinweis: Die *going-to*-Form des Futurs kann mit und ohne Zeitbestimmung stehen.

Das einfache Futur mit will (shall) – (Futur I)

Bildung des Futurs mit *will (shall)*

Diese Form des Futurs wird mit *will (shall)* + Infinitiv ohne to gebildet.

bejahend	verneint
I will/shall (I'll) work	*I will/shall not (won't, shan't) work*
you will work	*you will not (won't) work*
he will work	*he will not (won't) work*
she will work	*she will not (won't) work*
it will work	*it will not (won't) work*
we will/shall work	*we will/shall not (won't, shan't) work*
you will work	*you will not (won't) work*
they will work	*they will not (won't) work*

bejahende Frage	verneinte Frage
Will/sShall I work?	*Won't I/Shan't I work?*
Will you work?	*Won't you work?*
Will he work?	*Won't he work?*
Will she work?	*Won't she work?*
Will it work?	*Won't it work?*
Will/Shall we work?	*Won't/Shan't we work?*
Will you work?	*Won't you work?*
Will they work?	*Won't they work?*

Verb

Hinweis: Diese Form des Futurs wird hauptsächlich mit *will* als Hilfsverb gebildet. Die Verwendung von *shall* in der ersten Person Singular und Plural ist möglich, aber im modernen Englisch selten. Bei der verneinten Frage ist die kontrahierte Form üblich.

Gebrauch des Futurs I

Das *will/shall-Futur* wird gebraucht, wenn zukünftige Handlungen oder Ereignisse bezeichnet werden sollen 69:

69

Christmas Day will be on a Tuesday this year.	Der erste Weihnachtstag wird dieses Jahr auf einen Dienstag fallen.
Spring will come again.	Der Frühling kommt wieder.
Many babies will be born in this hospital.	Viele Babys werden in diesem Krankenhaus zur Welt kommen.
Snow will fall in the mountains in the winter.	Schnee wird im Winter in den Bergen fallen.

Diese Form wird auch verwendet, um Meinungen oder Vermutungen eines Sprechers wiederzugeben.

Sie kommt oft mit den folgenden Verben vor [70]:

[70]

to think	glauben
to know	wissen
to believe	glauben
to doubt	bezweifeln
to suppose	vermuten
to feel sure	sicher sein
to assume	davon ausgehen
to expect	erwarten
to hope	hoffen
to be afraid	befürchten
to wonder	sich fragen

We believe that things will get better.	Wir glauben, dass die Lage sich bessern wird.
He's afraid that he won't pass his exams.	Er befürchtet, dass er seine Prüfungen nicht bestehen wird.
She assumes he'll ring.	Sie geht davon aus, dass er anruft.
I wonder if we'll get a letter today.	Ich frage mich, ob wir heute einen Brief bekommen.

Auch Adverbien können auf diesen Gebrauch hinweisen (71):

(71)

probably	wahrscheinlich
perhaps	vielleicht
possibly	vielleicht
surely	sicherlich

The weather will probably be nice at the weekend.	Das Wetter wird am Wochenende wahrscheinlich schön sein.
Perhaps they'll arrive on Monday.	Vielleicht kommen sie am Montag an.
Surely, he'll do it by tomorrow.	Sicherlich macht er das bis morgen.
We'll possibly go to Florida next year.	Es kann sein, dass wir nächstes Jahr nach Florida fahren.

Das *will/shall*-Futur wird auch verwendet, um eine spontane Absicht bzw. eine Entscheidung auszudrücken, die zur Zeit des Sprechens getroffen wird (72):

(72)

A: It's started to rain.	A: Es hat angefangen zu regnen.
B: Oh, you're right. I'll get the washing in off the line.	B: Ach, ja. Du hast Recht. Ich hole die Wäsche von der Leine.
A: Do you want tea or coffee?	A: Möchten Sie Tee oder Kaffee?
B: I'm not sure: oh yes, I'll have a tea, please.	B: Ich weiß noch nicht: Ach ja, ich nehme einen Tee, bitte.

Das *will/shall*-Futur steht regelmäßig bei den Verben, die keine Verlaufsform zulassen (→ 6.3 Bsp. 9–12) 73:

73

We'll have the results next week.	Wir werden die Ergebnisse nächste Woche haben.
You'll feel better after a cup of tea.	Du wirst dich nach einer Tasse Tee besser fühlen.
You'll see better with your glasses.	Sie werden mit Ihrer Brille besser sehen.

Hinweis: Wenn der Grad der Entschiedenheit des Sprechers nicht deutlich ist, lässt sich oft für eine beabsichtigte künftige Handlung sowohl die Umschreibung mit *going to* als auch das Futur mit *will* verwenden 74:

74

We'll visit them next week.	Wir werden sie nächste Woche besuchen.
We're going to visit them next week.	

Hinweis: Das englische *will* sollte nicht mit dem deutschen *will* verwechselt werden. Das englische *will* heißt »werden«, das deutsche *will* hingegen entspricht meist dem englischen *want to* 75:

75

I will do it.	Ich werde es tun.
I want to do it.	Ich will es tun.
Aber:	
The engine won't start!	Der Motor will nicht anspringen!

Verb

Die Verlaufsform des Futur I

Bildung der Verlaufsform

Regel: Die Verlaufsform des Futurs wird mit der Zukunftsform des Verbs *to be* + Partizip Präsens (auf *-ing*) gebildet:

Verlaufsform des Futurs des Verbs *to work*:

bejahend	verneint
I will (I'll) be working	*I will not (won't) be working*
you will (you'll) be working	*you will not (won't) be working*
he will (he'll) be working	*he will not (won't) be working*
she will (she'll) be working	*she will not (won't) be working*
it will (it'll) be working	*it will not (won't) be working*
we will (we'll) be working	*we will not (won't) be working*
you will (you'll) be working	*you will not (won't) be working*
they will (they'll) be working	*they will not (won't) be working*

bejahende Frage	verneinte Frage
Will I be working?	*Won't I be working?*
Will you be working?	*Won't you be working?*
Will he be working?	*Won't he be working?*
Will she be working?	*Won't she be working?*
Will it be working?	*Won't it be working?*
Will we be working?	*Won't we be working?*
Will you be working?	*Won't you be working?*
Will they be working?	*Won't they be working?*

Hinweis: Bei der ersten Person Singular und Plural ist *shall* anstelle von *will* möglich, aber nicht gebräuchlich. Bei der verneinten Frage ist die kontrahierte Form üblich.

Gebrauch der Verlaufsform des Futurs

Grundwissen: Die erweiterte Form des *will/shall*-Futurs bezeichnet eine künftige Handlung, die zu einem bestimmten Zeitpunkt oder in einem bestimmten Zeitraum vor sich gehen wird.

Die Verlaufsform kann mit oder ohne Zeitangabe für die nahe oder entferntere Zukunft verwendet werden. Dieser Gebrauch ist mit dem Gebrauch der Verlaufsform des Präteritums vergleichbar (→ 6.3 Bsp. 53) 76:

76

I'll be seeing him next week.	Ich werde ihn nächste Woche sehen.
We'll be doing that next year.	Das werden wir nächstes Jahr machen.
He'll be sitting on the beach this time next week.	Zu dieser Zeit wird er nächste Woche am Strand sitzen.

Die Verlaufsform verdeutlicht, dass eine künftige Handlung zu einem bestimmten Zeitpunkt bzw. bei Einsetzen eines anderen Ereignisses im Ablauf begriffen ist 77:

77

When you come home, I will be making lunch.	Wenn du nach Hause kommst, werde ich gerade dabei sein, das Mittagessen vorzubereiten.
What will you be doing at 2 o'clock tomorrow afternoon?	Was wirst du morgen um 14 Uhr gerade machen?

Verb

I'll be having a bath when the phone rings.	Ich werde gerade baden, wenn das Telefon klingelt.

Hinweis: Bei Gebrauch der einfachen Form kommt hingegen das Nacheinander der Handlung zum Ausdruck 78:

78

When you come home, I'll make lunch.	Wenn du nach Hause kommst, werde ich das Mittagessen vorbereiten.

Das einfache Futur II

Bildung des einfachen Futur II

Regel: Die einfache Form des Futur II wird mit *will (shall)* + Infinitiv Perfekt (ohne *to*) gebildet:

Die einfache Form des Futur II des Verbs *to work*:

bejahend	verneint
I will/shall (I'll) have worked	*I will not (won't) have worked*
you will (you'll) have worked	*you will not (won't) have worked*
he will (he'll) have worked	*he will not (won't) have worked*
she will (she'll) have worked	*she will not (won't) have worked*
it will (it'll) have worked	*it will not (won't) have worked*
we will (we'll) have worked	*we will not (won't) have worked*
you will (you'll) have worked	*you will not (won't) have worked*
they will (they'll) have worked	*they will not (won't) have worked*

bejahende Frage	verneinte Frage
Will I have worked?	*Won't I have worked?*
Will you have worked?	*Won't you have worked?*
Will he have worked?	*Won't he have worked?*
Will she have worked?	*Won't she have worked?*
Will it have worked?	*Won't it have worked?*
Will we have worked?	*Won't we have worked?*
Will you have worked?	*Won't you have worked?*
Will they have worked?	*Won't they have worked?*

Hinweis: Bei der verneinten Frage ist die kontrahierte Form üblich.

Verb

Gebrauch der einfachen Form

Die einfache Form des Futur II bezeichnet die Vollendung einer Handlung bis zu einem bestimmten Zeitpunkt in der Zukunft, auf dessen Angabe nicht verzichtet werden kann. Er wird oft ausgedrückt durch eine Zeitbestimmung mit *by* (*bis*) oder *before* (*bevor, vor*) (79):

(79)

I will have finished by then.	Ich werde bis dahin fertig sein.
She will have arrived before 6 o'clock.	Sie wird vor 18 Uhr angekommen sein.
By the end of the week the postman will have brought the letter.	Bis Ende der Woche wird der Briefträger den Brief schon gebracht haben.

Das Futur II kann auch eine Vermutung in Bezug auf die Vergangenheit ausdrücken, besonders in Verbindung mit *already* (*schon*) 80:

80

She will have already told you the whole story.	Sie wird Ihnen wohl die ganze Geschichte schon erzählt haben.
I take it that you will have already been there.	Ich nehme an, dass du schon da gewesen bist.
I'm assuming that you will already have seen her.	Ich gehe davon aus, dass du sie schon gesehen hast.

Die Verlaufsform des Futur II

Bildung der Verlaufsform

Verb

Regel: Die Verlaufsform des Futur II wird mit *will (shall) have been* + Partizip Präsens (auf *-ing*) gebildet.

Verlaufsform des Futur II des Verbs *to work*:

bejahend	verneint
I will/shall (I'll) have been working	*I will not (won't) have been working*
you will (you'll) have been working	*you will not (won't) have been working*
he will (he'll) have been working	*he will not (won't) have been working*
she will (she'll) have been working	*she will not (won't) have been working*
it will (it'll) have been working	*it will not (won't) have been working*

bejahend	verneint
we will (we'll) have been working	*we will not (won't) have been working*
you will (you'll) have been working	*you will not (won't) have been working*
they will (they'll) have been working	*they will not (won't) have been working*

bejahende Frage	verneinte Frage
Will/Shall I have been working?	*Won't I have been working?*
Will you have been working?	*Won't you have been working?*
Will he have been working?	*Won't he have been working?*
Will she have been working?	*Won't she have been working?*
Will it have been working?	*Won't it have been working?*
Will we have been working?	*Won't we have been working?*
Will you have been working?	*Won't you have been working?*
Will they have been working?	*Won't they have been working?*

Hinweis: *Shall* kann in der ersten Person Singular und Plural verwendet werden, *will* ist jedoch gebräuchlicher. Bei der verneinten Frage ist die kontrahierte Form üblich.

Gebrauch der Verlaufsform des Futur II

Die Verlaufsform des Futur II verdeutlicht, dass eine Handlung sich ununterbrochen bis zu einem Zeitpunkt in der Zukunft erstreckt (81):

(81)

By the end of the year, she will have been studying for six semesters.	Bis Ende des Jahres wird sie schon 6 Semester studiert haben.
They will have been living in London for two years by the beginning of January.	Sie werden bis Anfang Januar schon zwei Jahre lang in London gelebt haben.
How long will you have been working here in August?	Wie lange werden Sie bis August hier schon gearbeitet haben?

Verb

Konditional

Grundwissen: Es gibt zwei Formen des englischen Konditionals: Konditional I und Konditional II.

Bildung des Konditional I

Das Konditional I wird mit *would* + Infinitiv gebildet:

bejahend	verneint
I would work	*I wouldn't work*
you would work	*you wouldn't work*
he would work	*he wouldn't work*
she would work	*she wouldn't work*
it would work	*it wouldn't work*

bejahend	verneint
we would work	*we wouldn't work*
you would work	*you wouldn't work*
they would work	*they wouldn't work*

bejahende Frage	verneinte Frage
Would I work?	*Wouldn't I work?*
Would you work?	*Wouldn't you work?*
Would he work?	*Wouldn't he work?*
Would she work?	*Wouldn't she work?*
Would it work?	*Wouldn't it work?*
Would we work?	*Wouldn't we work?*
Would you work?	*Wouldn't you work?*
Would they work?	*Wouldn't they work?*

Hinweis: Die erste Person kann im Singular und Plural auch mit *should* gebildet werden.

Bildung des Konditional II

Das Konditional II wird mit *would* + Infinitiv Perfekt gebildet:

bejahend	verneint
I would've worked	*I wouldn't have worked*
you would've worked	*you wouldn't have worked*
he would've worked	*he wouldn't have worked*
she would've worked	*she wouldn't have worked*
it would've worked	*it wouldn't have worked*

bejahend	verneint
we would've worked	*we wouldn't have worked*
you would've worked	*you wouldn't have worked*
they would've worked	*they wouldn't have worked*

bejahende Frage	verneinte Frage
Would I have worked?	*Wouldn't I have worked?*
Would you have worked?	*Wouldn't you have worked?*
Would he have worked?	*Wouldn't he have worked?*
Would she have worked?	*Wouldn't she have worked?*
Would it have worked?	*Wouldn't it have worked?*
Would we have worked?	*Wouldn't we have worked?*
Would you have worked?	*Wouldn't you have worked?*
Would they have worked?	*Wouldn't they have worked?*

Hinweis: Die erste Person kann im Singular und Plural auch mit *should* gebildet werden.

Verb

Gebrauch des Konditionals

Das Konditional kann als sogenanntes *Futur* in der Vergangenheit verwendet werden, wobei eine zukünftige Handlung vom Gesichtspunkt der Vergangheit betrachtet wird. Dieser Gebrauch des Konditionals ist geläufig in der ersten Form (1), weniger gebräuchlich in der zweiten Form (2).

(1)

She was almost finished with her work. Soon she would be able to go home.	Sie war fast mit ihrer Arbeit fertig. Bald würde sie nach Hause gehen können.

(2)

They had always wanted to climb that mountain and at the end of the week, they would have been able to do it.	Sie hatten immer diesen Berg besteigen wollen, und am Ende der Woche hätten sie es machen können.

Das Konditional wird auch in der indirekten Rede (→ 15.2 Bsp. (1)) benutzt (3). Insbesondere steht es als Zeitstufe an Stelle von Futur I und II nach einleitenden Verben der Vergangenheit (4):

(3)

"I could do this work."	»Ich könnte diese Arbeit machen.«
He said he would be able to do this work.	Er sagte, er würde diese Arbeit machen können.

(4)

"I'll do my homework."	»Ich werde meine Hausaufgaben machen.«
He said that he would do his homework.	Er sagte, er werde seine Hausaufgaben machen.

"I will/shall have done my homework."	»Ich werde meine Hausaufgaben gemacht haben.«
He said that he would have done his homework.	Er sagte, er werde seine Hausaufgaben gemacht haben.

Das Konditional I wird im Folgesatz (→ 17.1 Bsp. 4–7) nach irrealen Bedingungssätzen der Gegenwart gebraucht 5, das Konditional II im Folgesatz (→ 17.1 Bsp. 8) nach irrealen Bedingungssätzen der Vergangenheit 6:

5	*If I saw him, I would kiss him.*	Wenn ich ihn sehen würde, würde ich ihn küssen.
6	*If I had seen him, I would have kissed him.*	Wenn ich ihn gesehen hätte, hätte ich ihn geküsst.

Hinweis: Bei Formen wie *I would like/he would prefer* usw. handelt es sich um höfliche Abschwächungen, die einen Wunsch zum Ausdruck bringen.

6.4 Der Imperativ

Grundwissen: Der Imperativ (Befehlsform) existiert in allen drei Personen.

Regel: Die Befehlsform der zweiten Person wird mit dem Infinitiv ohne *to* gebildet. Sie bleibt im Singular und Plural unverändert.

Verb

Hinweis: Im Gegensatz zum Deutschen steht ein Ausrufezeichen nur bei besonderem Nachdruck (1):

(1)

Work.	Arbeite/Arbeitet/Arbeiten Sie!
Work!	Arbeite/Arbeitet/Arbeiten Sie doch!

Die Verneinung wird durch ein vorangestelltes *do not (don't)* gebildet. Eine Verstärkung erfolgt durch *you* (1):

(2)

Don't work (!)	Arbeite/Arbeitet/Arbeiten Sie nicht!
Don't you work (!)	Arbeite/Arbeitet/Arbeiten Sie ja nicht!

Regel: Der Imperativ der ersten und dritten Person wird mit *let* + Personalpronomen + Infinitiv umschrieben (3):

(3)

Let us (let's) go.	Lass(t) uns gehen/Gehen wir!
Let her go.	Lass(t) sie gehen!
Let them come.	Lass(t) sie kommen!

Die Verneinung wird durch ein vorangestelltes *do not (don't)* gebildet (4):

(4)

Don't let's go!	Lass(t) uns nicht gehen.

Der Imperativ wird im Englischen häufiger mit *please/bitte* verknüpft als im Deutschen. Das Fehlen von *please* wird sehr oft als schroff und unhöflich empfunden (5). Sehr höflich ist *kindly* (6):

(5)

Please give me some milk.	Geben Sie mir etwas Milch!
Please pass me the butter.	Bitte geben Sie mir die Butter!

(6)

Kindly leave my house!	Bitte seien Sie so gut, und verlassen Sie mein Haus!

Der Imperativ kann durch Kurzfragen höflich abgeschwächt sein, was aber nur unter Vertrauten üblich ist (7):

(7)

Give me the butter, will you?	Gib mir doch die Butter!
Let's go, shall we?	Gehen wir doch!
Look over there, will you?	Schau mal da hinüber!

Eine Möglichkeit, einem Imperativ Nachdruck zu verleihen, ist die Hinzufügung von *do*. Sie entspricht dem deutschen *doch*, ist aber etwas veraltet (8):

(8)

Do shut the door!	Mach doch die Tür zu!
Do let's go!	Lass(t) uns doch gehen!
Do be quiet!	Seid doch still!

6.5 Das Passiv

Bildung des Passivs

Regel: Das Passiv wird normalerweise gebildet durch *to be* + Partizip der Vergangenheit (+ *by* + Agens)

Hinweis: Das Partizip der Vergangenheit wird unterschiedlich gebildet (→ 6.13).

Das *to be* entspricht dem deutschen *werden* in der Passivkonstruktion (1):

(1)

The cake is baked.	Der Kuchen wird gebacken.
The man was seen.	Der Mann wurde gesehen.
The book will be read.	Das Buch wird gelesen werden.

Verb

Das Objekt des Aktivsatzes wird zum Subjekt des Passivsatzes. Der Urheber der Handlung wird mit *by* angeschlossen, wenn er für die Aussage wichtig ist. Die Verwendung der Zeiten und des Konditionals (→ 6.3) entspricht dem Gebrauch im Aktiv:

	Aktiv	Passiv
einfaches Präsens	*I bake a cake.*	*A cake is baked by me.*
Verlaufsform des Präsens	*I am baking a cake.*	*A cake is being baked by me. (unusual)*
Present Perfect	*I have baked a cake.*	*A cake has been baked by me.*

	Aktiv	Passiv
Verlaufsform des Present Perfect	*I have been baking a cake.*	*A cake has been being baked by me. (unusual)*
Präteritum	*I baked a cake.*	*A cake was baked by me.*
Verlaufsform des Präteritums	*I was baking a cake.*	*A cake was being baked by me. (unusual)*
Plusquamperfekt	*I had baked a cake.*	*A cake had been baked by me.*
Verlaufsform des Plusquamperfekts	*I had been baking a cake.*	*A cake had been being baked by me. (unusual)*
Futur mit *going to*	*I am going to bake a cake.*	*A cake is going to be baked by me.*
Futur mit *will*	*I will bake a cake.*	*A cake will be baked by me.*
Verlaufsform des Futurs mit *will*	*I will be baking a cake.*	*A cake will be being baked by me. (unusual)*

	Aktiv	Passiv
Futur II	*I will have baked a cake.*	*A cake will have been baked by me.*
Verlaufsform des Futur II	*I will have been baking a cake.*	*A cake will have been being baked by me. (unusual)*

Hinweis: In der Umgangssprache werden die Hilfsverben kontrahiert gebraucht: *It's being baked, A cake will've been baked, The cake's been baked* usw.

Bei der Verneinung des Passivs tritt *not* hinter das erste Hilfsverb. Die Kurzformen (*wasn't, won't* usw.) werden sehr oft gebraucht (2):

(2)

The cake wasn't baked.	Der Kuchen wurde nicht gebacken.
The cake won't be baked.	Der Kuchen wird nicht gebacken werden.

Gebrauch des Passivs

Grundwissen: Passivkonstruktionen kommen im Englischen etwas seltener vor als im Deutschen und häufiger in der geschriebenen als in der gesprochenen Sprache. Sie werden v. a. dann verwendet, wenn für eine Aussage wichtiger ist, was gemacht wird oder was mit einer Person oder Sache geschieht, als durch wen oder wie es geschieht.

Das Passiv wird insbesondere gebraucht, wenn der Urheber einer Handlung unbekannt oder für die Aussage unerheblich ist. Bei Sätzen mit allgemeinen Subjekten wie *some (irgendjemand)*, *no one (niemand)*, *people (Menschen, Leute)*, *they (sie)*, *one (man)* usw. wird das Passiv vorgezogen, z. B. (3):

(3)

My wallet has been stolen.	Meine Geldbörse ist gestohlen worden.

Statt:

Someone has stolen my wallet.

He wasn't seen in the park.	Er wurde nicht im Park gesehen.

Statt:

No one saw him in the park.

This film is liked.	Dieser Film ist beliebt.

Statt:

People like this film.

Aufforderungen bzw. Anordnungen wirken in passivischer Konstruktion, verbunden mit einem Hilfsverb, weniger direkt und höflicher als bei aktiver Konstruktion oder Befehlsform (4):

(4)

The room must be tidied.	Dieses Zimmer muss aufgeräumt werden.

Statt:

Tidy this room!

Verb

The situation is to be changed.	Die Situation muss geändert werden.
Statt:	
Change this situation!	
This letter is to be typed.	Dieser Brief soll getippt werden.
Statt:	
Type this letter!	

Das Passiv bei transitiven Verben

Grundwissen: Alle transitiven Verben (→ 6.11 Bsp. 1–3), d. h. Verben, denen ein direktes Objekt folgt, bilden das Passiv 5:

5

I baked a cake.	A cake was baked by me.
He smoked a pipe.	A pipe was smoked by him.

Im Englischen gibt es viele transitive Verben, die im Deutschen intransitiv gebraucht werden (→ 6.11 Bsp. 4–6). Sie bilden im Englischen normales Passiv, dem im Deutschen entweder unpersönliches Passiv (mit *es*) oder eine aktive Konstruktion mit *man* entspricht. Dies betrifft die folgenden Verben 6:

6

to *approach* – herantreten

to *assist* – helfen

to *believe* – glauben

to *contradict* – widersprechen

to *follow* – folgen

to forbid – verbieten

to forgive – verzeihen

to obey – gehorchen

to trust – vertrauen

to oppose – sich widersetzen

We were told that you were ill.	Es wurde uns gesagt, dass du krank bist./Man hat uns gesagt, dass du krank bist.
They knew that they were being followed.	Sie wussten, dass man ihnen folgte.
She was trusted by him.	Er vertraute ihr.

Verb

Das Passiv bei Verben mit zwei Objekten

Wenn ein Verb ein indirektes, meist personales, *und* ein direktes, meist sächliches, Objekt bei sich hat, sind zwei Passivkonstruktionen möglich. In der Regel wird das indirekte Objekt zum Subjekt des Passivsatzes. Das direkte Objekt erscheint nur dann als Subjekt, wenn es hervorgehoben werden soll 7:

7

She gave him a kiss.	= *He was given a kiss by her. (A kiss was given to him by her.)*
He gave me some flowers.	= *I was given some flowers by him. (Flowers were given to me by him.)*

Zu den Verben, die sehr häufig zwei Objekte haben, gehören (8):

(8)

- *to award* – auszeichnen
- *to deny* – verweigern
- *to give* – geben
- *to grant* – gewähren
- *to hand* – überreichen
- *to lend* – leihen
- *to offer* – anbieten
- *to pay* – zahlen
- *to promise* – versprechen
- *to refuse* – verweigern
- *to save* – ersparen
- *to send* – schicken
- *to show* – zeigen
- *to tell* – erzählen, mitteilen

She was awarded the prize.	Ihr wurde der Preis verliehen.
Oder:	
The prize was awarded to her.	Man hat ihr den Preis verliehen.
He was offered the job.	Ihm wurde die Stelle angeboten.
Oder:	
The job was offered to him.	Man hat ihm die Stelle angeboten.

Verb

The children were told a story.	Den Kindern wurde eine Geschichte erzählt.
Oder:	
A story was told to the children.	Man hat den Kindern eine Geschichte erzählt.

Das Passiv bei Verben + Präposition

Grundwissen: Wenn Verb und Präposition (→ 6.12) eng zusammengehören, kann auch das präpositionale Objekt zum Subjekt des Passivsatzes werden. Die Präposition bleibt hinter der Verbform. Sie wird nicht betont, aber mit vollem Vokal gesprochen, z. B. (9):

Verb

(9)

He was listened to at the meeting.	Man hörte ihm bei der Sitzung zu.
A doctor was sent for.	Man schickte nach einem Arzt.
She wasn't laughed at.	Man hat sie nicht ausgelacht.

Das Gleiche gilt bei Passivkonstruktionen von festen Verbindungen aus Verb + Objekt + Präposition (→ 6.12) (10):

(10)

Her children were taken care of by her father.	Ihre Kinder wurden von ihrem Vater betreut.
The ship was lost sight of.	Man hat das Schiff aus den Augen verloren.
The house was taken possession of.	Das Haus wurde in Besitz genommen.

Das unpersönliche Passiv

Wendungen mit einer Passivkonstruktion

Grundwissen: Es gibt eine Reihe von passivischen Wendungen, die mit *it* + *that*-Satz gebildet werden. Solche Konstruktionen sind ziemlich förmlich und kommen nur selten in der Umgangssprache vor. Es handelt sich häufig um Verben des Sagens und Denkens, wobei *it* auf den folgenen Subjektsatz hinweist, der oft futurische Bedeutung hat (11):

(11)

it has been agreed	es ist vereinbart worden
it has been announced	es ist bekannt gegeben worden
it is believed	man glaubt
it is claimed	es wird behauptet
it has been decided	es ist entschieden worden
it is estimated	man schätzt
it is expected	man erwartet
it is to be feared	es ist zu befürchten
it has been pointed out	es ist darauf hingewiesen worden
it has been proved	man hat bewiesen
it is said	man sagt
it has been shown	es hat sich gezeigt
it can be taken for granted	es kann vorausgesetzt werden
It has been agreed that the train will run every 20 minutes.	Es ist vereinbart worden, dass der Zug alle 20 Minuten fahren wird/fährt.
It can be taken for granted that spring will come again.	Es kann vorausgesetzt werden, dass der Frühling wiederkommt/wiederkommen wird.

Verb

6.6 Der Konjunktiv

Grundwissen: Der Konjunktiv drückt etwas Unwirkliches aus, das man sich nur vorstellt oder wünscht. Der Konjunktiv wird bevorzugt in der Schriftsprache verwendet und nur selten in der Umgangssprache gebraucht. In ihr wird der Konjunktiv meist mit *should (sollen)* umschrieben.

Formen des Konjunktivs

Regel: Beim Vollverb entfällt das Endungs -s in der 3. Person Präsens, d. h., die Konjunktivform bleibt für alle Personen gleich:

Indikativ	Konjunktiv
I work	*I work*
you work	*you work*
he works	*he work*
she works	*she work*
it works	*it work*
we work	*we work*
you work	*you work*
they work	*they work*

Der Konjunktiv Präsens von *to be* lautet für alle Personen *be*:

Indikativ	Konjunktiv
I am	*I be*
you are	*you be*
he is	*he be*
she is	*she be*
it is	*it be*
we are	*we be*
you are	*you be*
they are	*they be*

Die 3. Person Singular Präsens von *to have* heißt im Konjunktiv *have* und nicht *has*:

Indikativ	Konjunktiv
I have	*I have*
you have	*you have*
he has	*he have*
she has	*she have*
it has	*it have*
we have	*we have*
you have	*you have*
they have	*they have*

Im Präteritum steht als Konjunktiv von *to be* in allen Personen *were*:

Indikativ	Konjunktiv
I was	*I were*
you were	*you were*
he was	*he were*
she was	*she were*
it was	*it were*
we were	*we were*
you were	*you were*
they were	*they were*

Der Konjunktiv wird normalerweise entweder in Nebensätzen nach *that* [1] oder in Bedingungssätzen nach *if* [2] verwendet:

[1]

He suggested that we go.	Er schlug vor, dass wir gehen sollten.

② *If I were rich, I would never go to work again.*	Wenn ich reich wäre, würde ich nie wieder arbeiten gehen.

Gebrauch des Konjunktivs

Gebrauch des Konjunktivs im Präsens

Der Konjunktiv wird im Präsens sehr häufig nach den folgenden Verben gebraucht ③:

③
- to *ask* – bitten
- to *demand* – (er)fordern
- to *insist* – (darauf) bestehen
- to *order* – anordnen
- to *propose* – vorschlagen
- to *recommend* – empfehlen
- to *request* – bitten
- to *require* – (er)fordern
- to *suggest* – vorschlagen
- to *urge* – (darauf) bestehen

She insisted that she help me.	Sie bestand darauf, dass sie mir helfe(n wolle)/mir zu helfen.

Verb

Nach den folgenden Wendungen kommt im Englischen der Konjunktiv oft vor, während er im Deutschen unüblich ist (4):

(4)

it is advisable – es ist ratsam

it is desirable – es ist wünschenswert

it is essential – es ist dringend erforderlich

it is imperative – es ist dringend erforderlich

it is important – es ist wichtig

it is impossible – es ist unmöglich

it is necessary – es ist nötig

it is urgent – es ist dringend

it is vital – es ist dringend erforderlich

It is advisable that the front door be locked at all times.	Es ist ratsam, dass die Haustür jederzeit abgeschlossen ist.

Bei der Verneinung eines Satzes im Konjunktiv wird *not* unmittelbar vor das Verb, das dem unpersönlichen Ausdruck folgt, gestellt. Es gibt keine verkürzte Form (5):

(5)

It is desirable that she not leave the building.	Es ist wünschenswert, dass sie das Gebäude nicht verlässt.
It is vital that he not do that.	Es ist dringend erforderlich, dass er das nicht tut.

Der Konjunktiv Präsens kommt in feststehenden Ausdrücken vor (6):

(6)

So be it.	So sei es.
Long live the Queen.	Es lebe die Queen.

Gebrauch des Konjunktivs im Präteritum

Die Präteritumform des Konjunktivs wird in irrealen Bedingungssätzen verwendet (→ 6.3.14 Bsp. 5–6). Sie hat keine Vergangenheitsbedeutung, sondern bezieht sich auf die Gegenwart oder Zukunft 7:

7

If I were you, I would have a nice cup of tea.	Wenn ich du wäre, würde ich eine schöne Tasse Tee trinken.
If he were a student, he would study hard.	Wenn er Student wäre, würde er sehr fleißig lernen.
She would drive you home if she weren't so lazy.	Wenn sie nicht so faul wäre, würde sie dich nach Hause fahren.

Verb

Der Gebrauch des Konjunktivs im Präteritum ist auch nach *I wish (ich wollte/ich wünsche), as if (als ob), as though (als ob)* und *if only (wenn nur)* möglich 8:

8

I wish I were in your place.	Ich wünschte/wollte, ich wäre an deiner Stelle.

6.7 Der Infinitiv

Grundwissen: Der Infinitiv ist die Grundform eines Verbs. Im Englischen unterscheidet sich der Infinitiv von gleichlautenden Formen (z. B. Imperativ, Substantiv) durch das Funktionswort to 1:

1

to work – arbeiten

Work! – Arbeiten Sie!

work – die Arbeit

Es ist möglich, beim Einzelwort auf *to* zu verzichten, wenn aus dem Kontext klar ist, dass es sich um einen Infinitiv handelt. Bei der Verwendung im Satz muss man jedoch zwischen dem Infinitiv mit und ohne *to* unterscheiden.

Formen des Infinitivs

Die Hauptformen des Infinitivs lauten wie folgt:

	Präsens	Perfekt
Aktiv einfache Form	*(to) give*	*(to) have given*
Passiv einfache Form	*(to) be given*	*(to) have been given*

Der Infinitiv nach einem Verb

Infinitiv ohne to nach Verben

Der Infinitiv ohne *to* steht nach den unvollständigen Hilfsverben außer *ought to* und *used to* sowie nach den Formen von *to do* (→ 6.2 Bsp. 46–110). *To* kann bei *dare* wegfallen, wenn es wie ein Vollverb gbraucht wird. (→ 6.2 Bsp. 95–96). Zur Verneinung wird *not* bzw. *-n't* direkt hinter das Hilfsverb gestellt 2:

2

I can sing.	Ich kann singen.
We might do it.	Es kann sein, dass wir es machen.
You shouldn't do it.	Du solltest es nicht tun.
He doesn't dare (to) ask her.	Er traut sich nicht, sie zu fragen.

Der Infinitv ohne *to* steht nach Verben der Sinneswahrnehmung (3):

(3)

to see – sehen

to watch – beobachten

to notice – (be)merken

to observe – beobachten

to hear – hören

to feel – fühlen

I saw her leave the theatre.	Ich sah sie das Theater verlassen.
We heard him make a speech.	Wir hörten ihn eine Rede halten.
They watched him drive off.	Sie beobachteten, dass er wegfuhr.

Auf die Präpositionen *but* und *except* folgt ein Infinitiv ohne *to* (4):

(4)

We could do nothing but go home.	Wir konnten nichts anderes machen als nach Hause fahren.
They didn't do anything except watch television.	Sie haben nichts anderes gemacht als ferngesehen.

In der Umgangssprache wird der Inifinitv ohne *to* nach *help* verwendet (5):

(5)

He helped me do the dishes.	Er hat mir beim Abwaschen geholfen.
Could you help me do my homework?	Könntest du mir helfen, meine Hausaufgaben zu machen?
They helped her prepare the meal.	Sie haben ihr geholfen, das Essen zuzubereiten.

Der Infinitiv ohne *to* wird auch gebraucht, wenn von einer Aussage mehrere Infinitive abhängig sind; nur beim ersten Infinitiv steht *to* (6):

(6)

I want to have a shower and then shave.	Ich will erst duschen und mich dann rasieren.
She hopes to get a good job and earn a lot of money.	Sie hofft, eine gute Stellung zu bekommen und viel Geld zu verdienen.
He would like to get married and have many children.	Er möchte heiraten und viele Kinder haben.

In unvollständigen Fragesätzen nach *why* oder *why not*, die den Charakter einer Aufforderung haben, wird der Infinitiv ohne to verwendet (7):

(7)

Why not do it this way?	Warum machst du es nicht so?
Why rush all the time?	Warum hetzen Sie immer?
Why not ask him yourself?	Warum fragst du ihn nicht selber?

Bei der Befehlsform mit *let* (→ 6.4 Bsp. ③–④) sowie bei *to let* als Vollverb wird der Infinitiv ohne *to* verwendet ⑧:

⑧	*Let's got to the pub.*	Gehen wir in die Kneipe!
	Let's not argue.	Lassen Sie uns nicht streiten!/ Lass(t) uns nicht streiten!

	Let's try it again.	Versuchen wir es noch einmal!
⑨	*Please let me do it!*	Bitte lass es mich machen!
	She let him drive her car.	Sie hat ihn ihr Auto fahren lassen.
	We let the cat eat our dinner.	Wir haben die Katze unser Abendessen fressen lassen.

Auch bei dem Verb *to make* im Sinne von *veranlassen*, *zwingen* fällt das *to* weg ⑩:

⑩	*Our father made us tidy our room.*	Unser Vater zwang uns dazu, unser Zimmer aufzuräumen.
	I'll make you help me!	Ich werde dich dazu zwingen, mir zu helfen!
	She doesn't make us go to bed early.	Sie zwingt uns nicht, früh ins Bett zu gehen.

Redewendungen mit Infinitiv ohne to

Die Verben *to let* und *to make* mit Infinitiv ohne *to* erscheinen in vielen Redewendungen (11):

(11)

to let fall	fallen lassen
Let me see.	Ich muss es mir überlegen.
to make believe	erfinden, Fantasie haben
to make do	das Beste daraus machen; mit dem, was man hat, zurechtkommen
He'll have to make do with the money he's got.	Er wird einfach mit dem Geld, das er hat, zurechtkommen müssen.
Should I help you?	*I don't know. Let me see.*

Auch die folgenden Wendungen werden mit dem Infinitiv ohne to gebraucht (12):

(12)

would sooner – würde lieber

sooner than – lieber als

rather – lieber

had better – sollte besser

I would sooner eat chocolate.	Ich würde lieber Schokolade essen.
He would rather stay at home.	Er würde lieber zu Hause bleiben.

Verb

She would sooner sleep than work.	Sie würde lieber schlafen als arbeiten.
You had better ring your mother.	Du solltest besser deine Mutter anrufen.

Infinitiv + to als Objekt oder Objektergänzung

Nach den folgenden Verben steht ein Infinitiv mit to als Objekt (13):

(13)

to *learn* – lernen

to *remember* – sich erinnern

to *forget* – vergessen

to *promise* – versprechen

sto *wear* – schwören

to *consent* – erlauben, gestatten

to *agree* – zustimmen

to *fail* – versagen

to *hesitate* – zögern

to *decide* – entscheiden

to *manage* – schaffen

to *cease* – aufhören

to *neglect* – vernachlässigen

to *refuse* – sich weigern

to *propose* – vorschlagen

to *regret* – bedauern

to *try* – versuchen

to *endeavour* – versuchen

to *attempt* – versuchen
to *hope* – hoffen
to *prepare* – vorbereiten
to *undertake* – sich verpflichten
to *arrange* – ausmachen, vereinbaren

Please promise to post this letter.	Bitte versprich mir, dass du diesen Brief abschicken wirst.
I didn't manage to do it.	Ich habe es nicht geschafft, das zu tun.
We regret to tell you that your mother is ill.	Wir bedauern, Ihnen mitteilen zu müssen, dass Ihre Mutter krank ist.

Ein Objekt ergänzt den Infinitiv mit to nach den Verben des Wünschens und Wollens (14):

(14)
to *want* – wollen
to *desire* – wünschen
to *hate* – hassen
to *wish* – wünschen
to *like* – mögen
not to *like* – nicht mögen

I want him to come.	Ich will, dass er kommt.
We like him to sing.	Es gefällt uns, wenn er singt.
She doesn't like him to smoke.	Es gefällt ihr nicht, wenn er raucht.

Das Gleiche gilt für Verben des Veranlassens, Bittens und Zulassens, z. B. ⑮:

⑮

to tell – sagen, befehlen

to cause – verursachen

to beg – (dringend) bitten

to ask – bitten

to order – befehlen

to allow – erlauben

She told him to brush his teeth.	Sie sagte ihm, er sollte seine Zähne putzen.
You've caused me to miss the bus!	Du bist der Grund dafür, dass ich den Bus verpasst habe!
She ordered me to report to her.	Sie hat mir befohlen, dass ich mich bei ihr melden solle.

Verb

In Verbindung mit einem Interrogativpronomen (Fragefürwort) kann der Infinitiv mit *to* den Satz verkürzen. Er wird an Stelle eines Nebensatzes gebraucht, der im Deutschen *sollen* oder *müssen* oder *wollen* enthält ⑯. *How* + Infinitiv mit *to* bezeichnet insbesondere die Art und Weise, in der etwas geschieht und gleicht dem deutschen Nebensatz mit *wie man* ⑰:

⑯

to *ask* – fragen

to *decide* – entscheiden

to *discover* – entdecken

to *explain* – erklären

to *find out* – herausfinden

to *forget* – vergessen

to *know* – wissen

to *show* – zeigen

to *tell* – erzählen, erklären, sagen

to *understand* – verstehen

He told me when to visit him. (He told me when I should visit him.)	Er sagte mir, wann ich ihn besuchen soll.
She hasn't decided when to go. (She hasn't decided when she should go.)	Sie hat noch nicht beschlossen, wann sie gehen sollte/wollte.
I don't know whether to explain. (I don't know whether I should explain.)	Ich weiß nicht, ob ich es erklären soll/muss.

(17)

I discovered how to start the car.	Ich habe entdeckt, wie man das Auto startet.
They know how to teach English.	Sie wissen, wie man Englisch unterrichtet.
She explained how to switch on the computer.	Sie erklärte, wie man den Computer anschaltet.
Do you understand how to use this machine?	Verstehst du, wie man dieses Gerät benutzt?

Der to-Infinitiv zur Bezeichnung von Absicht und Zweck, Folge und Ergebnis

Der to-Infinitiv wird verwendet, um Absicht oder Zweck auszudrücken. Dies entspricht dem deutschen *um zu* (18):

Verb

(18)

I went to Brighton to learn English.	Ich bin nach Brighton gefahren, um Englisch zu lernen.
He spoke to her to ask if she knew the answer.	Er hat sie angesprochen, um zu fragen, ob sie die Antwort wisse.
We sold our house to buy a yacht.	Wir haben unser Haus verkauft, um eine Jacht zu kaufen.

Wenn die Absicht betont werden soll, kann zur Verstärkung *in order to* anstelle von to stehen (19):

(19)

I went to the library in order order to borrow some books.	Ich bin zur Bibliothek gegangen, um Bücher auszuleihen.

She was sent to France in order to be educated.	Sie ist nach Frankreich geschickt worden, um eine Ausbildung zu erhalten.
The article was published in order to inform the public.	Der Artikel wurde veröffentlicht, um die Öffentlichkeit zu informieren.

Eine Absicht kann auch durch so *as to* eingeleitet werden, wobei diese Ausdrucksweise ziemlich förmlich ist (20):

(20)

We met yesterday so as to clear up the matter.	Wir haben uns gestern getroffen, um die Sache zu klären.
I will ring the manager so as to arrange an appointment.	Ich werde den Manager anrufen, um einen Termin auszumachen.
She'll be in touch so as to help you.	Sie wird in Verbindung bleiben, um Ihnen zu helfen.

Verneinte Absicht wird beim *to*-Infinitiv mit *so as not to* oder *in order not to* ausgedrückt (21):

(21)

He closed the door quietly so as not to wake the baby.	Er hat die Tür leise geschlossen, um das Baby nicht zu wecken.
I walked quickly so as not to miss the bus.	Ich ging schnell, um den Bus nicht zu verpassen.
The thieves wore stockings on their heads in order not to be recognized.	Die Diebe hatten Strümpfe über den Kopf gezogen, um nicht erkannt zu werden.

Verb

In Zusammenhang mit manchen Verben drückt der Infinitiv mit *to* den Zweck aus, den das Objekt (z. B. *something* – *etwas*) erfüllt. Diese Verben sind (22):

(22)

to *bring* – bringen
to *buy* – kaufen
to *need* – brauchen
to *take* – nehmen, einnehmen
to *use* – gebrauchen, verwenden
to *want* – wollen

Please bring me something to drink.	Bitte bringen Sie mir etwas zu trinken/zum Trinken.
I want something to eat.	Ich will etwas zu essen/zum Essen.

Der *to*-Infinitiv kann auch nach einem Verb + *for* + Objekt stehen, um Absicht oder Zweck auszudrücken. Diese Konstruktion ist bei folgenden Verben möglich (23):

(23)

to *apply* – sich bewerben
to *ask* – fragen
to *call* – anrufen
to *phone* – anrufen
to *plan* – planen
to *pray* – beten
to *ring* – anrufen
to *send* – kommen lassen
to *wait* – warten

I'll arrange for you to come this evening.	Ich werde es einrichten, dass Sie heute Abend kommen können.
We've been waiting for you to say that.	Wir haben darauf gewartet, dass du das sagst.
The people prayed for the war to finish.	Die Leute beteten darum, dass der Krieg ein Ende haben möge.

Nach *so* + Adjektiv sowie nach *such* + Substantiv gibt der mit *as to* angeschlossene Infinitiv Folge oder Ergebnis an (24):

(24)

I was not so stupid as to lend him money.	Ich war nicht so dumm, ihm Geld zu leihen.
She isn't such a fool as to move into that old flat.	Sie ist nicht so eine Närrin, dass sie in diese alte Wohnung umzieht.
The weather wasn't so cold as to snow.	Es war nicht so kalt, dass es geschneit hätte.

Auch die Verbindung aus *too* + Adjektiv + *to*-Infinitiv bezeichnet Folge oder Ergebnis (25):

(25)

(I can't do this work.)	(Ich kann diese Arbeit nicht machen.)
This work is too difficult for me to do.	Diese Arbeit ist für mich zu schwer zu tun, als dass ich sie tun könnte.

(He can't lift this box.)	(Er kann diese Kiste nicht heben.)
This box is too heavy for him to lift.	Diese Kiste ist für ihn zu schwer zu heben/zum Heben zu schwer.
She was too tired to sleep.	Sie war zu müde, um zu schlafen./ Sie war zum Schlafen zu müde.

Dasselbe gilt für Ausdrücke aus Adjektiv + *enough* + to-Infinitiv (26):

(26)

(She can do this work.)	(Sie kann diese Arbeit machen.)
She is clever enough to do this work.	Sie ist klug genug, diese Arbeit zu machen.
(He can lift this box.)	(Er kann diese Kiste heben.)
He is strong enough to lift this box.	Er ist stark genug, um diese Kiste zu heben.

Manchmal wird ein to-Infinitiv im zweiten Teil eines Satzes verwendet, um ein späteres unerwartetes Ereignis in einer Reihe von Ereignissen zu schildern (27). Wenn dieses Ereignis unerwünscht ist, steht *only* vor dem Infinitiv (28):

(27)

We came home from the film to find that our children had done the dishes.	Wir kamen nach dem Film nach Hause und entdeckten, dass unsere Kinder abgewaschen hatten.

Verb

(28)

We came home in the evening only to find that our house had been broken into.	Wir kamen abends nach Hause und entdeckten, dass in unser Haus eingebrochen worden war.
I looked in the fridge, only to find that we had no milk left.	Ich schaute in den Kühlschrank hinein und entdeckte, dass wir leider keine Milch mehr hatten.

Ähnlich gibt die Konstruktion mit *never* + *to*-Infinitiv ein endgültiges Ergebnis an (29):

(29)

The painting was stolen, never to be seen again.	Das Gemälde wurde gestohlen und wurde nie wieder gesehen.
She gave up her singing career, never to be seen on stage again.	Sie gab ihre Karriere als Sängerin auf und wurde nie wieder auf der Bühne gesehen.

Verb

Der passivische Infinitiv

Im Gegensatz zum Deutschen steht – besonders nach einer Form von *to be* – der Infinitiv Passiv, wenn der Satz passivische Bedeutung (→ 6.5) hat (30):

(30)

How are these difficulties to be solved?	Wie sind diese Schwierigkeiten zu lösen?
What is to be done?	Was ist zu tun?
He was to be heard singing.	Man konnte ihn singen hören.

Als Ergänzung eines Substantivs, Adjektivs oder Pronomens kann nach *there is/are* der Infinitiv Passiv stehen. In der Umgangssprache wird jedoch der Infinitiv Aktiv bevorzugt (31):

(31)

There is a lot of work to do. *There is a lot of work to be done.*	Es gibt viel Arbeit zu tun/die getan werden muss.
There were a lot of things to see in London. *There were a lot of things to be seen in London.*	Es gab in London viele Sachen zu sehen.

Sonderfall: *Have* kommt in diesem Fall nur im Passiv vor (32):

(32)

There was no milk to be had.	Es war keine Milch zu haben/zu bekommen.
There are no books to be had.	Es sind keine Bücher zu haben/zu bekommen.
There was no work to be had.	Es war keine Arbeit zu haben/zu bekommen.

Trotz passivischer Bedeutung sieht der Infinitiv Aktiv nach folgenden Adjektiven (33):

(33)

easy – leicht
difficult – schwierig
hard – schwierig
interesting – interessant

Her English is easy to understand. (nicht: *to be understood*)	Ihr Englisch ist leicht zu verstehen.
This book is interesting to read.	Dieses Buch ist interessant zu lesen.
The exam wasn't hard to do.	Die Prüfung war nicht schwierig zu schreiben.
His novels are difficult to read.	Seine Romane sind schwierig zu lesen.

Subjekt + to-Infinitiv

Der to-Infinitiv ergänzt das Subjekt nach folgenden Verben 34:

34

to *appear* – scheinen
to *be* – sein
to *seem* – scheinen

The best thing is to leave him alone.	Das Beste ist, ihn in Ruhe zu lassen.
He seems to like you.	Er scheint dich zu mögen.

Verb

Bestimmte englische Verben, die im Aktiv mit Objekt + Infinitiv (ohne oder mit *to*) konstruiert werden (→ 6.7 Bsp. ③, ⑩, ⑭, ⑮), erfordern im Passiv die Konstruktion mit Subjekt + Infinitiv. Der Infinitiv wird dabei immer mit *to* angeschlossen ㉟:

㉟

She was seen to eat the cake.	Man sah sie den Kuchen essen.
Homer is said to have been blind.	Homer soll blind gewesen sein.
She is known to be a good singer.	Man weiß, dass sie eine gute Sängerin ist./Sie ist als gute Sängerin bekannt.

Verb

Der Infinitiv als Subjekt

Manche englischen Sprichwörter beginnen mit einem Infinitiv als Subjekt ㊱. Im normalen Sprachgebrauch ist eine unpersönliche Wendung, der ein Infinitiv folgt, gebräuchlicher ㊲:

㊱

To err is human.	Irren ist menschlich.
To hesitate is fatal.	Zögern ist tödlich.

㊲

It is impossible to eat chocolate without enjoyment.	Es ist unmöglich, Schokolade ohne Genuss zu essen.

Der Infinitiv an Stelle eines Relativsatzes

Der Infinitiv an Stelle eines Relativsatzes steht häufig nach den folgenden Ausdrücken (38):

(38)

the first – der/die/das Erste

the last – der/die/das Letzte

the next – der/die/das Nächste

the only – der/die/das Einzige

I'm always the last to get out of bed in the morning.	Ich bin immer der Letzte, der morgens aufsteht.
(I'm always the last person who gets out of bed in the morning.)	
She was the only one to help us.	Sie war die Einzige, die uns geholfen hat.
(She was the only person who helped us.)	

Oft vertritt ein Infinitiv in Verbindung mit einer Präposition einen Relativsatz (39):

(39)

They have three dogs to look after.	Sie haben drei Hunde, um die sie sich kümmern müssen.
We have friends to stay with in London.	Wir haben Freunde in London, bei denen wir uns aufhalten können.

They have a holiday house to relax in.	Sie haben ein Ferienhaus, wo sie sich entspannen können.

Besonderheiten beim Gebrauch des Infinitivs

Die Trennung von *to* und dem Infinitiv (*split infinitive*) ist normalerweise zu vermeiden (40).

(40)

I want you to do this quickly.	Ich will, dass du das schnell machst.

Ein Adverb darf jedoch zwischen *to* und dem Infinitiv stehen, wenn dieses Adverb besonders betont werden soll. Das kommt oft bei den folgenden Adverbien vor (41):

(41)

clearly – klar
completely – ganz
fully – ganz, völlig
really – wirklich, tatsächlich, vollkommen

To completely finish this work on time is impossible.	Diese Arbeit rechtzeitig vollkommen fertig zu haben, ist unmöglich.
It's sometimes difficult to fully understand English grammar.	Es ist manchmal schwierig, die englische Grammatik ganz zu verstehen.

She wants us to clearly understand what she means.	Sie will, dass wir klar verstehen, was sie meint.
I hope to really do well in my exams.	Ich hoffe, dass ich wirklich eine gute Leistung bei meinen Prüfungen erbringe.

Um eine Wiederholung zu vermeiden, kann der Infinitiv nach *to* entfallen (42):

(42)

They don't have to come if they don't want to.	Sie brauchen nicht zu kommen, wenn sie nicht wollen.
Would you like to visit me next week? – I'd love to!	Möchtest du mich nächste Woche besuchen? – Ja, sehr gerne!
Please don't drop that bottle. – I'll try not to.	Lass die Flasche bitte nicht fallen! – Ich will es versuchen.

Nach einigen Verben, besonders nach *to come (kommen)*, *to go (gehen)* und *to try (versuchen)* wird in der Umgangssprache *and* anstelle von *to* verwendet (43):

(43)

I'll try to come tomorrow. *I'll try and come tomorrow.*	Ich versuche, morgen zu kommen.
We'll go to visit her. *We'll go and see her.*	Wir werden hingehen, um sie zu besuchen./Wir werden sie besuchen.
The plumber will come to look at the sink tomorrow. *The plumber will come and look at the sink tomorrow.*	Der Klempner kommt morgen, um sich das Waschbecken anzusehen.

Bei der Verneinung eines *to*-Infinitivs wird *not* vor das *to* gestellt (44):

(44)

The little boy soon learned not to put his hands in ants' nests.	Der kleine Junge lernte bald, seine Hände nicht in Ameisenhaufen zu stecken.

Beim Gebrauch von Verben mit Infinitiv verschiebt sich die Bedeutung des Satzes je nach Stellung der Verneinung, z. B. bei (45):

(45)

to *advise* – beraten

to *ask* – fragen, bitten um

to *remind* – erinnern

to *tell* – erzählen, sagen

to *warn* – warnen

Please remind me not to drink coffee.	Bitte erinnere mich daran, keinen Kaffee zu trinken.
Please don't remind me to drink coffee.	Bitte erinnere mich nicht daran, Kaffee zu trinken.
He told me not to feed the animals.	Er sagte mir, dass ich die Tiere nicht füttern solle.
He didn't tell me to feed the animals.	Er hat mir nicht gesagt, dass ich die Tiere füttern solle.

They were advised not to play loud music at night.	Es wurde ihnen davon abgeraten, in der Nacht laute Musik zu spielen.
They weren't advised to play loud music at night.	Es wurde ihnen nicht geraten, in der Nacht laute Musik zu spielen.

Das Gleiche gilt bei Adjektiven und Substantiven mit dem Infinitiv (46):

(46)

He was sorry not to leave.	Es tat ihm leid, nicht gehen zu können.
He wasn't sorry to leave.	Es tat ihm nicht leid, gehen zu müssen.

Die Verneinung kann auch in beiden Teilen der Fügung verwendet sein (47):

(47)

She can't promise not to forget.	Sie kann nicht versprechen, es nicht zu vergessen.
Für:	
She can't promise to remember.	Sie kann es nicht versprechen, sich daran zu erinnern.

Redewendungen mit dem to-Infinitiv

Manche Redewendungen fangen mit einem *to*-Infinitiv an. Sie sind feste Wendungen für sich und werden nicht verändert (48):

(48)

To tell you the truth, ...	Um die Wahrheit zu sagen, ...
To be honest, ...	Um ehrlich zu sein, ...
To cut a long story short, ...	Um es kurz zu sagen, ...
To come to the point, ...	Um zur Sache zu kommen, ...
Not to make too much of it, ...	Um nicht zu viel Aufhebens darum zu machen, ...
To put it another way ...	Um es anders zu sagen, ...

To be honest, I don't like caviar.	Um ehrlich zu sein, ich mag keinen Kaviar.
To cut a long story short, they got married and lived happily ever after.	Um es kurz zu sagen, sie haben geheiratet und lebten glücklich miteinander bis ans Ende ihrer Tage.
To put it another way, my father-in-law is a bore.	Um es anders auszudrücken, mein Schwiegervater ist ein Langweiler.

6.8 Die Partizipien

Grundwissen: Im Englischen gibt es vier Hauptformen des Partizips. Sie dienen v. a. zur Zeitenbildung (Verlaufsform, Passiv, einfache Vergangenheitszeiten). Die Partizipien besitzen auch adjektivische und verbale Funktionen.

Die Partizipien des Verbs *to write*:

	Präsens	Perfekt
Aktiv	*writing*	*having written*
Passiv	*being written*	*having been written*

Hinweis: Die einfache Form *written* wird als Partizip der Vergangenheit *(past participle)* bezeichnet.

Hinweis: Die aktiven Formen des Partizips gleichen formal denen des Gerundiums (→ 6.9).

Das Partizip als Adjektiv

Das Partizip Präsens Aktiv (auf *-ing*) kann wie ein Adjektiv verwendet und durch ein Adverb näher bestimmt werden [1]. Es kann auch gesteigert werden (→ 4.1) [2] und Adverbien auf *-ly* bilden (→ 5.2 Bsp. [1]) [3]. Es wird attributiv und prädikativ [4] verwendet:

[1]

This is a very interesting book.	Dies ist ein sehr interessantes Buch.

[2]

This film is more exciting than the other one.	Dieser Film ist spannender als der andere.
He is the most charming man I've ever met.	Er ist der charmanteste Mann, den ich jemals kennengelernt habe.

3	*It was surprisingly hot yesterday.*	Es war gestern überraschend warm.

4	*Her behaviour is very surprising.*	Ihr Verhalten ist sehr überraschend.

Das Partizip der Vergangenheit, z. B. *written* (*geschrieben*), *spoken* (*gesprochen*), *complicated* (*kompliziert*) kann ebenfalls wie ein Adjektiv gebraucht werden. Wie das Partizip Präsens kann man es steigern (5), prädikativ verwenden (6) und ein Adverb davon ableiten (7):

Verb

5	*This is a piece of written work.*	Dies ist eine schriftliche Arbeit.
	It's more complicated than I thought.	Es ist komplizierter, als ich dachte.
	This is the most complicated problem of all.	Dies ist das komplizierteste Problem von allen.

6	*This problem is complicated.*	Dieses Problem ist kompliziert.

7	*They talked excitedly.*	Sie unterhielten sich lebhaft.

Partizipien in verbaler Funktion

Grundwissen: Das Partizip Präsens wird zur Bildung der Verlaufsform verwendet (8); das Partizip der Vergangenheit ist die Grundlage für das Passiv (9) und einfache Zeiten der Vergangenheit (10):

(8)

I am sleeping.	Ich schlafe im Moment.
I will be sleeping.	Ich werde gerade schlafen.

(9)

The house is built.	Das Haus wird gebaut.
The house had been built.	Das Haus war gebaut worden.

(10)

I have seen you.	Ich habe dich gesehen.
You had known him.	Du hattest ihn gekannt.

In verbaler Funktion dienen Partizipien auch dazu, Relativ- und Adverbialsätze zu verkürzen.

Die beiden Formen des Partizip Präsens drücken eine Gleichzeitigkeit zur Zeitebene des Hauptsatzes aus (11):

(11)

The girl standing at the door was very pretty. (The girl who stood at the door was very pretty.)	Das Mädchen, das vor/an der Tür stand, war sehr hübsch.

We tried to find a train travelling south. *(We tried to find a train which travelled south.)*	Wir versuchten, einen Zug zu finden, der nach Süden fuhr.
They found a book dealing with French history. *(They found a book which dealt with French history.)*	Sie fanden ein Buch, das sich um französische Geschichte drehte.

Verb

Das Partizip Perfekt Aktiv und – seltener – das Partizip Perfekt bringen eine Vorzeitigkeit zum Ausdruck ⑫:

⑫

Having spoken to him, I was convinced that he was wrong. *(After I had spoken to him, I was convinced that he was wrong.)*	Nachdem ich mit ihm gesprochen hatte, war ich überzeugt, dass er im Unrecht war.
Having been boiled, water is very hot. *(After it has been boiled, water is very hot.)*	Wenn Wasser zum Kochen gebracht worden ist, ist es sehr heiß.

Das einfache Partizip der Vergangenheit bezeichnet je nach Zusammenhang eine Handlung, die vollzogen worden ist (13) oder (noch) vollzogen wird (14):

(13)	*The games played by the children were very educational.* *(The games which the children played were very educational.)*	Die Spiele, die die Kinder spielten, waren pädagogisch wertvoll.
(14)	*The tests done by the students are analysed.* *(The tests which are done by the students are analysed.)*	Die Tests, die von den Studenten geschrieben werden, werden analysiert.

Hinweis: Die Partizipialkonstruktion ist typisch für die Schriftsprache. In der Umgangssprache werden normalerweise Nebensätze verwendet.

Das verbundene Partizip

Grundwissen: Das verbundene Partizip bezieht sich auf ein Satzglied des Hauptsatzes. Es kann Relativsätze vertreten (15):

(15)	*I knew the man sitting next to me.*	Ich kannte den Mann, der neben mir saß.

Das verbundene Partizip vertritt auch adverbiale Nebensätze.

Nebensätze der Zeit: Hier werden oft die Konjunktionen *when (wenn, als)* oder *while (während)* dem Partizip vorangestellt, um seinen Sinn eindeutig zu bezeichnen ⑯:

⑯

Leaving the room, he heard a sound.	Als er das Zimmer verließ, hörte er Lärm.
While skiing, she broke her leg.	Sie hat sich das Bein gebrochen, während sie beim Skifahren war.
When arriving, she took off her coat.	Als sie ankam, zog sie sich ihren Mantel aus.
When reading a book, he likes to drink tea.	Wenn er ein Buch liest, trinkt er gern Tee.

Verb

Nebensätze des Grundes ⑰:

⑰

Knowing he couldn't swim, he didn't go into the water.	Da er wusste, dass er nicht schwimmen konnte, ging er nicht ins Wasser.
Believing the door to be locked, she looked for her key.	Da sie glaubte, dass die Tür zugesperrt sei, suchte sie ihren Schlüssel.
Having no money in his pocket, he didn't buy a coffee.	Da er kein Geld bei sich hatte, kaufte er sich keinen Kaffee.
Thinking it was cold outside, he stayed in bed.	Da er dachte, dass es draußen kalt sei, blieb er im Bett.

Nebensätze der Art und Weise (18):

(18)	*She walked down the street, smiling and laughing.*	Sie ging die Straße entlang, wobei sie sang und lachte.
	He sat in the train, reading and dreaming.	Er saß im Zug, wobei er las und träumte.
	The children played in the park, running and jumping.	Die Kinder spielten im Park, wobei sie rannten und sprangen.
	The cat lay by the fire, stretching and purring.	Die Katze lag vor dem Kamin, wobei sie sich streckte und schnurrte.

Nebensatz der Einräumung. Ihnen wird immer *though* oder *although (obwohl)* vorangestellt (19):

(19)	*Although not studying English, she attended English lectures.*	Obwohl sie Englisch nicht studierte, besuchte sie englische Vorlesungen.
	Though not having much time, I went shopping.	Obwohl ich nicht viel Zeit hatte, bin ich einkaufen gegangen.
	Though feeling unwell, he went to work.	Obwohl er sich krank fühlte, ist er zur Arbeit gegangen.
	Although snowing, it was not cold.	Obwohl es schneite, war es nicht kalt.

Nebensätze der Bedingung. Sie werden mit *if (wenn)* eingeleitet (20):

(20)

If posted by airmail the parcel will arrive soon.	Wenn das Päckchen mit Luftpost geschickt wird, wird es bald ankommen.

Das unverbundene Partizip

Grundwissen: Das unverbundene Partizip bezieht sich im Gegensatz zum verbundenen Partizip nicht auf ein Satzglied des Hauptsatzes, sondern hat ein eigenes Bezugswort. Es vertritt Nebensätze der Zeit, des Grundes, der Bedingung und der Art und Weise. Letztere können im Deutschen mit *und* angereiht werden. Die Konstruktion wird meistens in der Schriftsprache gebraucht und ist besonders typisch für Fachsprache (21):

Verb

(21)

The ballroom was full of people, each of them holding a glass of champagne.	Der Ballsaal war voller Leute, und jeder Einzelne davon hatte ein Glas Champagner in der Hand.
Weather permitting, we'll have a picnic tomorrow.	Wenn das Wetter es erlaubt, machen wir morgen ein Picknick.
A little boy ran along the street, a big horse following him.	Ein kleiner Junge rannte die Straße hinunter, und ein großes Pferd folgte ihm.

Das unverbundene Partizip findet sich in vielen Redewendungen (22):

(22)

assuming (that)	vorausgesetzt, (dass)
depending on	abhängig von
broadly speaking	im Großen und Ganzen
concerning	was ... betrifft
frankly speaking	offen gesagt
generally speaking	im Allgemeinen
including	einschließlich
judging by/from	nach ... zu urteilen
providing that	vorausgesetzt, dass
regarding	in Bezug auf
strictly speaking	genau genommen
supposing (that)	angenommen, (dass)
talking of	da gerade von ... die Rede ist
speaking of	da gerade von ... die Rede ist

Frankly speaking, I don't like Winifred.	Offen gesagt, mag ich Winifred nicht.
Regarding your letter of last week ...	In Bezug auf ihren Brief von der vergangenen Woche ...
Talking of Sophia, how's her baby?	Da gerade von Sophia die Rede ist, wie geht es ihrem Baby?
Strictly speaking, this answer is wrong.	Genau genommen, ist diese Antwort falsch.
Speaking of Jane, here she is now.	Da gerade von Jane die Rede ist, sie ist jetzt hier.

Partizip als prädikative Ergänzung

Nach Verben der Sinneswahrnehmung wird durch die Konstruktion aus Objekt und ergänzendem Partizip Präsens der Verlauf einer Handlung betont (23):

(23)

I saw him singing.	Ich sah ihn, als er sang.

Nach Verben der Ruhe und Bewegung wird das Partizip als prädikative Ergänzung zum Subjekt verwendet (24):

(24)

We sat watching television.	Wir saßen und sahen fern.
She lay injured on the floor.	Sie lag verletzt am Boden.

Verb

6.9 Das Gerundium

Grundwissen: Das Gerundium ist ein substantiviertes Verb und vereint in sich daher Eigenschaften von Verb und Substantiv.

Formen des Gerundiums

Grundwissen: Das Gerundium hat vier Formen:

	Präsens	Perfekt
Aktiv	*writing*	*having written*
Passiv	*being written*	*having been written*

Die Form des Gerundiums ist identisch mit den Formen des Partizips (→ 6.8):

Die *-ing*-Form des Gerundiums (Präsens Aktiv) wird am meisten verwendet (25). Die Passivformen des Gerundiums werden bei passivischem Sinn gebraucht (26):

(25)

Walking is healthy.	Gehen ist gesund.

(26)

Our dog loves being walked.	Unser Hund liebt es, ausgeführt zu werden.
Their children hate being taught.	Ihre Kinder hassen es, unterrichtet zu werden.
I hate being seen in my pyjamas.	Ich hasse es, in meinem Pyjama gesehen zu werden.

Mit der Perfektform des Gerundiums wird ein Bezug zur Vergangenheit hergestellt, obwohl die Präsensform meist genügt. Beide Konstruktionen erscheinen sehr oft in Verbindung mit Verben wie (27):

(27)

to dislike	nicht mögen
to hate	hassen
to regret	bedauern
to loathe	verabscheuen

I disliked having had to do that.	Es hat mir nicht gefallen, das tun zu müssen.
I disliked having to do that.	

She regretted having said that.	Sie bedauerte, dass sie das gesagt hatte.
She regretted saying that.	
He hated having had to see him.	Er hasste es, ihn sehen zu müssen.
He hated having to see him.	

Gebrauch des Gerundiums

Das Gerundium wird verwendet:

- als das Subjekt eines Satzes,
- als Objekt eines Satzes,
- nach Präpositionen,
- nach bestimmten Verben oder Ausdrücken,
- als eigener Handlungsträger und
- in bestimmten Wendungen.

Verb

Das Gerundium als Subjekt

Grundwissen: Das Gerundium kann als Subjekt eines Satzes dienen, der eine allgemeine Aussage trifft (28):

(28)

Swimming is healthy.	Schwimmen ist gesund.
Sleeping is pleasant.	Schlafen ist angenehm.

Working is not always enjoyable.	Arbeiten macht nicht immer Spaß.
Eating is necessary.	Essen ist nötig.

Die gleichen Gedanken können auch mittels einer Infinitivkonstruktion zum Ausdruck gebracht werden (→ 6.7 Bsp. 36–37) 29:

29

It is healthy to swim.	Schwimmen ist gesund.
It is pleasant to sleep.	Schlafen ist angenehm.
It is not always enjoyable to work.	Arbeiten macht nicht immer Spaß.
It is necessary to eat.	Essen ist nötig.

Das Gerundium kann entsprechend seinem Verbalcharakter entweder mit direktem Objekt und Adverb konstruiert werden oder entsprechend seinem substantivischen Charakter mit Artikel, Possessiv- oder Demonstrativpronomen stehen sowie ein Adjektiv und ein Genitivobjekt bei sich haben 30:

30

The climbing of Mont Blanc is difficult.	Den Mont Blanc zu ersteigen ist schwierig.
(Climbing Mont Blanc is difficult.)	
The careful reading of this book is important.	Das sorgfältige Lesen dieses Buches ist wichtig.
(Reading this book carefully is important.)	

The successful growing of orchids is rare.	Die erfolgreiche Zucht von Orchideen ist selten.
(Growing orchids successfully is rare.)	

Hinweis: Das Gerundium als Subjekt kann keinen Plural bilden.

Das Gerundium als Objekt eines Satzes

Das Gerundium kann auch als Objekt eines Satzes erscheinen (31):

(31)

I like reading.	Ich lese gern.
We enjoy swimming.	Wir schwimmen gern.
They dislike jogging.	Sie joggen ungern.
He hates getting up early.	Er steht sehr ungern früh auf.

Das Gerundium als Objekt kann wiederum mit einem Objekt verbunden sein und durch ein Adverb näher bestimmt werden (32):

(32)

I like reading books.	Ich lese gern Bücher.
We enjoy swimming quickly.	Wir schwimmen gern schnell.
They dislike jogging slowly.	Sie joggen nicht gern langsam.
He hates getting up in the morning.	Er hasst es, morgens aufzustehen.

Das Gerundium nach Präpositionen

Grundwissen: Nach Präpositionen kann als verbale Ergänzung nur das Gerundium gebraucht werden ㉝:

㉝

She is good at speaking English.	Sie kann gut Englisch sprechen.
I'm looking forward to meeting you.	Ich freue mich darauf, Sie kennenzulernen.
He is very quick at writing books.	Er schreibt sehr schnell Bücher.

Verb

Hinweis: Es gibt einige Ausdrücke, die entweder mit Präposition + Gerundium oder mit dem Infinitiv konstruiert werden. Letzteres ist typisch für die Umgangssprache, z. B. ㉞:

㉞

They have a chance to win the competition. (*They have a chance of winning the competition.*)	Sie haben Aussicht, den Wettbewerb zu gewinnen.
I am keen to travel. (*I am keen on travelling.*)	Ich bin versessen darauf, zu reisen.
We're not passionate to leave. (*We're not passionate on leaving.*)	Wir sind nicht sehr darauf aus, zu gehen.

Nach den Frageformeln *How about ... ?* und *What about ... ?* wird das Gerundium ebenfalls verwendet (35):

(35)

How about visiting us this evening?	Wie wäre es, wenn ihr uns heute Abend besuchen würdet?
What about making a cup of tea?	Wie wäre es, wenn wir eine Tasse Tee kochen würden?

Im Englischen ist es möglich, eine Präposition und ein Gerundium zu einer adverbialen Bestimmung zu kombinieren. Dies wird im Deutschen meistens mit einem Nebensatz wiedergegeben, der von einer Konjunktion eingeleitet wird. Solche adverbialen Bestimmungen werden mit folgenden Präpositionen gebildet (36):

(36)

after – nachdem

before – bevor, ehe

by – dadurch dass

for – weil, dafür dass

instead of – anstatt zu

on – als

without – ohne zu

By working all night, she finished her work.	Dadurch, dass sie die ganze Nacht arbeitete, bekam sie ihre Arbeit fertig.
He got into bed without waking the cat.	Er ist ins Bett gegangen, ohne die Katze zu wecken.
On waking, she stretched.	Als sie aufwachte, streckte sie sich.

Das Gerundium nach bestimmten Verben und Ausdrücken

Nach den folgenden Verben muss das Gerundium stehen (37):

(37)

to appreciate – zu schätzen wissen

to avoid – vermeiden

to consider – in Betracht ziehen

to delay – verschieben

to deny – leugnen, dementieren

to detest – verabscheuen

to enjoy – Spaß haben an

to finish – beenden

to give up – aufgeben

to keep (on) – immer weiter (tun)

to mind – etwas dagegen haben

to miss – versäumen, vermissen

to postpone – verschieben

to practise – üben

to prevent – verhindern

to put off – verschieben

to risk – wagen, aufs Spiel setzen

She avoids talking to him.	Sie vermeidet es, mit ihm zu reden.
I don't deny liking a good French wine.	Ich leugne nicht, gern einen guten französischen Wein zu trinken.
He didn't risk skiing down the slope.	Er hat es nicht gewagt, den Hang herunterzufahren.

I don't mind eating toast.	Mir macht es nichts aus, Toast zu essen.
He postponed holding the meeting.	Er hat die Sitzung verschoben.

Nach den folgenden Ausdrücken darf nur das Gerundium gebraucht werden (38):

(38)
to be busy – beschäftigt sein mit
It's no use ... – Es lohnt sich nicht ...
It's not good ... – Es hat keinen Zweck ...
It's (not) worth ... – Es lohnt sich (nicht) ...
Fancy ...! – Was für eine Überraschung ...!

He's busy doing his work.	Er ist gerade damit beschäftigt, seine Arbeit zu machen.
It's not worth going out tonight.	Es lohnt sich nicht, heute Abend wegzugehen.
Fancy meeting you here!	Was für eine Überraschung, dass ich dich hier treffe!

Verb

Das Gerundium mit eigenem Handlungsträger

Grundwissen: Stimmt der Handlungsträger des Gerundiums nicht mit dem Satzsubjekt überein, so tritt er in Form eines Substantivs oder Pronomens vor das Gerundium.

Im gehobeneren Englisch wird ein Possessivpronomen oder ein Substantiv im 's-Genitiv mit dem Gerundium verwendet (39):

(39)

Please excuse my coming late.	Bitte verzeihen Sie, dass ich zu spät komme.
He's very much looking forward to her coming.	Er freut sich sehr darauf, dass sie kommt.
I'm happy about my brother's visiting us.	Ich bin froh darüber, dass mein Bruder uns besucht.

In der Umgangssprache wird das Personalpronomen bzw. Substantiv im Objektfall mit dem Gerundium gebraucht (40):

(40)

Please excuse me interrupting you.	Entschuldige bitte, dass ich dich unterbreche.
He hates the children going to bed so late.	Er mag es überhaupt nicht, wenn die Kinder so spät ins Bett gehen.

Das Gerundium in bestimmten Wendungen

Folgende Ausdrücke mit dem Gerundium kommen besonders im literarischen Englisch häufig vor (41):

(41)

the art of living	die Kunst des Lebens, die Kunst zu leben
the mode of living	die Art des Lebens, die Lebensweise

Auch im normalen Sprachgebrauch wird dieser Konstruktionstyp benutzt (42):

(42)

The art of writing is highly valued.	Die Kunst des Schreibens ist hoch geschätzt.
The skill of speaking a foreign language is much sought after in employees.	Die Fähigkeit, eine Fremdsprache zu sprechen, ist bei Arbeitnehmern sehr gesucht.

Das Gerundium steht nach *to go* häufig in Verbindung mit einem Imperativ (43):

(43)

Let's go sailing!	Lass uns segeln!
Let's go swimming!	Lass uns schwimmen gehen!

Nach *to come* wird es verwendet, wenn eine Einladung ausgedrückt werden soll (44):

(44)

Come swimming!	Komm mit schwimmen!
Come sailing!	Kommt mit segeln!

Das Gerundium wird häufig als erster Bestandteil in zusammengesetzten Substantiven verwendet. Es entspricht in diesem Fall einem nachgestellten *for* + Gerundium (45):

(45)

running shoes = shoes for running (Laufschuhe)

sailing boat = a boat for sailing (Segelboot)

swimming costume = a costume for swimming (Badeanzug)

Hinweis: Nur der erste Teil solcher Zusammensetzungen wird betont. Sonst ändert sich die Bedeutung (46):

(46)

'running shoes = shoes for running

running 'shoes = shoes which run (Schuhe, die laufen!)

Verben mit dem Gerund oder Infinitiv

Grundwissen: Es gibt eine Reihe von Verben, auf die entweder das Gerundium oder der Infinitiv folgen kann. Teils bleibt die Bedeutung gleich, teils ergibt sich ein kleiner oder ein großer Bedeutungsunterschied.

Bei den folgenden Verben können beide Formen nach Wahl gebraucht werden (47):

(47)

to begin – anfangen

to not stand/bear – nicht ertragen

to cease – aufhören

to commence – beginnen

to continue – weitermachen

to intend – beabsichtigen

to propose – vorschlagen

to start – anfangen

They continued reading.	Sie lasen weiter.
They continued to read.	
He intends marrying her.	Er beabsichtigt, sie zu heiraten.
He intends to marry her.	

Hinweis: Zwar werden die oben genannten Verben unterschiedslos mit Gerundium oder Infinitiv konstruiert, doch ist nach den Verlaufsformen der Infinitiv üblicher (besonders bei *to begin, to cease, to continue* und *to start*), da die Wiederholung von *-ing* unschön ist (48):

(48)

I'm starting to do the work now.	Ich fange gerade an, die Arbeit zu machen.
(Nicht: *I'm starting doing ...*)	
They were continuing to work.	Sie arbeiteten weiter.
(Nicht: *They were continuing working ...*)	
He will be beginning to work next week.	Er wird mit dem Arbeiten nächste Woche anfangen.
(Nicht: *He will be beginning working ...*)	

Bei manchen Verben bezeichnet das Gerundium eine gewohnheitsmäßige Handlung oder allgemeine Aussage, während der Infinitiv sich auf einen konkreten Einzelfall bezieht (49):

(49)

to hate	*I hate to ask you.*	Mir gefällt es nicht, dich zu fragen.
	I hate asking you.	Mir gefällt es nie, dich zu fragen.

to prefer	*I prefer to stand here.*	Mir ist es lieber, hier zu stehen.
	I prefer standing.	Mir ist das Stehen lieber.
to like/ to love	*I like/love swimming.*	Das Schwimmen (egal, wer es betreibt) gefällt mir (sehr).
	I like/love to swim.	Ich schwimme (sehr) gerne.

Hinweis: Bei der Konstruktion *I prefer sleeping to working* (*Mir ist das Schlafen lieber als das Arbeiten*) ist nur das Gerundium möglich.

Bei den folgenden Verben ändert sich die Bedeutung vollkommen, je nachdem, ob man das Gerundium oder den Infinitiv verwendet (50):

(50)

to remember	*I remembered to visit you.*	Ich habe nicht vergessen, dich zu besuchen.
	I remembered visiting you.	Ich erinnerte mich an meinen Besuch bei dir.
to forget	*He forgot to go to the bank.*	Er hat vergessen, zur Bank zu gehen.
	He forgot going to the bank.	Er hat vergessen, dass er bei der Bank war.

to regret	*I regret to tell you that your mother is ill.*	Es tut mir leid, Ihnen mitteilen zu müssen, dass Ihre Mutter krank ist.
	I regret telling you that your mother is ill.	Ich bereue es, Ihnen gesagt zu haben, dass Ihre Mutter krank ist.
to try	*Try to run 10 kilometres.*	Versuch es jetzt, 10 Kilometer zu rennen.
	Try running 10 kilometres.	Probiere doch mal aus, 10 Kilometer zu rennen.
to stop	*I stopped to buy some milk.*	Ich hielt an, um Milch zu kaufen.
	I stopped buying milk.	Ich habe aufgehört, Milch zu kaufen.
to go on	*They went on to talk about something new.*	Sie haben mit einem neuen Gesprächsthema angefangen.
	They went on talking about the same thing.	Sie unterhielten sich zum gleichen Thema weiter.

Hinweis: Nach *to remember*, *to forget* und *to regret* weist das Gerundium auf die Vergangenheit hin.

Verb

Die folgenden Verben werden mit Infinitiv konstruiert, wenn sie ein Objekt bei sich haben, sonst mit Gerundium 52:

51

to allow	*The school doesn't allow eating in class.*	Die Schule untersagt das Essen im Klassenzimmer.
	The school doesn't allow us to eat in class.	Die Schule verbietet' uns, im Klassenzimmer zu essen.
to permit	*They don't permit smoking here.*	Sie erlauben das Rauchen hier nicht.
	They don't permit them to smoke.	Sie erlauben ihnen das Rauchen hier nicht.
to advise	*The doctor advised eating plenty of fresh fruit.*	Der Arzt riet, viel frisches Obst zu essen.
	The doctor advised me to eat plenty of fresh fruit.	Der Arzt riet mir, viel frisches Obst zu essen.

6.10 Ergänzungen des Verbs

Prädikative Ergänzungen zum Subjekt

Grundwissen: Bei bestimmten Verben kann eine Aussage über das Subjekt nur gemacht werden, wenn sie mit einem Substantiv oder Adjektiv bzw. Partizip verwendet werden. Dazu gehören die Verben des Werdens ①, des Seins, Scheinens und Aussehens ② sowie der Sinneswahrnehmung ③:

①

to become (werden) + Substantiv oder Adjektiv/Partizip	
She wants to become a doctor.	Sie will Ärztin werden.
The situation is becoming difficult.	Die Lage wird schwierig.
***to get (werden)* + Adjektiv/Partizip**	
The people got angrier.	Die Leute wurden zorniger.
The work got done.	Die Arbeit wurde gemacht.
***to go (werden)* + Adjektiv**	
The old man is going blind.	Der alte Mann wird blind.
I think you've gone mad.	Ich glaube, du bist verrückt geworden.
***grow (werden)* + Adjektiv**	
It grew dark.	Es wurde dunkel.
She is growing taller.	Sie wird größer.
***to turn (werden)* + Adjektiv**	
The coffee turned cold.	Der Kaffee wurde kalt.
The weather turned pleasant.	Das Wetter wurde angenehm.
***to fall (werden)* + Adjektiv**	
He fell ill.	Er wurde krank.

2

to prove (to be) (sich erweisen als) **+ Substantiv oder Adjektiv**	
It proved to be a good idea.	Es hat sich als eine gute Idee erwiesen.
It proved to be helpful.	Es hat sich als hilfreich erwiesen.
to seem (to be) (scheinen) **+ Substantiv oder Adjektiv**	
He seems to be a nice person.	Er scheint ein netter Mensch zu sein.
He seems to be nice.	Er scheint nett zu sein.
to appear (to be) (scheinen) **+ Substantiv oder Adjektiv**	
This flower appears to be a lily.	Diese Blume scheint eine Lilie zu sein.
This flower appears to be very rare.	Diese Blume scheint sehr selten zu sein.
to look (aussehen) **+ Adjektiv**	
You look very nice in that suit.	Du siehst in diesem Anzug sehr hübsch aus.
He looks happy today.	Er sieht heute glücklich aus.
to look like (aussehen wie) **+ Substantiv**	
He looks like John Major.	Er sieht wie John Major aus.

3

to sound (klingen, sich anhören) + Adjektiv	
This music sounds strange.	Diese Musik hört sich seltsam an.
Your voice sounds lovely.	Ihre Stimme klingt wunderschön.
to sound like (klingen, sich anhören wie) + Substantiv	
This music sounds like Bach.	*Diese Musik hört sich wie Bach an.*
That bird sounds like a swallow.	Dieser Vogel klingt wie eine Schwalbe.
to taste (schmecken) + Adjektiv	
This ice cream tastes horrible.	Dieses Eis schmeckt schrecklich.
Your bread tastes delicious.	Dein Brot schmeckt lecker.
to taste of (schmecken nach) + Substantiv	
This tastes of garlic.	Das schmeckt nach Knoblauch.
to smell (riechen) + Adjektiv	
These flowers smell beautiful.	Diese Blumen riechen gut.
This house smells old.	Dieses Haus riecht alt.
to smell of (riechen nach) + Substantiv	
These flowers smell of nothing.	Diese Blumen riechen nach nichts.

Nach Verben der Ruhe wird das Subjekt häufig durch das Partizip Präsens oder das Partizip der Vergangenheit prädikativ ergänzt (4). Nach Verben der Bewegung steht oft ein Partizip Präsens (5). In beiden Fällen können auch Adjektive verwendet werden ((4), (5)):

(4)

to *lie* – liegen

to *remain* – bleiben

to *sit* – sitzen

to *stand* – stehen

to *stay* – bleiben

We sat watching the sunset.	Wir saßen und sahen dem Sonnenuntergang zu.
The work remained undone.	Die Arbeit blieb unverrichtet.
He lay quiet in bed.	Er lag ruhig im Bett.

(5)

to *come* – kommen

to *go* – gehen

to *run* – rennen

to *walk* – (spazieren) gehen

to *arrive* – ankommen

She came running down the path.	Sie kam den Weg entlanggerannt.
We walked singing through the mountains.	Wir gingen singend durch die Berge.
He arrived safe.	Er kam sicher an.

Prädikative Ergänzungen zum Objekt

Grundwissen: Manche Verben müssen mit einem Substantiv oder Adjektiv ergänzt werden, damit eine Aussage über das Objekt (im Passiv über das Subjekt) möglich ist. Es handelt sich um Verben des Ernennens und Erwählens (6) sowie der Versetzung in einen Zustand (7):

(6)

to call (bezeichnet als, halten für) + **Substantiv oder Adjektv**	
She calls herself an actress.	Sie bezeichnet sich als Schauspielerin.
to declare (erklären zu/für) + **Substantiv oder Adjektiv**	
I declare her (to be) the winner.	Ich erkläre sie zum Gewinner.
He declared the meeting finished.	Er erklärte die Sitzung für beendet.
to make (ernennen zu) + **Substantiv**	
They made her conductor of the orchestra.	Sie ernannten sie zur Leiterin des Orchesters.
She was made conductor of the orchestra.	Sie wurde zur Leiterin des Orchesters gemacht.
to name (nennen, ernennen) + **Substantiv**	
We have named our son Eustace.	Wir haben unseren Sohn Eustace genannt.
She was named professor of the department.	Sie wurde zur Professorin des Instituts ernannt.

⑦

to make (machen) + Adjektiv	
The decision made him happy.	Die Entscheidung machte ihn glücklich.
He was made rich by his Lotto win.	Er wurde durch seinen Lotto-Gewinn reich gemacht.

Die prädikative Ergänzung des Objekts steht mit *as* oder *for* nach den folgenden Verben des Erwählens ⑧ und Dafürhaltens ⑨:

⑧

to choose as (wählen als, zu) + Substantiv	
She chose Eric as her husband.	Sie wählte Eric zu ihrem Ehemann.
Eric was chosen to be her husband.	Eric wurde zu ihrem Ehemann gewählt.

⑨

to acknowledge as (anerkennen als) + Substantiv	
They acknowledged him as president.	Sie haben ihn als Präsident anerkannt.
He was acknowledged as president.	Er wurde als Präsident anerkannt.

to consider as (ansehen als) + Substantiv	
They considered her as a friend.	Sie sahen sie als Freundin an.

to recognize as (anerkennen als) + Substantiv	
They recognized her as one of the best painters.	Sie erkannten sie als eine der besten Malerinnen an.
She was recognized as one of the most important scientists.	Sie wurde/Sie war als eine der wichtigsten Wissenschaftlerinnen anerkannt.
to take for (halten für) + Substantiv oder Adjektiv	
He takes me for a genius.	Er hält mich für ein Genie.
She was taken for silly.	Sie wurde für albern gehalten.

Verb

Nach den Verben der Sinneswahrnehmung kann das Objekt durch ein Partizip Präsens oder ein Partizip der Vergangenheit ergänzt werden. Mit dieser Konstruktion wird der Verlauf einer Handlung betont (10):

(10)

to see – sehen

to hear – hören

to feel – (sich) fühlen

to notice – bemerken

to observe – beobachten

to watch – beobachten

I saw him driving away.	Ich sah ihn wegfahren./Ich sah, wie er wegfuhr.

We heard them singing a song.	Wir hörten sie ein Lied singen./ Wir hörten, wie sie ein Lied sangen.
I have often heard this song sung differently.	Ich habe dieses Lied oft anders gesungen gehört./ Ich habe oft gehört, wie dieses Lied anders gesungen wurde.

Bei folgenden Verben kann das Objekt durch ein Adjektiv oder ein Partizip erweitert sein (11):

(11)
to *keep* – (be)halten, lassen
to *find* – finden, vorfinden
to *leave* – verlassen, lassen

Sorry I kept you waiting.	Es tut mir leid, dass ich dich warten ließ.
We found him wrapped up in a blanket.	Wir fanden ihn in eine Decke gewickelt.
I left the door open.	Ich ließ die Tür offen.

Hinweis: *to have* bzw. *to get* + Objekt + Partizip der Vergangenheit entspricht dem deutschen veranlassen (→ 6.2 Bsp. (35)–(36)).

Verb

6.11 Transitive und intransitive Verben

Transitive Verben

Grundwissen: Alle Verben, die mit einem direkten Objekt verbunden sind, heißen transitive Verben (1):

(1)

I eat meat.	Ich esse Fleisch.
He speaks French.	Er spricht Französisch.
She likes him.	Sie mag ihn.

Hinweis: Aus transitiven Verben lassen sich Fragen bilden, die mit einem Fragewort im Akkusativ eingeleitet werden (2):

(2)

What do you eat?	Was isst du?
Which language does he speak?	Welche Sprache spricht er?
Who(m) does she like?	Wen mag sie?

Die Zahl der transitiven Verben ist im Englischen größer als im Deutschen, weil es lediglich eine Objektform kennt. Wichtige Verben, die im Unterschied zum Deutschen transitiv gebraucht werden können, sind (3):

(3)

to advise – raten

to approach – sich nähern

to command – befehlen

to congratulate – gratulieren

to contradict – widersprechen

to *enter* – eintreten in

to *escape* – entkommen

to *follow* – folgen

to *help* – helfen

to *invade* – eindringen in

to *join* – sich anschließen

to *meet* – begegnen

to *obey* – gehorchen

to *oppose* – sich widersetzen

to *order* – befehlen, beauftragen

to *please* – gefallen

to *remember* – sich erinnern

to *resist* – widerstehen

to *serve* – dienen

to *succeed* – nachfolgen

to *thank* – danken

to *trust* – (ver)trauen

I advise you to see the doctor.	Ich rate Ihnen, den Arzt aufzusuchen.
Follow me in your car.	Folge mir in deinem Auto!
Thank you for lunch.	Ich danke Ihnen für das Mittagessen.
This music pleases me.	Diese Musik gefällt mir.
He entered the building.	Er trat in das Gebäude.
Don't contradict me.	Widersprechen Sie mir nicht!

Intransitive Verben

Grundwissen: Verben, die kein direktes Objekt bei sich haben, werden intransitiv genannt. Sie können keine Passivform bilden. Manche Verben können transitiv oder intransitiv sein (→ 6.11 Bsp. 6).

Zu den rein intransitiven Verben gehören 4:

4

to *ache* – wehtun

to *appear* – erscheinen

to *arise* – entstehen, sich erheben

to *arrive* – ankommen

to *come* – kommen

to *cough* – husten

to *disappear* – verschwinden

to *fall* – fallen

to *go* – (weg)gehen

to *hesitate* – zögern

to *lie* – liegen, lügen

to *rise* – sich erheben

to *sleep* – schlafen

to *sneeze* – niesen

My head aches.	Mein Kopf tut (mir) weh.
The train arrived at 2 o'clock.	Der Zug ist um 14 Uhr angekommen.
She coughed all night.	Sie hustete die ganze Nacht.
They fell out of the tree.	Sie sind vom Baum gefallen.
We slept on the couch.	Wir haben auf der Couch geschlafen.

Verb

Es gibt zudem eine Reihe von »phrasal verbs«, d. h. Verb-PartikelVerbindungen (→ 6.12), die ausschließlich intransitiv gebraucht werden, z. B. 5:

5

to break down	eine Panne haben
to dress up	sich fein machen
to show off	angeben
Our car broke down in the middle of the night.	Unser Auto hat mitten in der Nacht eine Panne gehabt.
They dressed up before the party.	Sie haben sich vor der Party fein gemacht.
Stop showing off!	Hör auf anzugeben!

Manche Verben können transitiv (mit direktem Objekt) oder intransitiv (ohne direktes Objekt) verwendet werden. Dazu gehören 6:

6

to answer	antworten
to ask	fragen
to begin	beginnen, anfangen
to break	kaputtgehen, kaputtmachen, (zer)brechen
to burn	*brennen*
to choose	(aus)wählen
to close	schließen
to drop	fallen lassen
to fly	fliegen

to hurt	verletzen, wehtun
to read	lesen, sich lesen (Buch)
to move	bewegen, umstellen, sich bewegen, umziehen
to open	öffnen
to ring	läuten, klingen, klingeln
to shake	schütteln
to understand	verstehen
to write	schreiben

intr.	*The machine broke.*	Das Gerät ist kaputtgegangen.
trans.	*I broke the machine.*	Ich habe das Gerät kaputtgemacht.
intr.	*The shop closed.*	Das Geschäft schloss.
trans.	*He closed the shop.*	Er hat das Geschäft geschlossen.
intr.	*This book reads well.*	Dieses Buch liest sich gut.
trans.	*She is reading a book.*	Sie liest gerade ein Buch.

Verb

intr.	*Can you understand?*	Kannst du es verstehen?
trans.	*Do you understand me?*	Verstehst du mich?

6.12 Verb + Adverb oder Präposition *(Phrasal Verbs)*

Grundwissen: Eines der Merkmale des englischen Verbs ist seine Fähigkeit, sich mit Adverbien und Präpositionen zu verbinden.

Bildung und Gebrauch der Verb-Partikel-Kombination

Die häufigsten Kombinationen bestehen aus oft gebrauchten Verben und kurzen Adverbien bzw. Präpositionen, die Stellung oder Richtung bezeichnen [1]:

[1]

Verben	Partikel
to *be* – sein	*about*
to *break* – (zer)brechen	*across*
to *bring* – bringen	*after*
to *come* – kommen	*against*
to *do* – machen	*along*
to *fall* – fallen	*(a)round*
to *find* – finden	*at*
to *get* – bekommen	*away*
to *give* – geben	*by*
to *go* – gehen	*back*
to *help* – helfen	*down*
to *let* – erlauben	*for*
to *make* – machen	*forward*

to *put* – stellen	*in*
to *send* – schicken	*into*
to *stand* – stehen	*off*
to *take* – nehmen	*on*
to *tear* – (zer)reißen	*out*
to *throw* – werfen	*over*
to *turn* – drehen	*through*
to *write* – schreiben	*to*
	under
	up
	with
	without

Verb

Ein Verb kann mit vielen Partikeln kombiniert werden, wobei sich verschiedene Bedeutungen ergeben, z. B. (2):

(2)

to put	*to put on* – (Kleidung) anziehen
	to put out – ausstrecken, verrenken, ausschalten
	to put in – hineinstellen
	to put up – (jemandem) Unterkunft anbieten
	to put off – abstoßen; entmutigen
to let	*to let off* – freisprechen
	to let down – enttäuschen
	to let on – enthüllen
	to let in – hineinlassen
	to let out – herauslassen

In der Umgangssprache ist es üblich, an Stelle eines Verbs, das aus nur einem Wort besteht, ein gleichbedeutendes *phrasal verb* zu verwenden, z. B. *to blow up* (*explodieren – sprengen*) an Stelle von *to explode*. Andere Beispiele (3):

(3)

to take off (erfolgreich werden) statt *to succeed:*

Her business really took off last year.	Ihr Geschäft wurde letztes Jahr sehr erfolgreich.

to give in (aufgeben) statt *to surrender:*

The boxer gave in and admitted defeat.	Der Boxer gab auf und gab seine Niederlage zu.

to let off (freisprechen) statt *to acquit:*

The judge let the criminal off.	Der Richter sprach den Verbrecher frei.

Die wichtigsten Arten der Phrasal Verbs

Verb + Präposition

Die folgenden Kombinationen aus Verb und Präposition werden mit Objekt gebraucht. Die Präposition ist immer unbetont (4):

(4)

to break into (einbrechen)	*The thief broke into the house.* Der Dieb brach ins Haus ein.

to come across (entdecken)	*I came across an old book in the attic.* Ich entdeckte im Speicher ein altes Buch.
to do without (verzichten auf)	*I can't do without coffee.* Ich kann auf Kaffee nicht verzichten.
to get at (meinen)	*What are you getting at?* Was meinen Sie damit?
(kritisieren)	*She's always getting at me.* Sie kritisiert mich ständig.
to get over (genesen)	*You'll get over your cold if you stay in bed.* Du wirst von deiner Erkältung genesen, wenn du im Bett bleibst.
to go for (angreifen)	*That dog goes for the post-man every morning.* Dieser Hund greift den Brief-träger jeden Morgen an.
to go into (erforschen)	*We must go into this problem more deeply.* Wir müssen dieses Problem tiefer erforschen.

to jump at (sofort annehmen)	*She jumped at the job.* Sie hat die Arbeit sofort angenommen.
to look into (untersuchen)	*The police looked into the murder.* Die Polizei untersuchte den Mord.
to run into (zufällig treffen)	*She ran into her former boyfriend.* Sie traf zufällig ihren früheren Freund.
to see to (sich kümmern um)	*I'll see to the problem immediately.* Ich kümmere mich sofort um das Problem.
to see about (sich überlegen)	*I'll have to see about it.* Ich muss es mir überlegen.
to stand by (unterstützen)	*He always stands by his friends.* Er unterstützt immer seine Freunde.
to stand for (bedeuten)	*The letters "e.g." stand for "for example".* Die Buchstaben »z. B.« bedeuten »zum Beispiel«.

to take after (ähneln)	*She takes after her father.* Sie ähnelt ihrem Vater.
to take to (mögen)	*They took to each other straight away.* Sie haben sich sofort gemocht.
to turn on (aggressiv werden)	*The dog turned on the postman.* Der Hund ging auf den Briefträger los.

Verb

Verb + Präposition/Adverb

Die folgenden Kombinationen aus Verb und Präposition/Adverb sind teils transitiv, teils intransitiv. Präpositionen und Adverb werden betont (5):

(5)

to answer back (freche Antwort geben)	*He told his son not to answer back.* Er sagte seinem Sohn, er solle keine frechen Antworten geben.
to back down (nachgeben)	*Don't back down or run away!* Gib nicht nach, und lauf nicht weg!
to bear up (durchhalten)	*Bear up! It's not as bad as you think!* Halt durch! Es ist nicht so schlimm, wie du denkst.

to *break down* (zusammenbrechen)	*She broke down when she heard the news.* Sie brach zusammen, als sie die Botschaft hörte.
to *break off* (abbrechen)	*She broke off the engagement.* Sie löste die Verlobung.
to *break out* (ausbrechen)	*A flu epidemic broke out last autumn.* Letzten Herbst ist eine Grippe-epidemie ausgebrochen.
to *break up* (aufhören)	*School broke up yesterday.* Die Schule hat gestern aufgehört.
to *carry on* (weitermachen)	*Don't stop! Carry on!* Hör nicht auf! Mach weiter!
to *catch up* (einholen)	*They caught up with us in their fast car.* Sie haben uns in ihrem schnellen Auto eingeholt.
to *clear out* (weggehen)	*You're busy, so I'll clear out and go home.* Du hast viel zu tun, also geh ich nach Hause.

to clear up (besser werden)	*I hope the weather will clear up at the weekend.* Ich hoffe, dass das Wetter am Wochenende besser wird.
to come about (passieren)	*How did this come about?* Wie ist das passiert?
to come to (zu Bewusstsein kommen)	*He came to quickly after the accident.* Nach dem Unfall ist er schnell wieder zu sich gekommen.
to drop in (vorbeikommen)	*Please drop in whenever you're in London.* Komm bitte vorbei, wenn du in London bist!
to fall back (zurückfallen)	*The horse fell back in the race.* Das Pferd ist beim Rennen hinter die anderen zurückgefallen.
to fall off (abnehmen)	*The number of people in this choir has fallen off.* Die Zahl der Mitglieder in diesem Chor hat abgenommen.

to *fall through* (fehlschlagen)	*My plans fell through.* Meine Pläne sind fehlgeschlagen.
to *find out* (herausfinden)	*Please find out the answer by tomorrow.* Bitte finden Sie die Antwort bis morgen heraus.
to *get on* (sich gut verstehen)	*Julie and Helen get on well.* *Julie und Helen verstehen sich gut.*
(Fortschritte machen)	*She's getting on well with French.* Sie macht in Französisch große Fortschritte.
to *give in* (nachgeben, aufgeben)	*The cyclist had to give in and stop the race.* Der Radfahrer musste sich geschlagen geben und mit dem Rennen aufhören.
to *give out* (bekannt geben)	*The university has given out that new courses will be offered next year.* Die Universität hat bekannt gegeben, dass nächstes Jahr neue Kurse angeboten werden.

to give up (aufgeben)	*He gave up his job to live on an island.* Er hat seine Stelle aufgegeben, um auf einer Insel zu leben.
to go off (explodieren)	*The bomb went off at midnight.* Die Bombe explodierte um Mitternacht.
to go round (ausreichen)	*Is there enough cake to go round?* Gibt es genügend Kuchen für alle?
to hang around (herumsitzen)	*John and his friends hang around the library at night.* John und seine Freunde sitzen abends in der Bibliothek herum.
to hold on (warten)	*Hold on! I'll come with you.* Wartet mal! Ich komme mit!
to hold out (durchhalten)	*Can you hold out until lunch is ready, or do you want to eat something now?* Kannst du durchhalten, bis das Mittagessen fertig ist, oder willst du jetzt etwas essen?

to *knock off* (aufhören)	*I'm tired. Let's knock off.* Ich bin müde. Lass uns aufhören zu arbeiten.
to *leave off* (aufhören)	*Please leave off annoying the cat!* Hör bitte auf, die Katze zu ärgern!
to *live in* (in dem Hause wohnen, in dem man arbeitet/studiert)	*Do you want to live in when you start studying, or do you want to look for your own flat?* Willst du im Studentenwohnheim wohnen, wenn du zu studieren anfängst, oder willst du dir eine eigene Wohnung suchen?
to *look out* (aufpassen)	*Look out! There's a car coming!* Pass auf! Es kommt ein Auto!
to *look up* (besser werden)	*I think the situation is looking up.* Ich glaube, die Situation wird besser.
to *make up* (sich schminken)	*She made up her face before going out.* Sie schminkte sich, bevor sie ausging.

to make out (tun als ob)	*He makes out that he's much cleverer than he is.* Er tut so, als ob er viel schlauer wäre, als er eigentlich ist.
to pull through (durchkommen)	*The patient pulled through.* Der Patient kam durch.
to pull up (anhalten)	*The car pulled up at the traffic lights.* Das Auto hielt an der Ampel an.
to ring off (auflegen)	*After talking to my mother on the phone for 3 hours I rang off.* Nachdem ich 3 Stunden mit meiner Mutter telefonierte, habe ich aufgelegt.
ring up (anrufen)	*I rang up my mother yesterday.* Ich rief meine Mutter gestern an.
to set in (anfangen)	*Winter will set in soon.* Der Winter wird bald anfangen.

Verb

to settle up (eine Rechnung begleichen)	*I must settle up this bill before the end of the month.* Ich muss diese Rechnung vor Monatsende begleichen.
shut up (den Mund halten)	*Shut up and leave me alone!* Halt den Mund, und lass mich in Ruhe!
to stand by (zu jemandem stehen)	*He always stands by his friends.* Er steht immer zu seinen Freunden.
to take off (abfliegen)	*The plane takes off at 9 o'clock.* Das Flugzeug fliegt um 9 Uhr ab.
to turn up (erscheinen, auftauchen)	*He turned up 2 hours late.* Er tauchte 2 Stunden zu spät auf.

Verb + Objekt + Partikel oder Verb + Partikel + Objekt

Außer bei sehr wenigen Verben in dieser Kategorie (gekennzeichnet durch *) sind beide Kombinationen möglich, d. h. entweder *to take one's shoes off* oder *to take off one's shoes*. Wenn die Partikel nach dem Objekt kommt, wird sie betont: *to take one's shoes off*, aber: *to take off one's shoes*. Wenn das Objekt ein Personalpronomen ist, wird es zwischen Verb und Partikel gestellt: *bring him up, do it up* usw. Bei allen Verben sind auch passivische Konstruktionen möglich ⑦.

Hinweis: Eine Präposition oder ein Adverb folgen häufig auf ein Verb. Diese Kombination gilt jedoch nur dann als »*phrasal verb*«, wenn die Präposition oder das Adverb in einer besonderen Beziehung zum Verb steht, d. h. die Kombination eine eigene Bedeutung hat, z. B. (6):

(6)

to eat out	essen gehen, in einem Restaurant essen
Let's eat out tonight.	Lasst uns heute Abend essen gehen!
Aber:	
Let's eat out in the garden.	Lasst uns draußen im Garten essen.

(Hier bezieht sich *out in* auf *garden*, nicht auf *eat*!)

(7)

to back up (unterstützen)	*He always backs me up.* Er unterstützt mich immer.
to bear out (bestätigen)	*He bore out my suspicion.* Er hat meinen Verdacht bestätigt.
to break up (abbrechen)	*Mr Denham broke up his son's party.* Mr. Denham brach die Party seines Sohnes ab.

to bring about (verursachen)	*The new mayor brought about many changes.* Der neue Bürgermeister hat viele Veränderungen in die Wege geleitet.
to bring round (überzeugen)	*He was brought round to her point of view.* Er wurde von ihrer Meinung überzeugt.
to bring up (erziehen)	*I was brought up by my grandparents.* Ich wurde von meinen Großeltern erzogen.
to call off (absagen)	*The football match was called off.* Das Fußballspiel wurde abgesagt.
to carry on (weitermachen)	*We carried on until dusk.* Wir machten bis Einbruch der Dunkelheit weiter.
to carry out (erledigen, erfüllen)	*She carried out her task successfully.* Sie hat ihre Aufgabe erfolgreich erledigt.

to clean up (aufräumen)	*Please clean your room up.* Räume bitte dein Zimmer auf!
to cut off (abstellen)	*Our telephone has been cut off.* Unser Telefon wurde abgestellt.
to do up (renovieren)	*They did up the old house.* Sie haben das alte Haus renoviert.
to draw up (entwerfen)	*She drew up the plans.* Sie hat die Pläne entworfen.
**to get off (abschicken)*	*Please get this letter off for me.* Schicken Sie bitte diesen Brief für mich ab.
give away (verraten)	*She gave the criminal away to the police.* Sie verriet den Verbrecher an die Polizei.
to give up (aufgeben)	*You must give up smoking!* Sie müssen das Rauchen aufgeben!

to hold up (aufhalten)	*The road works held up the traffic.* Die Straßenbauarbeiten hielten den Verkehr auf.
to knock out (bewusstlos schlagen)	*The heavyweight champion was knocked out in the first round.* Der Weltmeister im Schwergewicht wurde in der ersten Runde bewusstlos geschlagen.
**to keep under* (unterdrücken)	*Her husband always kept his feelings under.* Ihr Mann unterdrückte immer seine Gefühle.
to lay in (Vorräte ansammeln)	*We have to lay in stores for winter.* Wir müssen Vorräte für den Winter ansammeln.
to leave out (weglassen)	*Leave out numbers 2 and 3 in the exam.* Lassen Sie die Nummern 2 und 3 in der Prüfung weg!
to let down (enttäuschen)	*Brian has really let me down.* Brian hat mich wirklich enttäuscht.

to *let off* (freisprechen)	*The judge let the criminal off.* Der Richter sprach den Verbrecher frei.
to *look up* (nachschlagen)	*Look this word up in the dictionary.* Schlag dieses Wort im Wörterbuch nach!
to *make out* (verstehen)	*I can't make out your writing.* Ich kann deine Schrift nicht lesen.
to *make up* (erfinden)	*The little girl made up a story.* Das kleine Mädchen hat die Geschichte erfunden.
to *make up* (sich versöhnen)	*Horace and Laetitia made up after their fight.* Horace und Laetitia haben sich nach ihrem Streit versöhnt.
to *pay back* (zurückzahlen)	*Can you lend me 10 pounds? I'll pay you back on Friday.* Kannst du mir 10 Pfund borgen? Ich zahle sie dir am Freitag zurück.
(sich rächen)	*She wanted to pay her teacher back for giving her a bad mark.* Sie wollte sich an ihrem Lehrer rächen, da er ihr eine schlechte Note gegeben hatte.

to pull up (anhalten)	*We pulled up at a country pub.* Wir hielten an einem Landgasthof an.
to put across (verständlich machen)	*She put her ideas across very clearly.* Sie hat ihre Ideen sehr klar verständlich gemacht.
to put off (verschieben)	*Don't put your work off until tomorrow.* Verschieben Sie ihre Arbeit nicht auf morgen.
to run down (kritisieren)	*His wife always runs him down.* Seine Frau kritisiert ihn ständig.
to run over (überfahren)	*Our cat was run over.* Unsere Katze wurde überfahren.
to see off (sich verabschieden)	*He saw me off at the station.* Er hat sich von mir am Bahnhof verabschiedet.

to *take off* (sich freinehmen)	*I took the day off yesterday.* Ich habe mir gestern freigenommen.
(nachahmen)	*Anna takes off her boss brilliantly.* Anna kann ihren Chef genial nachahmen.
to *take on* (auf sich nehmen)	*He took on too much work last year.* Er hat letztes Jahr zu viel Arbeit auf sich genommen.
to *take over* (übernehmen)	*She took over the business last year.* Sie hat das Geschäft letztes Jahr übernommen.
to *take up* (anfangen)	*I want to take up photography.* Ich will mit dem Fotografieren anfangen.
to *try on* (anprobieren)	*Where can I try on this dress?* Wo kann ich dieses Kleid anprobieren?

to try out (probieren)	*They tried out the new brand of coffee.* Sie haben die neue Kaffeemarke probiert.
to turn down (ablehnen)	*She turned down the job.* Sie hat die Arbeit abgelehnt.
to wind up (zu Ende bringen, auflösen)	*Let's wind up the party now.* Lasst uns die Party jetzt beenden.

Verb + Partikel + Präposition

Die Partikel wird bei diesen Verben immer betont. Konstruktionen im Passiv sind selten (8):

(8)

to back out of (aussteigen)	*He backed out of the plan at the last minute.* Er ist aus dem Plan in letzter Minute ausgestiegen.
to be fed up with (die Nase voll haben)	*I'm really fed up with this weather.* Ich habe die Nase voll von diesem Wetter.

to be up to (in der Lage sein)	*Are you up to climbing this mountain?* Bist du in der Lage, diesen Berg zu besteigen?
to break in on (unterbrechen)	*Sorry, I didn't want to break in on you.* Es tut mir leid, ich wollte euch nicht unterbrechen.
to catch on to (verstehen)	*I didn't catch on to a word of that lecture.* *Ich habe kein Wort von dieser Vorlesung verstanden.*
to catch up with (nachholen)	*She had a lot of work to catch up with after her holiday.* Nach ihrem Urlaub musste sie viel Arbeit nachholen.
to drop out of (abspringen)	*He's dropped out of his course at university.* Er ist von seinem Universitätskurs abgesprungen.
to face up to (ins Gesicht sehen)	*You have to face up to the facts.* Du musst den Tatsachen ins Gesicht sehen.

to *fall back on* (zurückgreifen auf)	*She's got her savings to fall back on.* Sie kann auf ihre Ersparnisse zurückgreifen.
to *fall in with* (sich anschließen)	*I'll fall in with your plans.* Ich werde mich deinen Plänen anschließen.
to *get away with* (ungestraft davonkommen)	*The thieves didn't get away with the bank robbery.* Die Diebe sind nicht ungestraft bei dem Banküberfall davongekommen.
to *get on with* (sich gut verstehen)	*He gets on very well with his brother.* Er versteht sich sehr gut mit seinem Bruder.
to *go back on* (zurücknehmen, rückgängig machen)	*She didn't go back on her promise.* Sie hat ihr Versprechen gehalten.
to *go through with* (fertigbringen)	*He wanted to study medicine but couldn't go through with it.* Er wollte Medizin studieren, konnte es aber nicht durchhalten.

to keep up with (mithalten)	*She kept up with the others in the race.* Sie hat beim Rennen mit den anderen mitgehalten.
to make up for (aufholen)	*We should make up for lost time.* Wir sollten die verlorene Zeit aufholen.
to put up with (ertragen)	*I can't put up with this situation any longer.* Ich kann diese Situation nicht mehr ertragen.
to run out of (von etwas nichts mehr haben)	*We've run out of coffee.* Wir haben keinen Kaffee mehr.
to run up against (auf etwas stoßen)	*He has run up against difficulties.* Er ist auf Schwierigkeiten gestoßen.
to stand up for (unterstützen)	*Jeremy stood up for Eunice in the fight.* Jeremy hat Eunice in dem Streit verteidigt.
to stand up to (widerstehen)	*Can you stand up to the temptation?* Kannst du der Versuchung widerstehen?

Substantive, denen Verb-Partikel-Kombinationen zu Grunde liegen

Im Englischen gibt es ziemlich viele Substantive, die aus *phrasal verbs* gebildet werden. Die häufigsten sind (9):

(9)

breakdown	Panne, Zusammenbruch
drawback	Nachteil
dropout	Studienabbrecher, Aussteiger
upbringing	Erziehung
takeover	Übernahme

Our car had a breakdown.	Unser Auto hatte eine Panne.
Our car broke down.	
He was a university dropout.	Er war ein Studienabbrecher.
He dropped out of university.	
There was a company takeover.	Das Geschäft wurde übernommen.
The company was taken over.	

6.13 Regelmäßige und unregelmäßige Verben

Regelmäßige Verben

Grundwissen: Regelmäßige Verben sind diejenigen, bei denen das Präteritum und das Partizip der Vergangenheit auf Infinitiv + *-d/ed*, lauten. Die Endung *-d* verwendet man bei Verben mit vokalischem, *-ed* bei Verben mit konsonantischem Endbuchstaben (1):

(1)

Infinitiv	Präteritum	Partizip der Vergangenheit
to *work*	*worked*	*worked*
to *joke*	*joked*	*joked*
to *live*	*lived*	*lived*
to *look*	*looked*	*looked*

Verb

Unregelmäßige Verben

Grundwissen: Unregelmäßige Verben sind diejenigen, die ihr Präteritum und/oder ihr Partizip der Vergangenheit unregelmäßig bilden. Das einzige englische Verb, das auch im Präsens unregelmäßig konjugiert wird, ist *to be* (→ 6.2 Konjugationstabelle).

Einige Verben bleiben in allen drei Stammformen unverändert (2):

(2)

to *cost* – kosten

to *let* – lassen, erlauben

to *put* – stellen

to *split* – spalten

to *spread* – (sich) ausdehnen

Bei einer anderen Gruppe von Verben stimmen Partizip der Vergangenheit und Präteritum überein, weichen aber vom Infinitivstamm ab (3):

(3)

to bind	*bound*	*bound*	binden
to get	*got*	*got*	bekommen
to hear	*heard*	*heard*	hören
to hold	*held*	*held*	halten

Einige Verben unterscheiden sich in allen drei Stammformen (4):

(4)

to be	*was*	*been*	sein
to draw	*drew*	*drawn*	zeichnen, ziehen
to eat	*ate*	*eaten*	essen
to give	*gave*	*given*	geben
to sing	*sang*	*sung*	singen
to wear	*wore*	*worn*	tragen

Es gibt auch eine sehr kleine Kategorie von unregelmäßigen Verben, die entweder im Präteritum oder im Partizip der Vergangenheit mit dem Infinitivstamm übereinstimmen (5):

(5)

to become	*became*	*become*	werden
to beat	*beat*	*beaten*	schlagen

Hinweis: Eine kleine Gruppe von Verben bildet regelmäßige und unregelmäßige Stammformen z. B. [6]:

[6]

to mow	*mowed*	*mowed*	mähen
			mown
to strew	*strewed*	*strewed*	streuen
			strewn
to burn	*burned*	*burned*	brennen
		burnt	*burnt*
to learn	*learned*	*learned*	lernen
		learnt	*learnt*

Eine Liste der unregelmäßigen Verben

Verb	Präteritum	Partizip	Übersetzung
to abide	*abode*	*abode*	bleiben
to arise	*arose*	*arisen*	aufstehen
to awake	*awoke*	*awoken*	aufwecken
to be	*was/were*	*been*	sein
to bear	*bore*	*borne* *born*	tragen, ertragen
to beat	*beat*	*beaten*	schlagen

Verb	Präteritum	Partizip	Übersetzung
to become	*became*	*become*	werden
to beget	*begot*	*begotten*	erzeugen
to begin	*began*	*begun*	anfangen
to bend	*bent*	*bent*	(sich) biegen, beugen
to beseech	*besought*	*besought*	bitten, flehen
to bet	*bet/ betted*	*bet/ betted*	wetten
to bid	*bade*	*bidden*	bitten
to bind	*bound*	*bound*	binden
to bite	*bit*	*bitten*	beißen
to bleed	*bled*	*bled*	bluten
to blow	*blew*	*blown*	blasen
to break	*broke*	*broken*	(zer)brechen
to breed	*bred*	*bred*	züchten
to bring	*brought*	*brought*	bringen
to build	*built*	*built*	bauen
to burn	*burnt/ burned*	*burnt/ burned*	brennen
to burst	*burst*	*burst*	bersten

Verb	Präteritum	Partizip	Übersetzung
to buy	*bought*	*bought*	kaufen
to can	*could*	–	können
to cast	*cast*	*cast*	werfen
to catch	*caught*	*caught*	fangen
to choose	*chose*	*chosen*	(aus)wählen
to cling	*clung*	*clung*	festhalten
to come	*came*	*come*	kommen
to cost	*cost*	*cost*	kosten
to creep	*crept*	*crept*	kriechen
to cut	*cut*	*cut*	schneiden
to deal	*dealt*	*dealt*	austeilen, (Karten) geben
to dig	*dug*	*dug*	graben
to do	*did*	*done*	machen, tun
to draw	*drew*	*drawn*	zeichnen, ziehen
to dream	*dreamt/ dreamed*	*dreamt/ dreamed*	träumen
to drink	*drank*	*drunk*	trinken
to drive	*drove*	*driven*	fahren

Verb	Präteritum	Partizip	Übersetzung
to dwell	*dwelt*	*dwelt*	wohnen
to eat	*ate*	*eaten*	essen
to fall	*fell*	*fallen*	fallen
to feed	*fed*	*fed*	füttern
to feel	*felt*	*felt*	(sich) fühlen
to fight	*fought*	*fought*	kämpfen
to find	*found*	*found*	finden
to flee	*fled*	*fled*	flüchten
to fling	*flung*	*flung*	werfen
to fly	*flew*	*flown*	fliegen
to forbid	*forbade*	*forbidden*	verbieten
to forget	*forgot*	*forgotten*	vergessen
to forgive	*forgave*	*forgiven*	verzeihen
to forsake	*forsook*	*forsaken*	verlassen
to freeze	*froze*	*frozen*	frieren
to get	*got*	*got* (*US: gotten*)	werden, bekommen
to gild	*gilded*	*gilt/ gilded*	vergolden
to gird	*girded/ girt*	*girded/ girt*	sticheln

Verb	Präteritum	Partizip	Übersetzung
to give	*gave*	*given*	geben
to go	*went*	*gone*	gehen
to grind	*ground*	*ground*	mahlen
to grow	*grew*	*grown*	wachsen
to hang	*hung*	*hung*	hängen
to hang	*hanged (Jur)*	*hanged (Jur)*	hinrichten
to have	*had*	*had*	haben
to heave	*heaved/ hove*	*heaved/ hove*	heben, schwellen
to hear	*heard*	*heard*	hören
to hew	*hewed*	*hewn/ hewed*	hauen, hacken
to hide	*hid*	*hid/ hidden*	(sich) verstecken
to hit	*hit*	*hit*	schlagen
to hold	*held*	*held*	halten
to hurt	*hurt*	*hurt*	verletzen, wehtun
to keep	*kept*	*kept*	behalten
to kneel	*kneeled /knelt*	*kneeled/ knelt*	knien

Verb	Präteritum	Partizip	Übersetzung
to knit	*knit /knitted*	*knit/ knitted*	stricken
to know	*knew*	*known*	wissen, kennen
to lay	*laid*	*laid*	legen
to lead	*led*	*led*	führen
to lean	*leant/ leaned*	*leant/ leaned*	(sich) lehnen
to leap	*leapt*	*leapt*	springen
to learn	*learnt/ learned*	*learnt/ learned*	lernen
to leave	*left*	*left*	verlassen
to lend	*lent*	*lent*	(ver-)leihen
to let	*let*	*let*	lassen, vermieten
to lie	*lay*	*lain*	liegen
to light	*lit*	*lit*	anzünden
to lose	*lost*	*lost*	verlieren
to make	*made*	*made*	machen
to mean	*meant*	*meant*	meinen
to meet	*met*	*met*	treffen, kennenlernen

Verb	Präteritum	Partizip	Übersetzung
to mow	*mowed*	*mowed/ mown*	mähen
to pay	*paid*	*paid*	bezahlen
to put	*put*	*put*	setzen, legen, stellen
to quit	*quit/ quitted*	*quit/ quitted*	verlassen
to read	*read*	*read*	lesen
to rend	*rent*	*rent*	(zer)reißen
to rid	*rid*	*rid*	befreien
to ride	*rode*	*ridden*	reiten
to ring	*rang*	*rung*	läuten, klinge(l)n
to rise	*rose*	*risen*	aufstehen
to run	*ran*	*run*	rennen, laufen
to saw	*sawed*	*sawed/ sawn*	sägen
to say	*said*	*said*	sagen
to see	*saw*	*seen*	sehen
to sell	*sold*	*sold*	verkaufen
to send	*sent*	*sent*	schicken

Verb	Präteritum	Partizip	Übersetzung
to set	*set*	*set*	setzen, stellen
to sew	*sewed*	*sewn*	nähen
to shake	*shook*	*shaken*	schütteln
to shave	*shaved*	*shaved*	(sich) rasieren
to shear	*sheared*	*sheared/ shorn*	scheren
to shed	*shed*	*shed*	abwerfen
to shine	*shone*	*shone*	scheinen
to shoe	*shod*	*shod*	(Pferd) beschlagen
to shoot	*shot*	*shot*	(er)schießen
to show	*showed*	*shown*	zeigen
to shrink	*shrank*	*shrunk*	schrumpfen
to shut	*shut*	*shut*	schließen
to sing	*sang*	*sung*	singen
to sink	*sank*	*sunk*	sinken
to sit	*sat*	*sat*	sitzen
to slay	*slayed*	*slain*	schlachten
to sleep	*slept*	*slept*	schlafen
to slide	*slid*	*slid*	rutschen

Verb	Präteritum	Partizip	Übersetzung
to sling	*slung*	*slung*	schleudern
to slink	*slunk*	*slunk*	schleichen
to slit	*slit*	*slit*	(auf-, zer-) schlitzen
to smell	*smelt/ smelled*	*smelt/ smelled*	riechen
to smite	*smote*	*smitten*	schlagen, heimsuchen
to sow	*sowed*	*sowed/sown*	sähen
to speak	*spoke*	*spoken*	sprechen
to speed	*sped*	*sped*	rasen
to spell	*spelt/ spelled*	*spelt/ spelled*	buchstabieren
to spend	*spent*	*spent*	verbringen, (Geld) ausgeben
to spin	*spun*	*spun*	spinnen
to spit	*spat*	*spat*	spucken
to split	*split*	*split*	spalten, teilen
to spoil	*spoilt/ spoiled*	*spoilt/ spoiled*	verderben, verwöhnen
to spread	*spread*	*spread*	(aus-, ver-) breiten

Verb	Präteritum	Partizip	Übersetzung
to spring	*sprang*	*sprung*	springen
to stand	*stood*	*stood*	stehen
to steal	*stole*	*stolen*	stehlen
to stick	*stuck*	*stuck*	stecken, kleben
to sting	*stung*	*stung*	stechen
to strew	*strewed*	*strewed/ strewn*	streuen
to stride	*strode*	*stridden*	durchschreiten
to strike	*struck*	*struck*	schlagen
to string	*strung*	*strung*	bespannen, (Musikinstrument) besaiten
to strive	*strove*	*striven*	streben
to swear	*swore*	*sworn*	schwören, schimpfen
to sweep	*swept*	*swept*	kehren
to swell	*swelled*	*swollen swelled*	(an)schwellen
to swim	*swam*	*swum*	schwimmen
to swing	*swung*	*swung*	schwingen, schaukeln
to take	*took*	*taken*	nehmen

Verb	Präteritum	Partizip	Übersetzung
to teach	*taught*	*taught*	lehren, unterrichten
to tear	*tore*	*torn*	(zer)reißen
to tell	*told*	*told*	erzählen
to think	*thought*	*thought*	denken
to thrive	*throve/ thrived*	*thriven/ thrived*	gedeihen
to throw	*threw*	*thrown*	werfen
to thrust	*thrust*	*thrust*	stoßen
to tread	*trod*	*trodden*	treten
to understand	*understood*	*understood*	verstehen
to wake	*woke*	*woken*	(auf)wecken
to wear	*wore*	*worn*	tragen
to weave	*wove*	*woven*	weben
to weep	*wept*	*wept*	weinen
to win	*won*	*won*	gewinnen
to wind	*wound*	*wound*	aufziehen, wickeln
to wring	*wrung*	*wrung*	ringen, wringen
to write	*wrote*	*written*	schreiben

Übungen

1. Geben Sie die Verneinungen der folgenden Formen von *to be* an:

a. I am.
b. Were we?
c. Was I?
d. You are.
e. She is.

2. Übersetzen Sie ins Englische:

a. Wie geht es Ihnen?
b. Mir ist kalt.
c. Wie groß ist er?
d. Wie alt sind Sie?
e. Wie viel Uhr ist es?

3. Geben Sie die Verneinungen der folgenden Formen von *to have* an:

a. I have.
b. Has it?
c. They have.
d. She has.
e. Have we?

4. Übersetzen Sie ins Englische. Verwenden Sie eine Form von *to have*:

a. Sie lässt sich jeden Monat die Haare schneiden.
b. Er muss uns ein Stück Kuchen geben.
c. Ich muss zum Arzt.
d. Ich habe keine Zeit.

5. Geben Sie die Verneinungen der folgenden Formen des Hilfsverbs *to do* an:

a. I do.
b. Does he?
c. We do.
d. Do they?
e. She does.

6. Verneinen Sie die folgenden Sätze:

a. I swim.
b. We love.
c. They eat.
d. He walks.
e. It swims.
f. He likes to read.
g. We will meet tomorrow.
h. My sister is here.
i. You have a dog.

7. Bilden Sie Fragen mit den folgenden Sätzen:

a. We love.
b. They work.
c. I drink.
d. It sleeps.
e. You wait.
f. They know.
g. He has.

8. Übersetzen Sie ins Englische:

a. Spielen Sie Fußball?
b. Ich hoffe sehr, dass du mich besuchen wirst.
c. Sei doch still!
d. Ich spiele nicht Tennis.
e. Wie oft macht er seine Hausaufgaben?

9. Verneinen Sie die folgenden Sätze:

a. I can swim.
b. You must study.
c. May I go?
d. We may leave.
e. They can stay.
f. I might wait.
g. He must pay.
h. You may ask.

10. Übersetzen Sie ins Englische:

a. Ich darf schon wochenlang keine Milch trinken.
b. Er kann Französisch sprechen.
c. Es kann sein, dass morgen die Sonne scheint.
d. Darf er das Zimmer verlassen?
e. Sie durfte rauchen.

11. Verneinen Sie die folgenden Sätze:

a. I need.
b. You ought.
c. She dares.
d. We want
e. They must.
f. He will.
g. She has.

12. Übersetzen Sie ins Englische:

a. Sie brauchen dieses Eis nicht zu essen.
b. Du brauchtest das nicht zu sagen.
c. Er braucht es kaum zu probieren.
d. Brauchen sie neue Bücher?
e. Du solltest jeden Tag einen Apfel essen.

13. Setzen Sie das passende Wort in die entsprechende Lücke ein:

a. Are you Spanish?	Yes, I ...
b. Do you like cricket?	Yes, I ...
c. Will he stay?	Yes, he ...
d. Can they speak English?	Yes, they ...
e. Would you like some tea?	Yes, I ...

14. Stimmen Sie diesen Aussagen zu:

a. They can swim well.	Yes, they ...
b. The weather is lovely today.	Yes, it ...
c. Today is Monday.	So it ...
d. We haven't done it yet.	No, you ...
e. He didn't buy this house.	No, he ...
f. We aren't rich.	No, you ...
g. They like me.	Yes, they ...
h. The coffee isn't good.	No, it ...

15. Widersprechen Sie diesen Aussagen:

a. The sun will shine tomorrow.	No, it ...
b. They will arrive next week.	No, they ...
c. I can't speak German.	Yes, you ...
d. She isn't beautiful.	Yes, she ...
e. I wasn't late.	No, you ...
f. He can swim.	No, he ...
g. The weather is awful.	No, it ...
h. English is an easy language.	No, it ...

16. Stimmen Sie den Aussagen zu:

a.	I love cats.	So …
b.	He's English.	…
c.	We saw him last week.	…
d.	We can speak English.	…
e.	He isn't Spanish.	Nor …
f.	She couldn't swim.	…
g.	We don't like her.	…
h.	I don't enjoy skiing.	…

17. Widersprechen Sie folgenden Aussagen:

a.	You didn't ring me.	Yes, …
b.	I won't be home tomorrow.	Yes, …
c.	He can speak German.	No, …
d.	They were here yesterday.	No, …
e.	She will ring next week.	No, …
f.	I can't speak English.	Yes, …
g.	They aren't British.	Yes, …
h.	We don't like ice cream.	Yes, …

18. Setzen Sie die Präsensformen von *to work* ein:

a. Do you … ?
b. He …
c. I don't …
d. Doesn't it … ?
e. Does she … ?

19. Setzen Sie die Verlaufsform des Präsens von *to work* ein:

a. At the moment, I ... in a bank.
b. Where ... you ... now?
c. She ... not ... in a factory at present.

20. Wählen Sie die richtige Form des Präsens aus:

a. I always *get up/am getting up* at six in the morning.
b. I can *see/be seeing* the lake.
c. He *drinks/is drinking* tea at the moment.
d. She *wants/is wanting* to go to the cinema.
e. What *does this word mean/is this word meaning*?
f. What *do you do/are you doing* today?
g. Eric *sees/is seeing* the town today.
h. I *think/am thinking* about you at the moment.
i. I *have/am having* lunch with her next week.
j. She usually *travels/is travelling* by train.

21. Setzen Sie die richtige *Present Perfect* Form von *to work* in die entsprechende Lücke ein:

a. ... you ever ... in Africa?
b. How lang ... he ... here?
c. We ... never .... before.
d. ... he ... at night?

22. Wählen Sie die richtige Verbform aus:

a. He *is living/has lived* in London for 20 years.
b. How long *do you study/have you studied* here?
c. She *is/has been* here for two years.
d. I *swim/have swum* every morning.
e. She *is learning/has learned* English at the moment.

23. Setzen Sie die Verlaufsform des *Present Perfect* von *to work* in die entsprechende Lücke ein:

a. How long ... you ... here?
b. We ... here for two months.
c. They ... not ... here at all.

24. Wählen Sie die richtige Form aus:

a. She *has spoken* to me/*has been speaking* to me three times today.
b. I *have just cut/have been cutting* my foot.
c. He *has written/has been writing* letters all morning.
d. We *have owned/have been owning* this car for five years.
e. *Have you ever been/have you been being* to Rome?

25. Setzen Sie die richtige Präteritumform von *to work* ein!

- **a.** Yesterday, I ... at home.
- **b.** Did you ... yesterday?
- **c.** We didn't ... when we were children.

26. Wählen Sie die richtige Form aus:

- **a.** Last week we *saw/have seen* the Queen.
- **b.** They *lived/have lived* here since last year.
- **c.** They *moved/have moved* here one year ago.
- **d.** The day before yesterday the weather *was/has been* horrible.
- **e.** He *was/has been* here many times recently.
- **f.** When *did you go/have you been* to Egypt?
- **g.** *Did you ever go/Have you ever been* to Italy?
- **h.** *Was she/Has she been* here last week?
- **i.** *Did you see/Have you seen* him yet?
- **j.** How long *did you live/have you lived* in Germany when you were a child?

27. Setzen Sie die richtige Verlaufsform des Präteritums von *to work* ein:

- **a.** When he entered the room, she ...
- **b.** Where ... you ... last year?
- **c.** He (not) ... at this time last week.

28. Wählen Sie die passende Verbform aus:

a. At two o'clock yesterday, I *read/was reading* a book.
b. What *did you do/were you doing* when he walked in the room?
c. When *did he ring/was he ringing* you?
d. When she arrived, we *opened the door/were opening the door*.
e. While I was sleeping, he *drank/was drinking* tea.

29. Setzen Sie die richtige Plusquamperfektform von *to work* ein:

a. I ... for three years up to last June.
b. ... he ... here before?
c. They (not) ... here before.

30. Wählen Sie die passende Verbform aus:

a. When they met, she *was/had been* a lawyer for 20 years.
b. When they met, it *was/had been* a sunny day.
c. After the rain *stopped/had stopped*, we *went/had gone* for a walk.
d. Before last year, she *never ate/had never eaten* caviar.
e. When she was little she often *read/had read* books.

31. Setzen Sie die richtige Verlaufsform des Plusquamperfekts von *to work* ein:

- **a.** I ... for two hours when the computer broke down.
- **b.** ... she ... when you came into the room?
- **c.** They (not) ... before three o'clock.
- **d.** He ... in Paris for three years.

32. Wählen Sie die passende Verbform aus:

- **a.** We *had tried/had been trying* to ring each other the whole day.
- **b.** We *had tried/had been trying* to ring each other two or three times that morning.
- **c.** How often *had you tried/had you been trying* to learn English before you came here?
- **d.** She *had owned/had been owning* the house up until last winter.

33. Setzen Sie die richtige Form des *going to*-Futurs von *to work* ein:

- **a.** I ... tomorrow.
- **b.** He (not) ... next week.
- **c.** ... you ... next year?
- **d.** ... she ... much?
- **e.** I ... with this book.
- **f.** ... you ... until dawn?
- **g.** They ... on this problem.

34. Setzen Sie die richtige Form des *will/shall*-Futurs von *to work* ein:

a. We ... work tomorrow.
b. ... you ... next week?
c. She (not) ... when she finishes school.

35. Wählen Sie die passende Verbform aus:

a. Look at those big black clouds! It's *going to*/It *will* rain!
b. The sun *is going to*/*will* shine next summer.
c. I hope it's *going to*/it *will* be a nice day tomorrow.
d. He's hungry, he's *going to*/he *will* eat something.
e. Do you have plans for the summer?
Yes. We'*re going to*/We'*ll* go to Spain.
f. What would you like to eat?
I'm not sure. I think I'*m going to* have/I'*ll* have the chicken.
g. Perhaps we'*re going to*/we'*ll* go to the pub tonight.
h. Surely it's *not going to*/it *won't* happen.
i. Oh, no! It's raining! I'*m going to*/I'*ll* get the washing off the line.
j. Oh, no. I'm late! I'*m going to*/I'*ll* miss the bus.

36. Setzen Sie die richtige Verlaufsform des *will*-Futurs von *to work* ein:

a. I ... at this time tomorrow.
b. ... you ... at three o'clock tomorrow?
c. He (not) ... at all next week.

37. Wählen Sie die passende Form aus:

a. What will you *do/be doing* from two until four o'clock tomorrow afternoon?
b. When you leave for work I'll still *cook/be cooking* lunch.
c. At two o'clock tomorrow, I'll *begin/be beginning* my work.
d. This time next week, they'll *sleep/be sleeping* in the sun.
e. Tomorrow, the weather *will be/will be being* nice.

38. Setzen Sie die richtige einfache Form des Futur II von *to work* ein:

a. I ... for three years before I start studying.
b. ... she ... there before?
c. They (not) ... here, I'm sure.

39. Setzen Sie die richtige Verlaufsform des Futur II von *to work* ein:

a. I ... for two months before then.
b. ... he ... for a long time?
c. We (not) ... very hard.

40. Wählen Sie die passende Form aus:

a. He *will have done/will have been doing* the dishes three times today.
b. Next year, she *will have written/will have been writing* many essays for her course.
c. By the end of the week, we *will have worked/will have been working* without a break for two months.

41. Übersetzen Sie ins Englische:

a. Mach das Fenster doch zu!
b. Geben Sie mir bitte die Marmelade!
c. Lass(t) uns mit dem Zug fahren!
d. Arbeitet!
e. Arbeiten Sie nicht!

42. Setzen Sie folgende Sätze ins Passiv:

a. The dog bites me.
b. The postman didn't bring the letter.
c. She will have rung me.
d. He won't have visited us.

43. Setzen Sie folgende Sätze ins Aktiv:

- **a.** The milk will have been drunk.
- **b.** The cat had been rescued.
- **c.** The work is done by us.
- **d.** The book is being written by them.
- **e.** Mice have always been eaten by cats.

44. Übersetzen Sie mit Passivkonstruktionen ins Englische:

- **a.** Es kann sein, dass die Katze von ihm gefüttert wurde.
- **b.** Die Katze hätte von ihm gefüttert werden sollen.
- **c.** Man hat mir gesagt, dass Sie gekommen sind.
- **d.** Man hat unseren Freunden ein Bier gekauft.
- **e.** Man schickte nach einem Arzt.

45. Setzen Sie die richtige Form des Konjunktivs in die entsprechende Lücke ein:

- **a.** She (work) …
- **b.** I (work) …
- **c.** We (be) …
- **d.** He (has) …

46. Übersetzen Sie die folgenden Sätze mit Konjunktivkonstruktionen ins Englische:

- **a.** Ich bat darum, dass er nach Hause fahre.
- **b.** Ich schlage vor, dass sie schlafe(n soll).
- **c.** Es ist ratsam, dass ihr ruhig seid.
- **d.** Es ist dringend erforderlich, dass sie einen Regenmantel hat.
- **e.** Wenn ich Sie wäre, würde ich im Bett bleiben.

47. Entscheiden Sie, ob der Infinitiv mit oder ohne *to* in den folgenden Sätzen nötig ist:

- **a.** There was nothing else *do/to do* than go home.
- **b.** Why not *stay/to stay*?
- **c.** We want you *come/to come*.
- **d.** I'm learning *speak/to speak* French at the moment.
- **e.** We heard him *play/to play* the piano.
- **f.** She knows how *repair/to repair* computers.
- **g.** We went to school in order *learn/to learn*.
- **h.** I would rather *read/to read* than work.
- **i.** He made us *do/to do* the dishes.
- **j.** These goods are easy *sell/to sell*.
- **k.** There are many things *do/to do*.
- **l.** We watched her *run/to run* the race.
- **m.** They seem *like/to like* him.
- **n.** Please bring me something *read/to read*.
- **o.** They are always the last *arrive/to arrive*.

48. Übersetzen Sie ins Englische:

a. Dies ist ein sehr interessanter Film.
b. Dieses Buch ist überraschend.
c. Er ist überraschend intelligent.

49. Übersetzen Sie ins Englische und verwenden Sie Partizipialkonstruktionen:

a. Der Hund, der im Park spielte, war sehr groß.
b. Nachdem sie ihn getroffen hatte, sind sie ins Restaurant gegangen.
c. Wir hörten ein Hörspiel, das von der französischen Revolution handelte.
d. Die Musik, die sie spielten, war sehr schön.
e. Er ist beim Skifahren hingefallen.

50. Übersetzen Sie ins Englische und verwenden Sie das Gerundium:

a. Joggen ist gesund.
b. Schlafen ist nötig.
c. Schwimmen macht nicht immer Spaß.
d. Der erfolgreiche Abschluss eines Studiums ist nicht immer einfach.
e. Er kann gut Klavier spielen.
f. Sie freut sich darauf, dich kennenzulernen.

51. Wählen Sie die richtige Form aus:

a. I enjoy to *eat/eating*.
b. We agree to *help/helping* you.
c. He is prepared *to take part/taking part*.

52. Entscheiden Sie, welche Bedeutung für die folgenden englischen Sätze am passendsten ist:

a. I remembered to buy some milk.
1. Ich habe nicht vergessen, Milch zu kaufen.
2. Ich erinnerte mich daran, dass ich Milch gekauft hatte.

b. He prefers sitting.
1. Er sitzt im Moment lieber.
2. Ihm ist generell das Sitzen lieber.

c. We stopped talking to each other.
1. Wir haben angehalten, um miteinander zu reden.
2. Wir haben aufgehört, miteinander zu reden.

53. Übersetzen Sie ins Englische:

a. Die Situation wird besser.
b. Er ist krank geworden.
c. Dieser Baum scheint eine Birke (birch) zu sein.

54. Übersetzen Sie ins Englische und verwenden Sie Partizipialkonstruktionen:

- **a.** Er lag im Bett und las dabei.
- **b.** Wir gingen singend spazieren.
- **c.** Sie standen den ganzen Tag und arbeiteten.

55. Übersetzen Sie ins Englische:

- **a.** Wir wählten sie zur Präsidentin.
- **b.** Das Wetter machte uns glücklich.
- **c.** Sie haben ihre Tochter Eunice genannt.

56. Übersetzen Sie ins Englische und verwenden Sie Partizipialkonstruktionen:

- **a.** Ich hörte ihn, als er sang.
- **b.** Es tut mir leid, dass ich Sie warten ließ.
- **c.** Der Dieb wurde beim Stehlen erwischt.

57. Welche von den folgenden Verben sind transitiv und welche intransitiv?

- **a.** to advise
- **b.** to come
- **c.** to cough
- **d.** to serve
- **e.** to please
- **f.** to invade

58. Setzen Sie die richtigen Partikel (Präposition, Adverb) in die entsprechende Lücke ein:

a. The thief broke ... the house and stole some jewellery.
b. I'll look ... the problem as soon as possible.
c. He was happy to run ... his old girlfriend after so many years.
d. You take ... you father; you both have the same eyes.
e. We were very happy that our old cat and the new puppy took ... each other so well.
f. I'm sorry to break ... but I have to ask you a question.

59. Welche von den folgenden Verben sind regelmäßig und welche unregelmäßig?

a. to arise
b. to freeze
c. to act
d. to lend
e. to watch
f. to vouchsafe
g. to split
h. to gird
i. to drink
j. to swim
k. to stride
l. to try
m. to attempt
n. to draw
o. to write

60. Setzen Sie die fehlenden Stammformen der folgenden Verben ein:

a. to drive	…	…
b. …	lead	…
c. …	…	taught
d. to hold	…	…
e. …	wrote	…
f. …	…	fallen
g. to sleep	…	…
h. …	burst	…
i. …	…	frozen
j. to begin	…	…
k. …	shrank	…
l. …	…	stung
m. to bleed	…	…
n. …	crept	…
o. …	…	cost
p. to shine	…	…
q. …	flung	…
r. …	…	rung
s. to bite	…	…
t. …	got	…

Lösungen

1. a. I'm not.
   b. Weren't we?
   c. Wasn't?
   d. You aren't.
   e. She isn't/She's not.

2. a. How are you?
   b. I'm cold.
   c. How tall is he?
   d. How old are you?
   e. What's the time?/What time is it?

3. a. I haven't.
   b. Hasn't it?
   c. They haven't.
   d. She hasn't.
   e. Haven't we?

4. a. She has her hair cut every month.
   b. He has to give us a piece of cake.
   c. I have to go to the doctor('s).
   d. I don't have (any) time.

5. a. I don't.
   b. Doesn't he?
   c. We don't.
   d. Don't they?
   e. She doesn't.

6. a. I don't swim.
   b. We don't love.
   c. They don't eat.
   d. He doesn't walk.
   e. It doesn't swim.
   f. He doesn't like to read.

g. We won’t meet tomorrow.
h. My sister isn’t here.
i. You don’t have a dog.

7. a. Do we love?
b. Do they work?
c. Do I drink?
d. Does it sleep?
e. Do you wait?
f. Do they know?
g. Has he?/ Does he have?

8. a. Do you play football?
b. I do hope that you’ll visit me.
c. (Do) be quiet.
d. I don’t play tennis.
e. How often does he do his homework?

9. a. I can’t swim.
b. You mustn’t/needn’t study.
c. May I not go?
d. We may not leave.
e. They cannot stay.
f. I might not wait.
g. He mustn’t/needn’t pay.
h. You may not ask.

10. a. I haven’t been allowed to drink milk for weeks.
b. He can speak French.
c. The sun may/might shine tomorrow.
d. Is he allowed to leave the room?
e. She was allowed to smoke.

11. a. I needn’t/don’t need.
b. You oughtn’t.
c. She daren’t./She doesn’t dare.
d. We don’t want.
e. They musn’t/needn’t.

f. He won't.
g. She hasn't./She doesn't have.

12. a. You don't need to eat this icecream.
b. You didn't need to say that.
c. He hardly needs to try.
d. Do they need new books?
e. You should eat an apple every day./
You ought to eat an apple every day.

13. a. am.
b. do.
c. will.
d. can.
e. would.

14. a. can.
b. is.
c. is.
d. haven't.
e. didn't.
f. aren't.
g. do.
h. isn't.

15. a. won't.
b. won't.
c. can.
d. is.
e. were.
f. can't.
g. isn't.
h. isn't.

16. a. do I.
b. So am I.
c. So did I.
d. So can I.

e. am I.
f. Nor could I.
g. Nor do I.
h. Nor do I.

17. a. I did.
b. you will.
c. he can't.
d. they weren't.
e. she won't.
f. you can.
g. they are.
h. you do.

18. a. work
b. works.
c. work.
d. work
e. work

19. a. am working
b. are, working
c. is, working

20. a. get up
b. see
c. is drinking
d. wants
e. does this word mean
f. are you doing
g. is seeing
h. am thinking
i. am having
j. travels

21. a. have, worked
b. has, worked
c. have, worked

d. Has, worked

22. a. has lived
b. have you studied
c. has been
d. swim
e. is learning

23. a. have, been working
b. have been working
c. have, been working

24. a. has spoken
b. have just cut
c. has been writing
d. have owned
e. have you ever been

25. a. worked
b. work
c. work

26. a. saw
b. have lived
c. moved
d. was
e. has been
f. did you go
g. Have you ever been
h. Was she
i. Have you seen
j. did you live

27. a. was working
b. were, working
c. wasn't working

28. a. was reading
    b. were you doing
    c. did he ring
    d. opened
    e. was drinking

29. a. had worked
    b. Had, worked
    c. Hadn't worked

30. a. had been
    b. was
    c. had stopped, went
    d. had never eaten
    e. read

31. a. had been working
    b. Had, been working
    c. Hadn't been working
    d. had been working

32. a. had been trying
    b. had tried
    c. had you tried
    d. had owned

33. a. am going to work
    b. 's not going to work
    c. Are, going to work
    d. Is, going to work
    e. am going to work
    f. Are, going to work
    g. are going to work

34. a. will/shall work
    b. Will, work
    c. won't work

35. a. going to
    b. will
    c. will
    d. going to
    e. 're going to
    f. 'll
    g. 'll
    h. not going to/won't
    i. 'll
    j. 'm going to

36. a. I will/ shall working
    b. Will, be working
    c. won't be working

37. a. be doing
    b. be cooking
    c. be beginning oder begin
    d. be sleeping
    e. will be

38. a. will have worked
    b. Will, have worked
    c. won't have worked

39. a. will have been working
    b. Will, have been working
    c. won't have been working

40. a. will have done
    b. will have written
    c. will have been working

41. a. Do close/shut the window!
    b. Please give me the marmalade/jam.
    c. Let's go by train.
    d. Work!

e. Don't work!

42. a. I am bitten by the dog.
    b. The letter wasn't brought by the postman.
    c. I will have been rung by her.
    d. We won't have been visited by him.

43. a. Someone will have drunk the milk.
    b. Someone had rescued the cat.
    c. We do the work.
    d. They are writing the book.
    e. Cats have always eaten mice.

44. a. The cat may have been fed by him.
    b. The cat should have been fed by him.
    c. I was told that you had come.
    d. A beer was bought for our friends.
    e. A doctor was sent for.

45. a. work
    b. work
    c. be
    d. have

46. a. I asked that he drive home.
    b. I recommend that she sleep.
    c. It is advisable that you be quiet.
    d. It is vital that she should have a rain coat.
    e. If I were you, I would stay in bed.

47. a. to do
    b. stay
    c. to come
    d. to speak
    e. play
    f. to repair
    g. to learn

h. read
i. do
j. to sell
k. to do
l. run
m. to like
n. to read
o. to arrive

48. a. This is a very interesting film.
b. This book is surprising.
c. He is surprisingly intelligent.

49. a. The dog playing in the park was very big.
b. After meeting him, they went to a restaurant.
c. We listened to a radio play dealing with the French Revolution.
d. The music played by them was very lovely.
e. He fell while skiing.

50. a. Jogging is healthy.
b. Sleeping is necessary.
c. Swimming is not always fun/enjoyable.
d. Completing a course of studies successfully is not always easy.
e. He is good at playing the piano.
f. She is looking forward to meeting you.

51. a. eating
b. to help
c. to take part

52. a. 1.
b. 2.
c. 2.

53. a. The situation is getting better.
b. He has got ill.
c. The tree appears to be a birch.

54. a. He lay in bed reading.
    b. We walked, singing./We went for a walk, singing.
    c. We stood working the whole day.

55. a. We elected her president.
    b. The weather made us happy.
    c. They have called their daughter Eunice.

56. a. I heard him singing.
    b. I'm sorry I kept you waiting.
    c. The thief was caught stealing.

57. a. transitiv
    b. intransitiv
    c. intransitiv
    d. transitiv
    e. transitiv
    f. transitiv

58. a. into
    b. into
    c. into
    d. after
    e. to
    f. in

59.	a. unreg.	to arise/arose/arisen
	b. unreg.	to freeze/frooze/frozen
	c. reg.	
	d. unreg.	to lend/lent/lent
	e. reg.	
	f. reg.	
	g. unreg.	to split/split/split
	h. unreg.	to gird/girded (girt)/girded (girt)
	i. unreg.	to drink/drank/drunk
	j. unreg.	to swim/swam/swum
	k. unreg.	to stride/strode/stridden
	l. reg.	

m. reg.
n. unreg. to draw/draw/drawn
o. unreg. to write/wrote/written

60. a. drove, driven
b. lead, lead
c. teach, taught
d. held, held
e. write, written
f. fall, fell
g. slept, slept
h. burst, burst
i. freeze, froze
j. began, begun
k. shrink, shrunk
l. sting, stung
m. bled, bled
n. creep, crept
o. cost, cost
p. shone, shone
q. fling, flung
r. ring, rang
s. bit, bitten
t. get, got

7. Präpositionen

Grundwissen: Präpositionen (Verhältniswörter) dienen dazu, örtliche, zeitliche und abstrakte Verhältnisse auszudrücken. Sie stehen normalerweise vor Substantiven (→ 1.1), Pronomen (→ 3.) und Gerundien (→ 6.9).

Das Pronomen (→ 3.1 Bsp. 4) steht im Objektfall, wenn es einer Präposition folgt 1:

1
with him
before me
between us

7.1 Präpositionen, die einen Ort bezeichnen

above bedeutet *über/oberhalb* 1:

1 *Munich is 500 metres above sea level.*	München liegt 500 Meter über dem Meeresspiegel.

among bedeutet *inmitten/(mitten) unter* 2:

2 *The house stands among the trees.*	Das Haus steht inmitten der Bäume.
among the crowd	(mitten) unter die/der Menge

at als Ortspräposition bedeutet *an* (3), *bei* (4) und *in* (5):

(3)	*We were standing at the corner at university.*	Wir standen an der Ecke an der Universität.
(4)	*He's at his sister's.*	Er ist bei seiner Schwester.
(5)	*She's at school.*	Sie ist in der Schule.

behind bedeutet *hinter* (6):

(6)	*The cat is hiding behind the sofa.*	Die Katze versteckt sich hinter dem Sofa.

below bedeutet *unter* und ist abstrakter als *under* (→ 7.1 Bsp. (20)) (7):

(7)	*Here we are below sea level.*	Hier befinden wir uns unter dem Meeresspiegel.

beside bedeutet *neben* (8):

(8)	*Mary sat beside the taxi driver.*	Mary saß neben dem Taxifahrer.

between bedeutet *zwischen* (9):

(9)	*She was sitting between them.*	Sie saß zwischen ihnen.

in bedeutet *in* (10):

(10)	*He lives in England.*	Er wohnt in England.
	Jim is still in bed.	Jim ist noch im Bett.

in front of bedeutet *vor* (11):

(11)	*He left the pram in front of the theatre.*	Er ließ den Kinderwagen vor dem Theater stehen.

inside bedeutet *in/innerhalb* (12):

(12)	*We stood inside the hollow tree trunk.*	Wir standen im/innerhalb des hohlen Baumstamm(s).

near bedeutet *in der Nähe von* (13):

(13)	*Tom lives near the station.*	Tom wohnt in der Nähe des Bahnhofs.

next to bedeutet *neben* (14):

(14)	*I stood next to the President.*	Ich stand neben dem Präsidenten.

on bedeutet *auf*, wenn etwas unbefestigt auf einer Fläche (15) liegt oder sitzt, und *an*, wenn etwas an etwas befestigt (16) ist:

(15)	*The milk bottle is on the table.*	Die Milchflasche steht auf dem Tisch.
(16)	*The picture hangs on the wall.*	Das Bild hängt an der Wand.

opposite bedeutet *gegenüber (von)* (17):

(17)	*Max sat opposite me.*	Max saß mir gegenüber/ gegenüber von mir.

outside bedeutet *draußen (vor)* (18):

(18)	*John waited outside the hotel.*	John wartete draußen vor dem Hotel.

over als Ortspräposition bedeutet *über* 19:

19	*He held the umbrella over her head.*	Er hielt den Schirm über ihren Kopf.

under bedeutet *unter* 20:

20	*The book is under the bed.*	Das Buch ist unter dem Bett.

with als Ortspräposition bedeutet *bei* 21:

21	*Elizabeth lives with her mother.*	Elizabeth wohnt bei ihrer Mutter.

7.2 Präpositionen, die eine Richtung angeben

across bedeutet *über (… hinüber)* 1:

1	*Judith ran across the road.*	Judith ist über die Straße gelaufen.

down bedeutet *hinunter/herunter* 2:

2	*Lilian fell down the steps.*	Lilian ist die Treppe herunter/hinuntergefallen.

from bedeutet *aus* (3) und von (4):

(3)	*The best wine comes from France.*	Der beste Wein kommt aus Frankreich.
(4)	*We travelled from London to York by train.*	Wir sind mit dem Zug von London nach York gefahren.

into bedeutet *in ... hinein* (5):

(5)	*He went into the shop.*	Er ist in den Laden hineingegangen.

out of bedeutet *aus ... hinaus* (6):

(6)	*She walked out of the room.*	Sie ist aus dem Zimmer hinausgegangen.

over bedeutet *über* (7):

(7)	*She spread the blanket over the bed.*	Sie breitete die Decke über das Bett.

past bedeutet *an ... vorbei* 8:

8	*Alice drove past the bank.*	Alice ist an der Bank vorbeigefahren.

through bedeutet *durch* 9:

9	*We drove slowly through the wood.*	Wir sind langsam durch den Wald gefahren.

to bedeutet *zu* 10, *in* 11 und *nach* 12:

10	*Did you go to the doctor?*	Bist du zum Arzt gegangen?
11	*Let's go to the cinema!*	Gehen wir ins Kino!
12	*Charlie is going to France next week.*	Charlie fährt nächste Woche nach Frankreich.

towards bedeutet *auf ... zu* 13:

13	*He walked towards the car.*	Er ging auf das Auto zu.

up bedeutet *hinauf* (14) oder *herauf* (15):

(14)	*Joe ran up the hill.*	Joe ist den Hügel hinaufgelaufen.
(15)	*Could you carry those boxes up to me, please?*	Bringst du bitte diese Kisten zu mir herauf?

7.3 Präpositionen, die einen Zeitpunkt oder eine Zeitspanne angeben

after bedeutet *nach* (1):

(1)	*After dinner we went for a walk.*	Nach dem Essen sind wir spazieren gegangen.

ago bedeutet *vor*. Es steht nach dem Substantiv (2):

(2)	*I painted the window-frames two years ago.*	Ich habe vor zwei Jahren die die Fensterrahmen gestrichen.

at als zeitangebende Präposition bedeutet *um* (3):

(3)	*at eleven o'clock*	um elf Uhr

before bedeutet *vor* [4]:

[4]	*We went for a walk before dinner.*	Wir sind vor dem Essen spazieren gegangen.

between bedeutet *zwischen* [5]:

[5]	*Amy always gets up between six and seven o'clock.*	Amy steht immer zwischen sechs und sieben Uhr auf.

by als zeitangebende Präposition bedeutet *bis* [6]:

[6]	*Can you do it by tomorrow?*	Können Sie es bis morgen machen?

during bedeutet *während* [7]:

[7]	*He fell asleep during the film.*	Er ist während des Films eingeschlafen.

for als zeitangebende Präposition bedeutet *seit* oder *lang* [8]:

[8]	*I haven't seen him for three years.*	Ich habe ihn seit drei Jahren/ drei Jahre lang nicht gesehen.

from … to bedeutet *von … bis* 9:

9	*Edward Heath was Prime Minister from 1970 to 1974.*	Edward Heath war von 1970 bis 1974 Premierminister.

in als zeitangebende Präposition bedeutet *am* 10, *im* 11 und *in* 12:

10	*in the morning*	am Morgen/ am Vormittag
11	*in 1966*	im Jahr 1966
12	*in a short time*	in kurzer Zeit

on als zeitangebende Präposition bedeutet *am* 13:

13	*on Saturday*	am Samstag

since bedeutet *seit* 14:

14	*John's been living in Australia since 1970.*	John wohnt schon seit 1970 in Australien.

to als zeitangebende Präposition bedeutet *vor* (15):

(15)	*It is ten to five.*	Es ist zehn Minuten vor fünf.

until/till bedeutet *bis* (16):

(16)	*He waited until nine o'clock.*	Er hat bis neun Uhr gewartet.

within bedeutet *innerhalb (von)* (17):

(17)	*The bridge was built within six months.*	Die Brücke wurde innerhalb von sechs Monaten gebaut.

7.4 Andere wichtige Präpositionen

about bedeutet sowohl *über* (1) als auch *ungefähr* (2):

(1)	*Samantha has written an article about fashion.*	Samantha hat einen Artikel über Mode geschrieben.
(2)	*Her article is about five pages long.*	Ihr Artikel ist ungefähr fünf Seiten lang.

according to bedeutet *nach/laut* (3):

(3)	*According to the newspaper, he has a great future.*	Nach der/Laut der Zeitung hat er eine große Zukunft.

against bedeutet *gegen* (4):

(4)	*Many people are against the new motorway.*	Viele Leute sind gegen die neue Autobahn.

because of bedeutet *wegen* (5):

(5)	*Because of her beautiful smile she got the part.*	Wegen ihres schönen Lächelns bekam sie die Rolle.

by bedeutet *von* (6), wenn es sich auf einen Urheber bezieht, und *mit* (7), wenn es ein Verkehrsmittel betrifft:

(6)	*The opera is by Verdi.*	Die Oper ist von Verdi.
(7)	*by car*	mit dem Auto

due to bedeutet *wegen/auf Grund*. Es ist ziemlich formell [8]:

[8]	*The train was late due to operating difficulties.*	Der Zug hatte auf Grund/wegen einer Betriebsstörung Verspätung.

except (for) bedeutet *außer/bis auf*. Man kann das *for* weglassen [9]:

[9]	*Everyone arrived on time except (for) Jane.*	Alle außer/bis auf Jane sind rechtzeitig angekommen.

for bedeutet *für* [10]:

[10]	*The flowers are for her.*	Die Blumen sind für sie.

from bedeutet von [11]:

[11]	*We've got an invitation from the Eliots.*	Wir haben eine Einladung von den Eliots bekommen.

in spite of/despite bedeutet *trotz*. *Despite* ist gebräuchlicher als *in spite of* [12]:

[12]	*In spite of/Despite his new watch he arrived late.*	Trotz seiner neuen Uhr ist er zu spät gekommen.

instead of bedeutet *statt/an Stelle von* (13):

(13)	*Mike bought sugar instead of salt.*	Mike hat Zucker statt/an Stelle von Salz gekauft.

like bedeutet *wie* (14):

(14)	*Angela is supposed to look like Marilyn Monroe.*	Angela soll wie Marilyn Monroe aussehen.

of bedeutet *von*, wenn man Besitz oder Urheberschaft ausdrücken will (15):

(15)	*She is the author of three famous tragedies.*	Sie ist die Autorin von drei berühmten Tragödien.

on kann *über* bedeuten (16):

(16)	*He's written an article on English politics.*	Er hat einen Artikel über die englische Politik geschrieben.

unlike bedeutet *im Gegensatz zu* (17):

(17)	*Unlike his father, Mark is a good driver.*	Im Gegensatz zu seinem Vater ist Mark ein guter Fahrer.

with bedeutet normalerweise *mit* 18:

18	*He dug up the lawn with a spade.*	Er hat den Rasen mit einem Spaten umgegraben.

without bedeutet *ohne* 19:

19	*You should never leave the house without an umbrella.*	Man sollte nie das Haus ohne Schirm verlassen.

7.5 Besonderheiten

Einige Präpositionen werden im Englischen in festen Redewendungen gebraucht und werden daher im Deutschen unterschiedlich übersetzt. Man sollte diese Redewendungen lernen.

at 1:

1

at Easter	zu Ostern
at home	zu Hause
at breakfast	beim Frühstück
at the top/bottom	oben/unten
at sea	auf der See
at the same time	gleichzeitig
at last	endlich
at least	mindestens
at full speed	mit voller Geschwindigkeit

for 2:

2

for example	zum Beispiel
for sale	zu verkaufen
for a change	zur Abwechslung

in 3:

3

in particular	besonders
in addition	zusätzlich
in common	gemeinsam
in love	verliebt
in fact	tatsächlich

of 4:

4

full of	voller, voll von
proud of	stolz auf
typical of	typisch für

on 5:

5

on the left/right	links/rechts
on the left-/right-hand side	auf der linken/rechten Seite
on 5 May/on May 5	am 5. Mai
on time	pünktlich

to 6:

6

a visit to	ein Besuch bei
welcome to	willkommen in
the answer to	die Antwort auf
twenty miles to the South	zwanzig Meilen südlich
to the right	nach rechts
an invitation to	eine Einladung nach/zu
to point to	zeigen auf
close to	nahe an/bei
to rise to	ansteigen auf

Übungen

Setzen Sie die passende Präposition in die Lücke ein:

a. We ought to put the bookcase ... *(zwischen)* the standard lamp and the television set.
b. David lives ... *(in)* a cottage ... *(neben)* the post office.
c. In the cinema Julie was dismayed to find that the man sitting ... *(vor)* her was wearing a huge hat.
d. No one wants to live ... *(in der Nähe von)* the factory.
e. Philippa stood ... *(auf)* the chair so that she could replace a lightbulb.
f. Andrew looked forward to seeing his porcelain ducks hanging ... *(an)* the wall ... *(über)* the fireplace.
g. She finally found the wedding ring ... *(unter)* a pile of washing.
h. Mr and Mrs Prenlice found it quite easy to paddle ... *(über)* the river in their canoe.
i. The Thorntons always go on holiday ... *(zu)* Easter.
j. Most nights the House of Commons does not conclude its business ... *(bis)* 1 a.m.
k. The English Civil War occured more than 340 years ... *(vor)*.
l. Gladstone could not walk ... *(an ... vorbei)* a bookshop without going in.
m. Lucy McCrumb went ... *(nach)* Harvard to take her degree.
n. We went ... *(in)* the theatre ... *(mit)* taxi to see a new play ... *(von)* Harold Pinter.
o. ... *(seit)* the death of Francis Bacon, Lucien Freud is regarded as the best figurative artist in Britain.
p. Disraeli became Prime Minister ... *(in)* 1874.
q. Colin Aukland was known as "titch" ... *(wegen)* his size.

r. There is a documentary on television tonight ... *(über)* the Norman Conquest.

s. Mrs Cotton managed to sing well ... *(trotz)* her nervousness.

t. In the eyes of many, Philip Larkin looked ... *(wie)* Eric Morecambe.

u. ... *(im Gegensatz zu)* many people in England, Tracy prefers coffee to tea.

v. Manchester United are one of the richest football teams in Britain ... *(laut)* reports in the press.

w. Trains have been travelling ... *(durch)* the Channel Tunnel for many years.

x. The opposition is ... *(gegen)* the government's proposals.

y. The Humber Bridge is ... *(ungefähr)* a mile long.

z. The shop will be closed ... *(von)* April ... *(bis)* July.

Lösungen

a. between
b. in; next to
c. in front of
d. near
e. on
f. on; over; above
g. under
h. across
i. at
j. until
k. ago
l. past
m. to
n. to; by; by
o. Since
p. in
q. because of
r. about
s. despite/in spite of
t. like
u. Unlike
v. according to
w. through
x. against
y. about
z. from ... to

8. Konjunktionen

Grundwissen: Konjunktionen (Bindewörter) dienen dazu, Wörter miteinander (1), Hauptsätze untereinander (2) und Nebensätze mit Hauptsätzen (3) zu verknüpfen:

(1)

Bill and Ben	Bill und Ben
you and I	du und ich

(2)

You buy a paper and I'll buy some milk.	Du kaufst eine Zeitung und ich (kaufe) Milch.
John is a gardener and Mary is a teacher.	John ist Gärtner und Mary (ist) Lehrerin

(3)

Wash your hands before dinner!	Wasch dir vorm Essen die Hände!
David put on his coat because it was raining.	David zog seinen Mantel an, weil es regnete.

Man unterscheidet zwei verschiedene Hauptklassen von Konjunktionen, nämlich koordinierende und subordinierende Konjunktionen.

8.1 Koordinierende Konjunktionen

Koordinierende Konjunktionen (beiordnende Bindewörter) verbinden grammatikalisch gleichartige Wörter, Satzteile oder Sätze. Die nebeneinander stehenden Teile werden in diesem Fall als gleichermaßen wichtig erachtet (1):

(1)

Tom and Jerry	Tom und Jerry
You read a book and I'll do the washing up.	Du liest ein Buch und ich mache den Abwasch.

Welche koordinierende Konjunktion man auswählt, hängt von der Art des Verhältnisses ab, das man ausdrücken möchte.
Dementsprechend lassen sich die koordinierenden Konjunktionen in vier Klassen einteilen.

Die erste Klasse bilden die kopulativen Konjunktionen (die reihenden Bindewörter). Zu dieser Klasse gehören z. B. *and* ①, *also* ③, *as well as* ④, *both … and* ⑤, *not only … but also* ⑥ und *neither … nor* ⑦:

②	*He played cards and she watched television.*	Er spielte Karten, und sie sah fern.
③	*His mother and also his father came round.*	Seine Mutter und auch sein Vater sind vorbeigekommen.
④	*Little Toby would like a brother as well as a sister.*	Der kleine Toby möchte sowohl einen Bruder als auch eine Schwester.
⑤	*Both his paintings and his furniture are valuable.*	Sowohl seine Bilder als auch seine Möbel sind wertvoll.
⑥	*You should bring with you not only a raincoat but also sturdy shoes.*	Sie sollten nicht nur einen Regenmantel, sondern auch robuste Schuhe mitbringen.
⑦	*Neither my father nor I will be present.*	Weder mein Vater noch ich werden anwesend sein.

Als zweite Klasse von koordinierenden Konjunktionen sind die disjunktiven Konjunktionen (die ausschließenden Bindewörter) zu nennen.

Dazu gehören z. B. *or* (8) und *either ... or* (9):

(8)	*Would you like a whisky or a brandy?*	Möchten Sie einen Whisky oder einen Weinbrand?
(9)	*We could either go to the cinema or stay at home.*	Wir könnten entweder ins Kino gehen oder zu Hause bleiben.

Die dritte Klasse von koordinierenden Konjunktionen bilden die adversativen und restriktiven Konjunktionen (die entgegensetzenden und einschränkenden Bindewörter). Dazu zählen z. B. *but* (10), *however* (11), *nevertheless* (12) und *yet* (13):

(10)	*The weather was sunny but not too hot.*	Das Wetter war sonnig, aber nicht zu heiß.
(11)	*I drink lots of tea, however never with milk.*	Ich trinke viel Tee, jedoch nie mit Milch.
(12)	*She is not very tall, nevertheless she's got big feet.*	Sie ist nicht sehr groß und hat trotzdem große Füße.
(13)	*The film was long yet never boring.*	Der Film war lang, aber nie langweilig.

Als vierte Klasse von koordinierenden Konjunktionen sind die kausalen Konjunktionen (die begründenden Bindewörter) zu nennen, z. B. *for* (14):

(14)	*Alice was very happy, for she had just passed an important examination.*	Alice war sehr glücklich, denn sie hatte gerade eine wichtige Prüfung bestanden.

8.2 Subordinierende Konjunktionen

Subordinierende Konjunktionen (unterordnende Bindewörter) verbinden Nebensätze mit dem übergeordneten Satz. Sie dienen dazu, die Art des Verhältnisses zwischen den Satzteilen auszudrücken (1):

(1)

He had to travel by bus because his car had broken down.

Jane is going on holiday to Greece, where it is always warm.

Julian went into town in order to buy a newspaper.

Man kann acht Klassen von subordinierenden Konjunktionen unterscheiden.

Die erste Klasse von subordinierenden Konjunktionen bilden die Konjunktionen der Zeit. Dazu gehören z. B. *when* (2), *before* (3), *after* (4), *since* (5), *as* (6), *whenever* (7), *as soon as* (8) und *until* (9):

(2)	*Robert had to bring in the washing when it began to rain.*	Robert musste die Wäsche herein. bringen, als es zu regnen begann.
(3)	*Julia had to finish her homework before she could watch television.*	Julia musste ihre Hausaufgaben fertig machen, bevor sie fernsehen durfte.

4	*After he had got on the train, Jim fell asleep.*	Nachdem er in den Zug eingestiegen war, schlief Jim ein.
5	*Has anyone phoned since I've been gone?*	Hat jemand angerufen, seitdem dich gegangen bin?
6	*As she opened the door, Sue dropped her key.*	Als Sue die Tür öffnete, sie ihren Schlüssel fallen.
7	*Whenever he's away, Alan calls his wife three times a day.*	Jedes Mal, wenn Alan weg ist, ruft er dreimal am Tag seine Frau an.
8	*As soon as they arrive, I'll serve dinner.*	Sobald sie ankommen, werde ich das Essen servieren.
9	*I'll wait until the train leaves.*	Ich werde warten, bis der Zug abfährt.

Zur zweiten Klasse von subordinierenden Konjunktionen zählen die Konjunktionen der Bedingung. Dazu rechnen z. B. *if* (10), *even if* (11), *unless* (12), *as long* (13) und *in case* (14):

(10)	*If it rains tomorrow, I'll clean the flat.*	Wenn/Falls es morgen regnet, werde ich die Wohnung sauber machen.
(11)	*Claire couldn't have done it even if she'd wanted to.*	Claire hätte es nicht tun können, selbst wenn sie es gewollt hätte.
(12)	*Unless you eat your greens, you will never be big and strong.*	Wenn du dein grünes Gemüse nicht isst, wirst du nie groß und stark werden.
(13)	*As long as you stay there, you will be safe.*	Solange du dableibst, bist du sicher.
(14)	*You had better take an umbrella with you in case it rains.*	Sie nehmen lieber einen Schirm mit, falls es regnet.

Als dritte Klasse von subordinierenden Konjunktionen sind die Konjunktionen des Grundes zu nennen. Darunter fallen z. B. *because* (15), *as* (16) und *since* (17):

(15)	*Kenneth is celebrating because he's won five thousand pounds.*	Kenneth feiert, weil er fünftausend Pfund gewonnen hat.
(16)	*As it was hot, he was only wearing a pair of shorts.*	Da es heiß war, trug er nur Shorts.
(17)	*Since he was on a diet, he could not eat the pudding.*	Da er eine Schlankheitskur machte, durfte er die Nachspeise nicht essen.

Die vierte Klasse von subordinierenden Konjunktionen bilden die Konjunktionen der Einräumung und des Gegensatzes. Zu dieser Klasse gehören z. B. *although/though* (18), *while* (19) und *whereas* (20):

(18)	*Although/Though he was only fifteen, he was already taller than his father.*	Obwohl er nur fünfzehn war, war er schon größer als sein Vater.
(19)	*While the others ate steak, he had lamb.*	Obwohl/Während die anderen Steak aßen, aß er Lamm.

20	*Teresa likes wine, whereas her husband prefers beer.*	Teresa trinkt gern Wein, während ihr Mann Bier bevorzugt.

Zur fünften Klasse von subordinierenden Konjunktionen zählen die Konjunktionen der Absicht oder des Zwecks, z. B. *in order that/so that* 21 und *in order to* 22:

21	*He spoke slowly in order that/so that no one might misunderstand him.*	Er sprach langsam, damit ihn niemand falsch verstehen sollte.

22	*She was working in the evenings in order to earn a little money.*	Sie arbeitete abends, um ein wenig Geld zu verdienen.

Als sechste Klasse von subordinierenden Konjunktionen sind die Konjunktionen des Vergleiches zu nennen. Dazu zählen z. B. *as* 23, *as if* 24 und *than* 25:

23	*He steered the boat as he had been taught to.*	Er steuerte das Boot, wie man es ihm beigebracht hatte.

24	*The dog looked at us as if it expected a reward.*	Der Hund sah uns an, als ob er eine Belohnung erwartete.

(25)	*The journey took longer than I expected.*	Die Fahrt dauerte länger, als ich erwartet hatte.

Die siebte Klasse von subordinierenden Konjunktionen bilden die Konjunktionen der Folge, z. B. *so … that* (26) und *such … that* (27):

(26)	*The sun was so bright that Fiona had to put on her sunglasses.*	Die Sonne war so hell, dass Fiona ihre Sonnenbrille aufsetzen musste.

(27)	*He had such a bad cold that he had to stay in bed.*	Er hatte eine so schwere Erkältung, dass er im Bett bleiben musste.

Übungen

Setzen Sie die passenden Konjunktionen in die Lücken ein:

a. Alice is going to go to Sicily for a week ... *(und)* Martin is staying at home to finish respraying his car.

b. Would you like a red wine to accompany your meal ... *(oder)* would you prefer white?

c. John was happy to be invited round to the embassy, ... *(denn)* he wanted to meat the new ambassador.

d. The car shuddered reluctantly to life ... *(als)* she turned the key in the ignition for the third time.

e. ... *(Sobald)* I take the washing out, it always begins to rain cats and dogs.

f. Philip Larkin turned down the opportunity to become Poet Laureate in Britain ... *(weil)* he felt unable to write any more poems.

g. Gripping the microphone in his left hand, he belted out the song ... *(wie)* only he could.

h. Out walking with Coleridge, Wordsworth always took a notepad with him ... *(falls)* he should be gripped suddenly by poetic inspiration.

i. Things went from bad to worse in the coffee house ... *(als)* Jonathan Swift noticed that his usual seat was occupied by John Gay.

j. The dons were so pleased with their new master ... *(dass)* they held a dinner in his honour.

k. ... *(Solange)* you like hilly landscapes, you can lead a good life in the Yorkshire Dales.

l. ... *(Jedes Mal, wenn)* Lorna visits London, she goes to see her favourite paintings in the National Gallery.

m. Dominic had enough time to visit ... *(sowohl)* the castle ... *(als auch)* the nearby abbey.

n. ... *(Weder)* Darren ... *(noch)* his father could understand why the television set would not work.

o. Mr Oldridge did not notice that he was lost ... *(bis)* he reached the end of the footpath.

p. ... *(Wenn ... nicht)* he was mistaken, the birdwatcher had just caught a glimpse of the rare golden eagle.

q. ... *(Obwohl)* everyone had met the managing director, no one knew him very well.

r. ... *(Um zu)* get up so early every morning, Judith had to go to bed at 9 o'clock every evening.

s. Throughout the lecture, Deborah looked ... *(als ob)* she was about to fall asleep at any moment.

t. Cordelia always wanted to become a mechanic, ... *(während)* her brother was determined to become a famous actor.

u. ... *(Wenn/Falls)* George phones, can you tell him that I've just popped out to buy some milk?

v. This year Thomas has cultivated more potatoes in his allotment ... *(als)* he can possibly eat himself.

w. He had ... *(so)* a long time to wait ... *(dass)* he decided to do a bit of sightseeing.

x. Christopher couldn't program a video recorder ... *(selbst wenn)* he had the operating instructions in front of him.

y. Victor wanted to buy himself a new pair of shoes, ... *(aber)* he couldn't find a pair he liked.

Lösungen

a. and
b. or
c. for
d. when/as
e. As soon as/Once
f. because
g. as
h. in case/if
i. as/when
j. (so ...) that
k. As long as
l. Whenever
m. both ... and
n. Neither ... nor
o. until
p. Unless
q. While/Although/Though
r. In order to
s. as if
t. whereas
u. If/In case
v. than
w. such ... that
x. even if
y. but

9. Interjektionen

Grundwissen: Interjektionen (Empfindungswörter) sind lautmalende Wörter, die dazu dienen, einer Willensäußerung oder einem starken Gefühl wie Überraschung, Aufregung oder Ablehnung Ausdruck zu verleihen; ihnen folgt in der Regel ein Ausrufezeichen. Den Interjektionen stehen viele Kurzsätze in Ausrufeform nahe, die deshalb an dieser Stelle mitbehandelt werden sollen.

Hinweis: Zum Teil haben Interjektionen bzw. Kurzsätze verschiedene Bedeutungen. Ob z. B. *Excuse me!* Entrüstung oder Höflichkeit ausdrückt, hängt von der Betonung und vom Kontext ab.

9.1 Äußerungen körperlicher und seelischer Empfindungen

Es gibt im Englischen mehrere Interjektionen bzw. Kurzsätze, die **Bestürzung** anzeigen 1:

1

Oh dear!	Oje! Ach du meine Güte!
Oh no!	O nein!
Oh God!	O Gott!
Heavens above!	Du lieber Himmel!

Hinweis: Interjektionen bzw. Kurzsätze wie *Damn!* and *Blast!* und *Oh damn!* *(Verdammt!)* sind ziemlich informell, und man sollte sie in formellen Kontexten unbedingt vermeiden.

Im Englischen findet man mehrere Interjektionen bzw. Kurzsätze, die Entrüstung oder Protest bezeichnen 2:

2

It's outrageous!	Das ist eine Unverschämtheit!
Goodness gracious!	Ach du liebe Güte!
Really!	Also wirklich!

I say!	Na so was!
Well!	Also bitte!
Good God!	Großer Gott!
What a liberty!	So eine Frechheit!
Hell's bells!	Heiliger Strohsack!
Hell's teeth!	Heiliger Bimbam!
Oh!	Ach!
It's just not on!	Das gibt es einfach nicht!/ Es geht nicht!
Excuse me!	Erlauben Sie mal!
Pardon me!	Erlauben Sie mal!
Thank you!	Vielen Dank!

Hinweis: Die letzten drei Kurzsätze (*Excuse me!*, *Pardon me!* und *Thank you!*) sind ironisch betont, wenn sie als Ausdrücke der Entrüstung verwendet werden.

Im Englischen gibt es viele Interjektionen bzw. Kurzsätze der Anerkennung oder Zustimmung (3):

(3)

OK! (Okay!)	O. K.! (Okay!)
All right!	Gut!/Schön!
Right on!	Super!
Well done!	Gut gemacht!/ Sehr gut!
Good!	Gut!/Schön!
Good enough!	Schön!
Fine!	Gut!

That's fine!	Gut!/ In Ordnung!
Indeed!	Wirklich!
Oh yes!	O ja!
That's settled then!	Das ist also klar!
Too true!	Das ist nur zu wahr!
I should think so!	Das will ich aber auch gemeint haben!
I see!	Aha!/Ach so!
Cool!	Schön!
Of course!	Natürlich!/Klar!
By all means!	Aber selbstverständlich!/ Aber natürlich!
Certainly!	Sicher!/ Gewiss!
With pleasure!	Sehr gerne!/ Mit Vergnügen!
That's it!	Das ist es!/ Gut so!/ Richtig!
Whoo! whoo!	Hurra!
Hoorah!	Hurra!
Whoopee!	Hurra!
Hear, hear!	Richtig!/ Hört, hört!
Bravo!	Bravo!

Hinweis: *Bravo!* wird normalerweise nach einem Stück, einem Konzert oder einer Oper gebraucht.

Man findet im Englischen viele Interjektionen bzw. Kurzsätze, die Freude oder Überraschung ausdrücken (4):

(4)

Goodness gracious!	Ach du meine Güte!
Great!	Toll!/Großartig!
Gosh!	Mensch!
Golly!	Menschenskind!
Wow!	Wow!
Good Lord!	Ach du lieber Himmel!
Well I never!	Nein, so was!
Really!	Wirklich!
Oh!	Oh!
Tremendous!	Toll!/ Prima!
Fantastic!	Toll!/ Phantastisch!
Terrific!	Klasse!
Sound!	Prima!
Fancy!	Nein, so was!
Just fancy that!	So was!/ Denk mal an!
You don't say!	Nein, wirklich!

Im Englischen zeigen viele Interjektionen bzw. Kurzsätze Ärger, starke Uneinigkeit und Abwertung an (5):

(5)

Rubbish!	Quatsch!
Nonsense!	Unsinn!
Stuft and nonsense!	Dummes Zeug!
Shame!	Schäm dich!/ Schämt euch!
Tut-tut!	Na, na!
Shame on you!	Du solltest dich schämen!/ Ihr solltet euch schämen!
Poppycock!	Blödsinn!
Claptrap!	Blödsinn!
Bloody hell!	Verdammt!
Christ almighty!	Herrgott!
For Christ's sake!	Um Himmels willen!
Hell!	So'n Mist!/ Verdammt noch mal!
To hell with it!	Verdammt noch mal!
God forbid!	Gott behüte!/ bewahre!
Not on your life!	Ich bin doch nicht verrückt!
Not on your nelly!	Nie im Leben!
Tell that to the marines!	Das kannst du deiner Großmutter erzählen!

Hinweis: Obwohl diese Interjektionen relativ mild ausfallen, könnten sie auch jemanden beleidigen. Deswegen muss man sie vorsichtig einsetzen.
Es gibt im Englischen mehrere Interjektionen des Ekels (6):

(6)

Ugh!	I!/ Igitt!
Yuck!	Bäh!
Pooh!	Puh!/ Pfui!
Phew!	Mensch!/ Puh!

Pooh! und *Phew!* werden normalerweise verwendet, wenn etwas unangenehm riecht (7):

(7)

Pooh! When did you last change your socks?	Puh! Wann hast du zum letzten Mal deine Socken gewechselt?

Phew! kann auch eine Reaktion auf die Hitze (8) und ein Ausdruck der Erleichterung sein (9):

(8)

Phew! It's hot in here!	Mensch! Ist es aber heiß hieß drin!

(9)

Phew! We made it!	Mensch! Wir haben es geschafft!

Die gewöhnlichen englischen Interjektionen der Resignation sind (10):

(10)

Oh well!	Na ja!
Heigh ho!	Nun ja!/Tja!

Die Interjektionen, die Schmerz ausdrücken, lauten (11):

(11)

Ouch!	Autsch!
Ow!	Aua!
Ooyah!	Aua!
Ooh!	Oh!

Die Interjektionen bzw. Kurzsätze des Trostes, des Mitleids und der Besorgnis im Englischen heißen (12):

(12)

What a pity!	Schade!
There! There!	Na, na!
Never mind!	Macht nichts!
I'm sorry!	Es tut mir leid!
Come come!	Komm!
Come now!	Na, na!
Bad luck!	So ein Pech!

Es gibt mehrere Interjektionen bzw. Kurzsätze der Betonung im Englischen (13):

(13)

Really and truly!	Wirklich!
Once and for all!	Ein für allemal!
That's that!	Basta!
Honest!	Ehrlich!
I swear it!	Ich kann das beschwören!
Take it from me!	Das können Sie mir glauben!
Mark my words!	Eins kann ich dir sagen!

Wenn man Ablehnung ausdrücken will, kann man die folgenden Kurzsätze verwenden (14):

(14)

Certainly not!	Ganz bestimmt nicht!/ Auf keinen Fall!
Out of the question!	Ausgeschlossen!
No way!	Ausgeschlossen!

Um Gleichgültigkeit zu zeigen, kann man die folgenden Interjektionen bzw. Kurzsätze gebrauchen (15):

(15)

So what?	Na und?
I don't care a jot!	Das ist mir schnurzegal!
What do I care?	Was geht mich das an?
I couldn't care less!	Das ist mir doch völlig egal!

9.2 Anrufe, Aufforderungen und Ermunterungen

Es gibt im Englischen mehrere Interjektionen bzw. Kurzsätze, die als Anrufe oder brüske Befehle verwendet werden. Sie sind alle relativ informell und sollten im höflichen Umgang gemieden werden (1):

(1) **Zur Begrüßung oder direkten Ansprache:**

Hey!	He (Sie/Du)!
Oi!	He (Sie/Du)!
Cooee!	Huhu!

Jemanden auffordern, ruhig zu sein:

Ssh!/Hush!	Scht!
(Be) quiet!	Ruhe!
Shut up!	Halt den Mund!
Pipe down!	Halt die Luft an!

Jemanden zum Gehen auffordern:

Leave me alone!	Lass mich in Ruhe!
Get out!	Raus!
Get lost!	Verschwinde!
Clear off!	Verschwinde!

Jemandes Verhalten tadeln:

Mind your language!	Drück dich anständig aus!

Jemanden auffordern, sich rauszuhalten:

Mind your own business!	Kümmer dich um deine eigenen Angelegenheiten!
That's none of your business!	
Don't be so nosey!	Sei nicht so neugierig!
Butt out!	Halt dich da raus!

Jemanden warnen:

Mind!	Pass auf!
Look out!	Pass auf!
Watch out!	Achtung!/Vorsicht!

Jemanden aufmerksam machen/aufhalten:

Hold on!	Moment!
Hold it!	Momentchen!/ Moment mal!

Jemanden dazu bringen, sich zu beeilen:

Hurry up!	Beeilung!/Beeil dich!
Get a move on!	Beeil dich!
Get/Put your skates on!	Mach/Macht mal ein bisschen dalli!

Jemanden beruhigen:

Calm down!	Beruhigen Sie sich!/ Beruhige dich!
Keep your cool!	Reg dich nicht auf!
Cool it!	Reg dich ab!
Cool down!	Reg dich ab!

Jemanden aufmuntern:

No harm done!	Nichts passiert!
Go on, try!	Na, versuch's doch!

9.3 Höflichkeits- und Begrüßungsformeln

Es gibt im Englischen viele Interjektionen bzw. Kurzsätze der Verbindlichkeit und Höflichkeit (1):

(1)

Don't mention it!	Gern geschehen!
That's quite all right!	Schon gut!/Gern geschehen!
Pardon?	Wie bitte?
I beg your pardon?	Wie bitte?
Pardon me?	Wie bitte?
Pardon me!	Entschuldigung!/Verzeihung!
Sorry!	Entschuldigung!/Verzeihung!
Sorry?	Wie bitte?
I'm sorry!	Es tut mir leid!

Thanks!	Danke!
Thank you!	Danke (schön)!
Thank you very much!	Vielen Dank!
No, thank you!	Nein, danke!
Yes, thank you!	Ja, bitte/danke!
Cheers!	Prost!/Danke!/Tschüss!
Cheerio!	Wiedersehen!/Servus!/Prost!
Ta!	Danke!

Dazu gehören auch die Begrüßungsformeln (2):

(2)

Hello!	Hallo!/Guten Tag!/Grüß Gott!
Good morning!	Guten Morgen!
Good afternoon!	Guten Tag!/Grüß Gott!
Good evening!	Guten Abend!
Good night!	Gute Nacht!
How do you do?	Guten Tag!/Grüß Gott!
How are you?	Wie geht's?
Bye-bye!	Auf Wiedersehen!
Bye!	Tschüss!
Ta-ta!	Tschüss!
See you!	Wiedersehen!/Servus!

Übungen

1. Welche Empfindung drücken die folgenden Interjektionen aus:

a. Ouch!
b. Heigh ho!
c. Ugh!
d. Rubbish!
e. Indeed!
f. Well!
g. Oh dear!
h. What a liberty!
i. Hear, hear!
j. Gosh!
k. Nonsense!

2. Welche Ausdrucksmöglichkeiten gibt es?

a. Someone talks to you in a very impolite way. You say...

1) ______________________________
2) ______________________________
3) ______________________________
4) ______________________________

b. Your good friend is about to leave town for a couple of days.

1) ______________________________
2) ______________________________
3) ______________________________

c. You want someone unpleasant to leave, and a bit quick!

1) ______________________________

2) ______________________________

3) ______________________________

d. You and your friend are walking in the park. Suddenly, there is a big puddle (Pfütze) in front of you. You warn your friend by saying...

1) ______________________________

2) ______________________________

3) ______________________________

Lösung

1. a. Schmerz
   b. Resignation
   c. Ekel
   d. Ärger, starke Uneinigkeit
   e. Anerkennung, Zustimmung
   f. Entrüstung, Protest
   g. Bestürzung
   h. Entrüstung, Protest
   i. Anerkennung, Zustimmung
   j. Überraschung, Freude
   k. Ärger, starke Uneinigkeit

2. a. 1) Shut up!
   2) Pipe down!
   3) Leave me alone!

   b. 1) Bye!
   2) Ta-ta!
   3) See you!

   c. 1) Get out!
   2) Get lost!
   3) Clear off!

   d. 1) Mind!
   2) Watch out!
   3) Look out!

10. Zahlwörter

Grundwissen: Zahlwörter drücken eine Anzahl in schriftlicher Form aus.

10.1 Die Grundzahlen

Die Grundzahlen werden so geschrieben (1):

(1)

0 *nought/zero*	11 *eleven*	30 *thirty*
1 *one*	12 *twelve*	40 *forty*
2 *two*	13 *thirteen*	50 *fifty*
3 *three*	14 *fourteen*	60 *sixty*
4 *four*	15 *fifteen*	70 *seventy*
5 *five*	16 *sixteen*	80 *eighty*
6 *six*	17 *seventeen*	90 *ninety*
7 *seven*	18 *eighteen*	100 *a/one hundred*
8 *eight*	19 *nineteen*	
9 *nine*	20 *twenty*	
10 *ten*	21 *twenty-one* usw.	

101	*a/one hundred and one*
173	*a/one hundred and seventy-three*
200	*two hundred*
1,000	*a/one thousand*
1,082	*a/one thousand and eighty-two*
1,000,000	*a/one million*
1,000,000,000	*a/one billion*
1,000,000,000,000	*a/one trillion*

Hinweis: Grundzahlen über 1.000 werden im Englischen durch Kommas gegliedert. Vor 100, 1000, 100.000 usw. steht normalerweise der unbestimmte Artikel *a* [2] (→ 2.3 Bsp. [27]). Wenn man aber die Anzahl betonen will, kann *one* vor dem Zahlwort stehen [3]:

[2] *He spent a hundred pounds.*

[3] *Altogether he spent one million dollars.*

In der Regel erhalten *hundred* usw. im Plural kein -s. Wenn man sie aber substantivisch (z. B. vor einem *of*-Genitiv (→ 1.6 Bsp. [31]–[38]) verwendet, bekommen sie ein -s [4]:

[4] *There were thousands of people at the football match.*

Sonderfall: Man kann die Zahl 0 auf mehrere verschiedene Weisen schreiben. Null heißt *nought*, wenn man den Zahlwert [5] meint, *zero*, wenn man an das Thermometer und andere Skalen [6] denkt, *o/oh*, wenn man eine Jahreszahl oder eine Telefonnummer [7] buchstabiert, *nil*, wenn man Sportergebnisse [8] zusammenfasst und *love* beim Tennis:

[5] 5 − 5 = 0 — *Five minus five is nought.*

[6] *The temperature has fallen to twelve below 0.* — *The temperature has fallen to twelve below zero.*

7

1905	*nineteen oh-five*
762470	*Seven-six-two-four-seven-oh*

8

The half-time score is 2-0	*The half-time score is two-nil.*

Zusammengesetzte Zahlen

Man verbindet zweistellige zahlen ab 21 durch einen Bindestrich zwischen Zehnern und Einern 9:

9

25	41
twenty-five	*forty-one*
38	94
thirty-eight	*ninety-four*

Man verbindet die Wörter *hundred, thousand, million* usw. mit den Zehner-und Einerzahlen durch die Konjunktion (→ 8. Bsp. 1) *and* 10:

10

113	*a/one hundred and thirteen*
1,050	*one thousand and fifty*
10,329	*ten thousand three hundred and twenty-nine*

10.2 Die Ordnungszahlen

Grundwissen: Ordnungszahlen stellen eine Rangfolge her (das Erste, das Zweite, ...). Um die meisten Ordnungszahlen zu bilden, muss man *th* an das Ende der Grundzahl anfügen. Dies gilt sowohl, wenn man eine Anzahl ausschreibt, als auch, wenn man eine Anzahl in Ziffern schreibt 1:

1

Grundzahl	Ordnungszahl
six (6)	*sixth (6th)*
ten (10)	*tenth (10th)*
hundred (100)	*hundredth (100th)*
two thousand (2,000)	*two thousandth (2,000th)*

Es gibt aber einige unregelmäßig gebildete Ordnungszahlen 2:

2

Grundzahl	Ordnungszahl
one (1)	*first (1st)*
two (2)	*second (2nd)*
three (3)	*third (3rd)*
five (5)	*fifth (5th)*
eight (8)	*eighth (8th)*
nine (9)	*ninth (9th)*
twelve (12)	*twelfth (12th)*
twenty-one (21)	*twenty-first (21st)*
twenty-two (22)	*twenty-second (22nd)*
usw.	

Wenn eine Grundzahl mit *-ty* endet (z. B. *twenty*), bildet man ihre Ordnungszahl, indem man das *-ty* am Zahlenende durch *-tieth* ersetzt (3):

(3)

Grundzahl	Ordnungszahl
twenty (20)	*twentieth (20th)*
thirty (30)	*thirtieth (30th)*
usw.	

Hinweis: Wenn römische Ziffern einem Personennamen folgen, werden sie als Ordnungszahlen ausgesprochen (4):

(4)

Elizabeth II	Elisabeth II.
Elizabeth the Second	Elisabeth die Zweite
George Hamilton IV	George Hamilton IV.
George Hamilton the Fourth	George Hamilton der Vierte

10.3 Jahreszahlen und Daten

Jahreszahlen werden normalerweise als zwei einzelne Zahlen gesprochen. Die erste Zahl ist die des entsprechenden Jahrhunderts, darauf folgen Dekade und Jahr als eine Zahl (1):

(1)

376	*three seventy-six*
1702	*seventeen oh-two*
1994	*nineteen ninety-four*

Hinweis: Im Gegensatz zum Deutschen wird das Wort *hundred* (Hundert) im Englischen selten bei Jahreszahlen mitgesprochen [2]:

[2]

nineteen sixty-one	neunzehnhundert-einundsechzig

Bei Daten kann man den Tag vor dem Monat [3] oder umgekehrt [4] schreiben:

[3]

geschrieben:	*3rd May(,) 2014* *3 May(,) 2014*
gesprochen:	*the third of May, teo thousand fourteen*

[4]

geschrieben:	*May 3rd, 2014* *May 3, 2014*
gesprochen:	*May the third, two thousand fourteen*

10.4 Uhrzeiten

Die Uhrzeiten werden in der Regel folgendermaßen ausgeschrieben [1]:

[1]

1.00	*one (o'clock)*
1.05	*five (minutes) past one*

1.15	*(a) quarter past one*
1.23	*twenty-three minutes past one*
1.30	*half past one*
1.35	*twenty-five (minutes) to two*
1.45	*quarter to two*
1.53	*seven minutes to two*

Hinweis: Man kann das Wort *minutes* bei 5 Minuten und seinen Vielfachen weglassen.

Im Gegensatz zum Deutschen zählt man im Englischen die Stunden nur bis 12 und fängt dann wieder bei 1 an. Um zwischen vormittags und nachmittags zu unterscheiden, verwendet man *a.m. (ante meridiem)* für 0–12 Uhr und *p.m. (post meridiem)* für 12–24 Uhr (2). Andernfalls muss man Redewendungen wie *in the morning* oder *in the evening* (3) benutzen:

(2)

2.00 a.m.	*two a.m.*
4.30 p.m.	*four thirty p.m.*
11.36 p.m.	*eleven thirty-six p.m.*

(3)

two o'clock in the morning

half past four in the afternoon

twenty-four minutes to eleven at night

Hinweis: In der gesprochenen Sprache sagt man *noon* oder *midday* zu 12 p.m. und *midnight* zu 12 a.m..

Sonderfall: Bei Fahrplänen werden die Stunden normalerweise von 0 bis 24 Uhr gezählt (4):

(4)

Depart Hull 12.05 (twelve oh-five)

Arrive Oxford 17.30 (seventeen thirty)

Achtung: In der britischen Umgangssprache heißt *half ten* nicht *halb zehn*, sondern *halb elf*.

10.5 Wiederholungszahlen

Wiederholungszahlen antworten auf die Frage *wie oft?* In der Regel bildet man die Wiederholungszahlen, indem man *times* an die Grundzahl anschließt. Die Ausnahmen sind die Wiederholungsformen von 1 und 2 (1):

(1)

once	einmal
twice	zweimal
three times	dreimal
four times	usw.
five times	
six times	
usw.	

I called three times but no one answered.	Ich habe schon dreimal angerufen, aber niemand hat abgenommen.

Sonderfall: Manchmal findet man *thrice* statt *three times.* Dies ist aber eine veraltete Form, und man sollte sie normalerweise nicht mehr verwenden.

10.6 Vervielfältigungszahlen

In der Regel bildet man die Vervielfältigungszahlen, indem man die Endung *-fold* an die Grundzahl anhängt. Die niedrigen Zahlen haben Alternativformen, die jedoch – mit Ausnahme von *single, double, triple/treble* und *quadruple* – kaum verwendet werden. Die seltenen Formen stehen in den folgenden Beispielen in Klammern (1):

(1)

single	einfach
double (twofold)	zweifach
treble, triple (threefold)	dreifach
quadruple (fourfold)	vierfach
fivefold (quintuple)	fünffach
sixfold (sextuple)	sechsfach
sevenfold (septuple)	siebenfach
eightfold	achtfach
ninefold	neunfach
usw.	
manifold	vielfach
Last year our firm had a fourfold increase in profit.	Im letzten Jahr erreichte unsere Firma eine vierfache Gewinnerhöhung.

10.7 Gemeine Brüche

Wenn man gemeine Brüche ausschreibt, verwendet man als Nenner normalerweise eine Ordnungszahl (→ 10.2 Bsp. (1)) (1):

(1)

a/one third	ein Drittel
a/one fifth	ein Fünftel
a/one sixth	ein Sechstel
usw.	

Sonderfall: Es gibt zwei Ausnahmen (2):

(2)

a/one half	ein halb/ eine Hälfte
a/one quarter	ein Viertel

Man kann auch *a/one fourth (ein Viertel)* sagen, aber dies ist ungebräuchlich.

Man bildet den Plural, indem man einfach -s an den Nenner anhängt (3):

(3)

two sevenths	zwei Siebtel
five ninths	fünf Neuntel

Die Pluralform von *half* ist *halves*.

Hinweis: Maßeinheiten folgen dem Bruch mit *of* (4):

(4)

two thirds of a mile	zwei Drittel einer Meile

Sonderfall: Bei *half* (halb) folgen die Maßeinheiten normalerweise ohne *of* (5):

(5)

half a mile	*eine halbe Meile*
half a litre	*ein halber Liter*

10.8 Dezimalbrüche

Im Gegensatz zum Deutschen steht vor dem Dezimalbruch ein Punkt (1):

(1)

geschrieben	gesprochen
3.73	*three point seven three*
8.193	*eight point one nine three*

Man spricht demnach auch *point* und nicht, wie im Deutschen, *comma*! Die Zahlen werden nach dem Punkt als einzelne Ziffer ausgesprochen.

Wenn eine Null vor dem Punkt steht, wird sie normalerweise nicht ausgesprochen (2). Manchmal wird sie auch beim Schreiben weggelasen (3).

(2)

geschrieben	gesprochen
0.28	*point two eight* (oder seltener: *oh/nought point two eight)*

(3)

geschrieben	gesprochen
.004	*point oh oh four*

Übungen

1. Schreiben Sie die folgenden Grundzahlen in Buchstaben aus:

a. 25
b. 7
c. 1,005
d. 2,569
e. 98
f. 250,341
g. 1,040,726
h. 250,105
i. 753,005
j. 10,581,082

2. Schreiben Sie die Ordnungsformen der folgenden Grundzahlen in Buchstaben aus:

a. 1
b. 11
c. 153
d. 10,002
e. 7
f. 212
g. 103
h. 20,000,689
i. 58
j. 75

3. Schreiben Sie die folgenden Jahreszahlen in Buchstaben aus:

- **a.** 1825
- **b.** 1653
- **c.** 1930
- **d.** 1066
- **e.** 1712
- **f.** 1357
- **g.** 2011
- **h.** 1492

4. Schreiben Sie die folgenden Uhrzeiten in Buchstaben aus:

- **a.** 02.43
- **b.** 14.30
- **c.** 10.15
- **d.** 23.40
- **e.** 07.23
- **f.** 17.20
- **g.** 11.37
- **h.** 01.18

5. Schreiben Sie die folgenden Dezimalbrüche in Buchstaben aus:

- **a.** 2.005
- **b.** 7.5
- **c.** 3.1305
- **d.** .62
- **e.** 5.053
- **f.** 9.08302

6. Versuchen Sie, die folgenden gemeinen Brüche ins Englische zu übersetzen:

- **a.** zwei Drittel
- **b.** drei Fünftel
- **c.** eine Hälfte
- **d.** fünf Dreizehntel
- **e.** drei Viertel
- **f.** sieben Zehntel

7. Schreiben Sie die folgenden Brüche in Zahlen auf!

- **a.** seven eighths
- **b.** three quarters
- **c.** one half
- **d.** two fifths
- **e.** five thirds
- **f.** four tenths

8. Wie alt sind die Personen in dem angegebenen Jahr? Schreiben Sie die Zahl in Buchstaben aus!

- **a.** 2014 – Born in 1964: ______
- **b.** 2001 – Born in 1899: ______
- **c.** 1979 – Born in 1949: ______
- **d.** 2021 – Born in 1970: ______

Lösungen

1. a. twenty-five
   b. seven
   c. a/one thousand and five
   d. two thousand five hundred and sixty-nine
   e. ninety-eight
   f. two hundred and fifty thousand three hundred and forty-one
   g. one million forty thousand seven hundred and twenty-six
   h. two hundred and fifty thousand one hundred and five
   i. seven hundred and fifty-three thousand and five
   j. ten million five hundred and eighty-one thousand and eighty-two

2. a. first
   b. eleventh
   c. one hundred and fifty-third
   d. ten thousand and second
   e. seventh
   f. two hundred and twelfth
   g. one hundred and third
   h. twenty million six hundred and eighty-ninth
   i. fifty-eighth
   j. seventy-fifth

3. a. eighteen twenty-five
   b. sixteen fifty-three
   c. ninteen thirty
   d. ten sixty-six
   e. seventeen twelve
   f. thirteen-fifty-seven
   g. two thousand eleven
   h. fourteen ninety-two

4. a. seventeen minutes to three (in the morning)
   b. half past two (in the afternoon)
   c. quarter past ten (in the morning)
   d. twenty to twelve (at night); oder: twenty to midnight
   e. twenty three minutes past seven in the morning
   f. twenty past five (in the afternoon)

g. eleven thirty-seven
h. one eighteen

5. a. two point oh oh five
b. seven point five
c. three point one three oh five
d. point six two
e. five point oh five three
f. nine point oh eight three oh two

6. a. two thirds
b. three fifths
c. a/one half
d. five thirteenths
e. three quarters
f. seven tenths

7. a. $\frac{7}{8}$
b. $\frac{3}{4}$
c. $\frac{1}{2}$
d. $\frac{2}{5}$
e. $\frac{5}{3}$
f. $\frac{4}{10}$

8. a. fifty (50)
b. one hundred and two (102)
c. thirty (30)
d. fifty one (51)

II. Satzbau

11. Der einfache Satz

Grundwissen: Anders als im Deutschen werden englische Aussagesätze fast immer in der Reihenfolge Subjekt-Prädikat-Objekt strukturiert. Die fünf üblichsten Formen des Satzbaus sind (1):

(1)

Subjekt – Prädikat

I hesitated.

Accidents happen.

Subjekt – Prädikat – Subjektergänzung

Roses are red.

It appears harmless.

The television is broken.

Subjekt – Prädikat – direktes Objekt

Janet wrote a letter.

He caught the ball.

Subjekt – Prädikat – indirektes Objekt – direktes Objekt

Janet sent me a letter.

I gave her a present.

Peter cooked Betty a meal.

Subjekt – Prädikat – direktes Objekt – Objektergänzung

The news made me happy.

He called my brother a liar.

We regarded John as a risk.

11.1 Das Subjekt

Grundwissen: Das Subjekt sagt, *wer* oder *was* etwas tut oder ist. Es besteht meist aus einem Substantiv oder Pronomen und kann durch Attribute näher bestimmt werden (2):

(2)

Dogs eat dog food.	Hunde fressen Hundefutter.
Jogging through the forest is not my idea of fun.	Durch den Wald zu joggen, ist nicht meine Vorstellung von Spaß.
Somebody was here while you were gone.	Jemand war hier, während du weg warst.
The chairman of the board of General Motors wrote me a letter.	Der Vorstandsvorsitzende von General Motors hat mir einen Brief geschrieben.
No matter how many times I travel this route, I see something new each time.	Egal, wie oft ich diese Strecke fahre, jedes Mal sehe ich etwas Neues.

Man kann das Subjekt eines Satzes finden, indem man sich überlegt, *wer* oder *was* die Tätigkeit (des Prädikats) ausführt.

Im Englischen ist das Subjekt also in fast allen Fällen vor dem Verb zu finden.

Sonderfall: In Sätzen mit *there + to be* kommt das eigentliche Subjekt nach dem Prädikat ③:

③

There is no reason to panic.	Es besteht kein Grund zur Panik.
There are no polar bears in Africa.	In Afrika gibt es keine Eisbären.
There is plenty of time to think it over.	Es bleibt noch viel Zeit, um es sich zu überlegen.

Sonderfall: Das Subjekt fällt in Imperativsätzen meist aus. In solchen Sätzen ist *you* das eigentliche Subjekt, es wird aber nicht erwähnt ④:

④

Don't be ashamed to admit it.	Schämen Sie sich nicht, es zuzugeben.

11.2 Subjektergänzung

Grundwissen: Eine Subjektergänzung ist entweder ein Substantiv, das das Subjekt umbenennt ①, oder ein Adjektiv, das es beschreibt ②. Subjektergänzungen treten immer in Zusammenhang mit bestimmten Verben (→ 6.10 Bsp. ①–⑤) auf:

①

His life was a constant struggle. (Das Substantiv *struggle* benennt *life* – das Subjekt – um.)	Sein Leben war ein ständiger Kampf.

The play will be a failure. (Das Substantiv *failure* benennt das Subjekt *play* um.)	Das Theaterstück wird ein Misserfolg.

(2)

I became angry. (Das Adjektiv *angry* beschreibt das Subjekt *I*.)	Ich wurde wütend.
That food smells good. (Das Adjektiv *good* beschreibt das Subjekt *food*.)	Dieses Essen riecht gut.

11.3 Das direkte Objekt

Grundwissen: Das direkte Objekt beantwortet die Frage *wen?* oder *was?* und erscheint nur in Zusammenhang mit transitiven Verben (→ 6.). Es bezeichnet wie im Deutschen die Person oder den Gegenstand, auf die eine Handlung zielt (1):

(1)

I ate a large pizza.	Ich aß eine große Pizza.
Hans lifted the heavy box.	Hans hob die schwere Kiste.

11.4 Das indirekte Objekt

Das indirekte Objekt beantwortet die Frage *wem?* und gibt an, für wen die Handlung des Satzes geschieht. Es ähnelt dem Dativobjekt im Deutschen (1):

(1)

Please give me a large pizza.	Geben Sie mir bitte eine große Pizza.
I sent my girlfriend a dozen red roses.	Ich schickte meiner Freundin ein Dutzend rote Rosen.
Dr Martin dictated a letter to his secretary.	Dr. Martin diktierte seiner Sekretärin einen Brief.

Im ersten Beispiel ist *me* das indirekte Objekt und *a large pizza* das direkte Objekt. Das Subjekt (eigentlich *you*) fällt aus, weil es im Imperativ enthalten ist.

Indirekte Objekte kommen nur nach gewissen transitiven Verben (mit direkten Objekten) vor.
Die üblichsten sind (2):

(2)

to ask	fragen
to bring	bringen
to buy	kaufen
to find	finden
to get	holen
to give	geben
to hand	reichen
to lend	leihen

to loan	leihen
to offer	bieten
to pay	zahlen
to promise	versprechen
to read	vorlesen
to send	schicken
to serve	servieren
to show	zeigen
to teach	lehren
to tell	sagen
to write	schreiben

11.5 Stellung der direkten und indirekten Objekte

Das indirekte Objekt steht meistens vor dem direkten Objekt ①. Wenn das direkte Objekt kürzer ist als das indirekte, kommt es zuerst ②. In diesem Fall wird das indirekte Objekt mit to angefügt:

①	*I taught my son the art of fly fishing.*	Ich brachte meinem Sohn die Kunst des Fliegenfischens bei.
②	*My father taught fly fishing to a few of the neighbourhood youngsters.*	Mein Vater brachte einigen Kindern aus der Nachbarschaft das Fliegenfischen bei.

Sollte sowohl das direkte als auch das indirekte Objekt in einem Satz aus einem Pronomen bestehen, kommt das direkte Objekt zuerst (3):

(3)

Have you mentioned it to him?	Hast du es ihm gegenüber erwähnt?
I recommended her to them.	Ich empfahl sie ihnen.

Bei einigen Verben steht immer *to* vor dem indirekten Objekt; in diesem Fall wird das indirekte Objekt grundsätzlich hinter das direkte Objekt gestellt (4):

(4)

Can you introduce me to Shannon Davis?	Kannst du mich Shannon Davis vorstellen?
I can't explain physics to you in just one semester.	Ich kann euch Physik nicht in nur einem Semester erklären.
The guard said something to my friend.	Der Wächter sagte etwas zu meinem Freund.
I explained the whole thing to her.	Ich erklärte ihr die ganze Sache.

Zu diesen Verben gehören (5):

(5)

to announce	ankündigen
to deliver	liefern
to describe	beschreiben
to dictate	diktieren

to explain	erklären
to introduce	vorstellen
to mention	erwähnen
to prove	beweisen
to recommend	empfehlen
to report	berichten
to say	sagen
to suggest	vorschlagen

Hinweis: Man beachte den Unterschied zwischen indirekten Objekten mit to (6) und Adverbialbestimmungen (7) bzw. Adverbialsätzen (8) mit *to*. Indirekte Objekte antworten auf die Frage *wem?* (6), während solche Adverbialbestimmungen und -sätze auf die Fragen *wohin?* (7) bzw. *wozu?* (7), (8) antworten:

(6)

Wargrave handed the file to his assistant.	Wargrave gab die Akte seinem Assistenten.
I sent a dozen roses to my girlfriend.	Ich schickte meiner Freundin ein Dutzend Rosen.

(7)

The judge sent the convict to prison.	Der Richter schickte den für schuldig Befundenen ins Gefängnis.
Kenneth hadn't forgotten the documents, to his colleagues' relief.	Kenneth hatte die Unterlagen zur Erleichterung seiner Kollegen nicht vergessen.

8

I took a walk to collect my thoughts.	Ich machte einen Spaziergang, um meine Gedanken zu ordnen.

Betonung des indirekten Objekts

Wenn man das indirekte Objekt betonen möchte, stellt man es (mit *to* oder *for*) hinter das direkte Objekt 9:

9

I don't lend my car to just anyone.	Ich verleihe mein Auto nicht an jeden.
I bought a few for myself.	Ich kaufte einige für mich selbst.

Betonung direkter Objekte am Satzanfang

Direkte Objekte im Zusammenhang mit *that*, *this*, *these*, *those* können am Satzanfang erscheinen. Die Wortstellung des restlichen Satzes bleibt erhalten 10:

10

That aspect of the job she never liked.	Diese Seite der Aufgabe mochte sie nie.
Those suggestions he dismissed right away.	Diese Vorschläge hat er sofort abgewiesen.

Stellung der Objekte in den zusammengesetzten Zeitformen

Im Gegensatz zum Deutschen bleibt im Englischen die Stellung eines Objekts bei Gebrauch zusammengesetzter Zeitformen unverändert. Das Objekt erscheint also im Unterschied zum Deutschen nicht zwischen den Teilen des Verbs (11):

(11)

She congratulated me.	Sie gratulierte mir.
She will congratulate me.	Sie wird mir gratulieren.
She has congratulated me.	Sie hat mir gratuliert.
She would have congratulated me.	Sie hätte mir gratuliert.

11.6 Objektergänzung

Grundwissen: Eine Objektergänzung ist entweder ein Substantiv, das das Objekt umbenennt (1), oder ein Adjektiv, das es beschreibt (2). Objektergänzungen treten immer nach dem direkten Objekt auf:

(1)

No sailor would ever call a ship a boat.	Kein Seemann würde jemals ein Schiff ein Boot nennen.

(2)

Her beauty can make a strong man weak.	Ihre Schönheit kann einen starken Mann schwach machen.

Objektergänzungen treten in Zusammenhang mit gewissen Verben (→ 6.10) auf ③:

③

to appoint	ernennen	*He will be appointed acting chairman of the committee.*
to call	bezeichnen	*Mr Hagen called Tanya a credit to her profession.*
to consider	halten für	*I consider collecting phonecards a waste of time.*
to elect	wählen	*The student body elected Lance class president.*
to find	finden	*Critics found the play a colossal bore.*
to make	machen	*Flanigan made poverty the subject of his new book.*
to think	halten für	*He had always thought it impossible.*

Bei einigen Verben benutzt man *as* zwischen Objekt und Objektergänzung (4):

(4)

to look upon	betrachten	*Todd looks upon Jeff as a close friend.*
to recognise	erkennen	*I recognised her as the actress in a well-known soap commercial.*
to refer to	sprechen von	*I like to refer to my wife as "my better half".*
to regard	betrachten	*My boss regards IBM as our most important customer.*
to think of	betrachten	*Lee thinks of Kerri as the sister he never had.*

Bei dem Verb *to take* benutzt man *for* zwischen Objekt und Objektergänzung (5):

(5)

She is making a mistake if she takes Gail for a fool.	Sie macht einen Fehler, wenn sie Gail für eine Närrin hält.

11.7 Stellung eines zusammengesetzten Verbs

Wenn der zweite Teil einer Verb-Partikel-Zusammensetzung wie z. B. *to take off*, *to close down*, *to put on* (→ 6.12) betont werden soll, wird er ans Satzende gestellt. Sonst folgt er dem Verb (1):

(1)

If you go outside in this weather you should put on a coat.

Put your coat on!

I think you should probably turn down the music.

Turn that music down!

I'd better give back the things that I borrowed.

You borrowed his things, and you should give all of them back.

Einfacher Satz

Übungen

1. Setzen Sie die direkten und indirekten Objekte an die richtige Stelle im Satz, und fügen Sie *to* ein, wenn es gebraucht wird:

a. I gave ...
(a kiss)
(Judy)

b. I told ...
(the news)
(most of my relatives and all of my closest friends)

c. Yesterday Derek brought ...
(a dozen roses)
(his elderly grandmother)

d. They bought ...
(a few souvenirs)
(me)

e. Chris wrote ...
(a long letter)
(me)

f. I lent ...
(a few books on the subject from my personal collection)
(Andy)

g. All of my friends recommended ...
(the film)
(him)

h. If you do it, I will pay ...
(fifty pounds)
(you)

i. Phoebe explained ...
(the facts)
(her sister)

j. My experiences in Africa taught ...
(a lot about the world)
(me)

2. Geben Sie das Subjekt des Hauptsatzes an:

a. Though some would disagree, I think that there is no country more beautiful than Austria.
b. According to many people, fishing is the most relaxing of all hobbies.
c. One must admit that Robertson has improved his performance since last year.
d. Eric and Lawrence are my closest friends.
e. Andy is the one whom I trusted the most.
f. There is nothing to worry about.
g. "That's a matter of opinion," I replied.
h. Nobody noticed her new hairstyle.
i. Of all the people who started the marathon, only eight made it to the finish line.
j. Bob Johnson, our chairman, has called a staff meeting for this afternoon.

3. Identifizieren Sie Subjektergänzungen, Objektergänzungen, direkte und indirekte Objekte.

a. I am upset about today's events.
b. They will sell the house to the highest bidder.
c. I gave the message to my assistant.
d. I found ten dollars in my coat pocket.
e. May I pour you some more iced tea?
f. Mr Williams has written eight books.
g. All of the students regard Dr Payne as an excellent professor.
h. Hubert called his brother a liar.
i. Mr Greyer promised his son a new bicycle for Christmas.
j. The students voted Stan the best dressed man in the class.
k. I wouldn't say that to the dean.
l. This food certainly smells delicious.
m. Phil taught Troy the tricks of the trade.
n. I consider him an utter fool.
o. I'm growing weary of her constant complaints.

Lösungen

1. a. I gave Judy a kiss.
   b. I told the news to most of my relatives and all of my closest friends.
   c. Yesterday Derek brought his elderly grandmother a dozen roses.
   d. They bought me a few souvenirs.
   e. Chris wrote me a long letter.
   f. I lent Andy a few books on the subject from my personal collection.
   g. All of my friends recommended the film to him.
   h. If you do it, I will pay you fifty pounds.
   i. Phoebe explained the facts to her sister.
   j. My experiences in Africa taught me a lot about the world.

2. a. I
   b. fishing
   c. One
   d. Eric and Lawrence
   e. Andy
   f. nothing to worry about
   g. That/I
   h. Nobody
   i. eight
   j. Bob Johnson

3. a. Subjektergänzung: upset
   b. direktes Objekt: the house;
      indirektes Objekt: to the highest bidder
   c. direktes Objekt: the message;
      indirektes Objekt: to my assistant
   d. direktes Objekt: ten dollars
   e. direktes Objekt: some more iced tea;
      indirektes Objekt: you
   f. direktes Objekt: eight books
   g. direktes Objekt: Dr Payne;
      Objektergänzung: an excellent professor
   h. direktes Objekt: his brother;
      Objektergänzung: a liar

i. direktes Objekt: a new bicycle;
indirektes Objekt: his son
j. direktes Objekt: Stan;
Objektergänzung: the best dressed man
k. direktes Objekt: that;
indirektes Objekt: to the dean
l. Subjektergänzung: delicious
m. direktes Objekt: the tricks of the trade;
indirektes Objekt: Troy
n. direktes Objekt: him;
Objektergänzung: an utter fool
o. Subjektergänzung: weary

12. Nebensätze

Grundwissen: Nebensätze agieren als Attribute, Adverbiale, Subjekt, Objekt oder Prädikatsnomen. Sie können jeden Teil des Satzes außer dem Hauptverb ersetzen. Sie beinhalten Substantive und Verben, können aber nicht allein als eigene Sätze stehen. Die häufigsten Formen der Nebensätze im Englischen sind Attributsätze [1] und Adverbialsätze [2]:

[1]	*This is the street where I first learned how to ride a bicycle.*	Diese ist die Straße, wo ich lernte, wie man Fahrrad fährt.
[2]	*We can go home as soon as I finish filling in these forms.*	Wir können nach Hause gehen, sobald ich damit fertig bin, diese Formulare auszufüllen.

Hinweis: Viele deutsche Nebensätze werden im Englischen durch nominale Verbformen verkürzt wiedergegeben, d. h. durch Partizipialkonstruktion [3] und Infinitiv [4]:

[3]	*The concert having been postponed, we had nothing to do on Friday night.*	Da das Konzert verschoben wurde, hatten wir am Freitag Abend nichts zu tun.
	After waiting for him for ten minutes, I saw him coming.	Nachdem ich zehn Minuten auf ihn gewartet hatte, sah ich ihn kommen.
[4]	*I wanted to be the first to congratulate her.*	Ich wollte der Erste sein, der ihr gratuliert.

Im Englischen gibt es keine Inversion von Subjekt und Verb im Hauptsatz, wenn ein Nebensatz dem Hauptsatz vorangeht (5):

(5)

Nebensatz am Satzende	Nebensatz am Satzanfang
The meeting had already started when I arrived.	*When I arrived, the meeting had already started.* (keine Inversion von Subjekt und Prädikat)
Das Treffen hatte schon angefangen, als ich ankam.	Als ich ankam, hatte das Treffen schon angefangen. (Inversion von Subjekt und Prädikat)

12.1 Attributsatz

Ein Attributsatz ist ein Satz, der als Attribut fungiert, der also ein Substantiv oder ein Pronomen näher bestimmt. Attributsätze treten in der Regel direkt nach dem näher bestimmten Substantiv (1) bzw. Pronomen (2) auf:

(1)

Jack is a friend who has never let me down.	Jack ist ein Freund, der mich nie im Stich gelassen hat.
The only person whom I told about the plan was my sister Carolyn.	Die einzige Person, der ich von dem Plan erzählte, war meine Schwester Carolyn.

(2)

He who hesitates is lost.	Wer zögert, (der) ist verloren.

Attributsätze fangen meistens mit einem Relativpronomen (→ 3.) an. Sie können aber auch mit einer Relativpartikel bzw. einer Relativkonjunktion (*when, where, why*) eingeleitet werden (3):

(3)

Those were the days when we hadn't a care in the world.	Das waren die Tage, als wir völlig ohne Sorgen waren.
This is the field where the famous battle took place.	Dies ist das Feld, auf dem die berühmte Schlacht stattfand.

Das Relativpronomen kann sehr oft ausfallen (4), wenn es nicht das Subjekt des Attributsatzes näher bestimmt (5):

(4)

The person whom I paid to mow the lawn isn't here yet.

The person I paid to mow the lawn isn't here yet.

Brand X is the brand that I most often buy.

Brand X is the brand I most often buy.

(5)

Brand X, which is breaking all sales records, is our new product.

12.2 Adverbialsatz

Ein Adverbialsatz ist ein Satz, der als Adverb bzw. Adverbiale fungiert und somit normalerweise ein Verb näher bestimmt. Der Adverbialsatz sagt aus, *wann*, *wo*, *wie*, *warum* und *wozu* etwas geschieht (1):

(1)

I turned on the television because I wanted to watch the news.	Ich schaltete den Fernseher ein, weil ich mir die Nachrichten ansehen wollte.

Genau wie Adverbien können Adverbialsätze verschiedene Stellen im Satz einnehmen. Manchmal muss ein Adverbialsatz an einer gewissen Stelle stehen, öfter wird die Stellung im Satz von stilistischen Erwägungen des Sprechers bestimmt.

Adverbialsätze beginnen immer mit einer unterordnenden Konjunktion oder einer Relativkonjunktion.
Die üblichsten davon sind (2):

(2)

after	nach
although	obwohl
as	da, während
as if	als ob
as soon as	sobald
because	wenn
before	ehe
if	wenn
provided that	vorausgesetzt, dass
since	da, seitdem
so that	sodass
such that	sodass

though	obwohl
unless	es sei denn
until	bis
when	wann
whenever	wann immer, immer wenn
where	wo
wherever	wo immer
whether	ob
while	während

Adverbialsätze können gelegentlich auch in unvollständigen Formen auftreten (3):

(3)

He's prepared to work all night if necessary (... if it is necessary).

While on holiday in Spain, I met an interesting woman. (While I was on holiday in Spain ...)

Hinweis: In Adverbialsätzen der Zeit steht das Verb nie im Futur (4):

(4)

Vergangenheit:	*I told him as soon as he arrived.*	Ich sagte es ihm, sobald er ankam.
Futur:	*I will tell him as soon as he arrives.*	Ich werde es ihm sagen, sobald er ankommt.

Übungen

Übersetzen Sie folgende Sätze:

a. Sein Bruder, der immer sehr witzig war, ist Komiker geworden.
b. Das ist der Mann, dem ich eine Zigarette gab.
c. Ich kam hierher, weil ich Sie etwas fragen wollte.
d. Der Film war gut, weil die Schauspieler so gut waren.
e. Frau Schmidt war eine Kollegin, die immer nett zu mir war.
f. Ich werde einkaufen gehen, nachdem ich gegessen habe.
g. Wir feiern, weil heute mein Geburtstag ist.
h. Ich spielte für den Verein, für den mein Vater auch gespielt hatte.
i. Ziehe bitte die Schuhe aus, ehe du hereinkommst.
j. Horst ist derjenige, den ich am besten kenne.
k. Der Einzige, der davon weiß, ist mein Bruder.
l. Ich werde arbeiten, bis die Uhr fünf schlägt.
m. Diese Zeitung ist die, die ich am meisten lese.
n. Als wir nach Hause gingen, war das Fest fast vorbei.
o. Wir werden jetzt ins Kino gehen, es sei denn, du bist zu müde.

Lösungen

a. His brother, who was always very funny, has become a comedian.
b. That is the man to whom I gave a cigarette.
c. I came here because I wanted to ask you something.
d. The film was good because the actors were so good.
e. Mrs Schmidt was a colleague who was always very nice to me.
f. I will go shopping after I have eaten.
g. We are celebrating because today is my birthday.
h. I played for the club for which my father had also played.
i. Please take off your shoes before you come in.
j. Horst is the one whom I know (the) best.
k. The only one who knows about it is my brother.
l. I will work until the clock strikes five.
m. This newspaper is the one that I read the most.
n. When we went home, the party was almost over.
o. We will to go to the cinema now, unless you are too tired.

13. Der Hauptsatz und das Satzgefüge

Ein übergeordneter bzw. Hauptsatz ist eine Gruppe von Wörtern, die entweder allein als Satz steht oder zumindest allein als Satz stehen könnte. D. h., der (Teil-) Satz besteht zumindest aus einem Prädikat und einem Subjekt (1), gegebenenfalls auch aus Objekt(en) und Ergänzung(en) (2):

(1)

She arose.	Sie stand auf.

Dieser Hauptsatz ist vollständig, weil er ein Subjekt und ein Prädikat besitzt.

(2)

He built a house for his parents.	Er baute ein Haus für seine Eltern.

Dieser Hauptsatz ist ebenfalls vollständig. *He built* wäre z. B. kein vollständiger Satz. Er hätte zwar Subjekt und Prädikat, aber *to built* ist ein transitives Verb, das ein direktes Objekt erfordert.

Hinweis: Das Subjekt steht in einigen Fällen nicht vor dem Verb (3):

(3)

There is a spider on the wall.	Eine Spinne ist an der Wand.

Hinweis: Das Subjekt kann bei Imperativsätzen ausfallen. Das eigentliche Subjekt des Satzes, *you*, erscheint nicht im Satz (4):

(4)

Please give me a few minutes to think about it.	Geben Sie mir bitte ein paar Minuten, um es mir zu überlegen.

Auch wenn eine Wortgruppe ein Subjekt, ein Prädikat und die nötigen Objekte oder Ergänzungen hat, ist sie nicht übergeordnet, wenn sie mit einem Wort oder Wörtern anfängt, die die Wortgruppe als Nebensatz kennzeichnen. Dazu gehören insbesondere Relativpronomen (→ 3.) und Nebensatzkonjunktionen (→ 8.), z. B. (5):

(5)

He is welcome to call me whenever he needs help.	Er kann mich jederzeit anrufen, wenn er Hilfe benötigt.

Dieser Satz ist vollständig. Der genaue Satzbau (6):

(6)

Subjekt	Prädikat	Subjektergänzung	direktes Objekt	Adverbialsatz
He	*is*	*welcome to call*	*me*	*whenever he needs help.*

Whenever leitet hier den Nebensatz ein. Obwohl der Adverbialsatz ein Subjekt *(he)* und ein direktes Objekt *(help)* hat, ist er kein übergeordneter Satz, weil er durch *whenever* als Nebensatz gekennzeichnet ist. *He needs help* könnte jedoch allein als Satz stehen.

Weiteres Beispiel (7):

(7)

Unless he wins the lottery, he won't be buying a new car in the near future.	Er wird in nächster Zeit kein Auto kaufen, es sei denn, er gewinnt in der Lotterie.

Adverbialsatz	Subjekt	Prädikat	direktes Objekt	Adverbialbestimmung
Unless he wins the lottery,	*he*	*won't be buying*	*a new car*	*in the near future.*

Folgende Sätze können allein stehen (8):

(8)

He won't be buying a new car.

He won't be buying a new car in the near future.

Unless he wins the lottery, he won't be buying a new car.

Der Adverbialsatz *Unless he wins the lottery* kann nicht allein stehen, weil es ein Nebensatz ist, der von *unless* eingeleitet wird.

Übungen

Entscheiden Sie, ob ein vollständiger Hauptsatz vorhanden ist oder nicht:

a. I screamed
b. if he wants to work
c. a charitable organisation that gives clothes to needy children
d. Bob knows who sent him that letter
e. He ripped
f. give me a full report on today's events
g. unless he would prefer to go to the cinema
h. we'll do it unless you have any objections
i. I don't have much money of my own
j. that's quite interesting

Lösungen

a. ja
b. nein (nur Nebensatz)
c. nein (kein Prädikat)
d. ja
e. nein (transitives Verb ohne Objekt)
f. ja
g. nein (nur Nebensatz)
h. ja
i. ja
j. ja

14. Der Fragesatz

Grundwissen: Fragen stellen im Englischen eine Ausnahme zur Regel *Subjekt vor Prädikat* dar. Eine Frage wird gebildet, indem ein Prädikat vor das Subjekt gestellt wird (1):

(1)

Aussage:	*He is the best pupil in the class.*	Er ist der beste Schüler der Klasse.
Frage:	*Is he the best pupil in the class?*	Ist er der beste Schüler der Klasse?

14.1 Fragen mit modalen Hilfsverben

Fragesatz

Regel: Wenn das Prädikat ein modales Hilfsverb (→ 6.) beinhaltet, tritt es im Fragesatz vor das Subjekt, das Vollverb steht hinter dem Subjekt (1):

(1)

modales Hilfsverb	Subjekt	Vollverb	Rest des Satzes	
Could	*I*	*make*	*a suggestion?*	Darf ich einen Vorschlag machen?
Shall	*we*	*do*	*it right away?*	Sollen wir es sofort tun?
Will	*your parents*	*arrive*	*tomorrow?*	Werden deine Eltern morgen ankommen?

modales Hilfsverb	Subjekt	Vollverb	Rest des Satzes	
May	*I*	*set*	*this down here?*	Darf ich das hier hinstellen?
Has	*Cindy*	*finished*	*her homework?*	Ist Cindy mit ihren Haus-aufgaben fertig?

14.2 Fragen mit *to be*

Regel: Wenn die entsprechende Aussage kein modales Hilfsverb, sondern das Verb *to be* in der Gegenwart oder im Präteritum beinhaltet, treten diese Formen von *to be* im Fragesatz vor dem Subjekt auf. Der Rest des Satzes steht hinter dem Subjekt ①:

Fragesatz

①

to be	Subjekt	Rest des Satzes
Is	*London*	*the capital of England?*
Was	*that man*	*your uncle?*
Are	*you*	*planning to travel to Rome?*
Were	*they*	*ready to get started?*

Hinweis: Andere Zeitformen von *to be* werden mit den modalen Hilfsverben *will*, *have* oder *would* gebildet und gehören deswegen nicht zu dieser Kategorie.

14.3 Fragen mit dem Hilfsverb *to do*

Fragen, die keine Hilfsverben, sondern nur Vollverben (→ 6.) in der Gegenwart und im Präteritum aufweisen, werden mit dem Hilfsverb (→ 6.) *do* (bzw. *does*, in der Vergangenheit *did*) und dem Infinitiv des Vollverbs ausgedrückt (1):

(1)

Aussage:		*She works at a bakery.*			Sie arbeitet in einer Bäckerei.
	do	**Subjekt**	**Infinitiv des Vollverbs**	**Rest des Satzes**	
Frage:	*Does*	*she*	*work*	*at a bakery?*	Arbeitet sie in einer Bäckerei?

Aussage:		*Rachel went to a museum yesterday.*			Rachel ist gestern in ein Museum gegangen.
	do	**Subjekt**	**Infinitiv des Vollverbs**	**Rest des Satzes**	
Frage:	*Did*	*Rachel*	*go*	*to a museum yesterday?*	Ist Rachel gestern in ein Museum gegangen?

Fragesatz

Vollverben in einer anderen Zeit außer der Gegenwart oder dem Präteritum gehören zur ersten Kategorie (Fragen mit modalen Hilfsverben), weil sie in diesen Zeiten mit Hilfsverben gebildet werden (2):

(2)

Zeit	Aussagesatz	Fragesatz
Present Perfect	*He has finished.*	*Has he finished?*
Futur I	*He will finish.*	*Will he finish?*
Futur II	*He will have finished.*	*Will he have finished?*
Plusquamperfekt	*He had finished.*	*Had he finished?*
Konditional I	*He would finish.*	*Would he finish?*
Konditional II	*He would have finished.*	*Would he have finished?*

14.4 Stellung des Fragepronomens

Wenn eine Frage mit einem Fragepronomen (→ 3.) gebildet wird, wird dieses ganz an den Anfang des Satzes gestellt (1):

(1)

What have you done with my jacket?	Was hast du mit meiner Jacke gemacht?

Where will the new building be built?	Wo wird das neue Gebäude gebaut werden?
When will they have finished?	Wann werden sie fertig sein?
Whom did he insult?	Wen hat er beleidigt?
Why hadn't they written to you?	Warum hatten sie dir nicht geschrieben?
How would you solve the problem?	Wie würden Sie das Problem lösen?
Which one would you have chosen?	Welche hättest du gewählt?

Sonderfall: Wenn nach dem Subjekt des Satzes gefragt wird, ist das Fragepronomen mit dem Subjekt identisch und steht vor dem Prädikat (2):

(2)

What is the capital of Peru?	Was ist die Hauptstadt von Peru?
Who gave away the secret?	Wer hat das Geheimnis verraten?
What happened to him?	Was ist ihm passiert?

Fragen mit *who (wer)* gehören immer zu dieser Kategorie, weil *who* immer nach dem Subjekt des Satzes fragt, wenn es als Fragepronomen benutzt wird (3):

(3)

Who rang the doorbell just now?	Wer hat gerade an der Tür geklingelt?

Hinweis: In der Umgangssprache wird *who* manchmal als direktes oder indirektes Objekt gebraucht, doch korrekter ist in solchen Fällen die Objektform *whom* (4):

(4)

Whom did he tell?	Wem hat er es gesagt?

14.5 Kurzfragen bzw. Frageanhängsel – Question tags

Eine Frage lässt sich auch stellen, indem man sie wie eine Bemerkung ausdrückt und eine sogenannte Kurzfrage an das Ende des Satzes anhängt. Dadurch bittet man um die Zustimmung des Gesprächspartners. Ein solches Frageanhängsel entspricht deutschen Ausdrücken wie *nicht wahr?* oder *oder?*

Man bildet eine Kurzfrage mit dem Hilfsverb (→ 6.) des Satzes und dem Pronomen, das dem Subjekt des Satzes entspricht (1). Wenn das Prädikat des Satzes nicht mit einem Hilfsverb gebildet ist, benutzt man für das Frageanhängsel die richtige Form von *to do* (2):

(1)

You have eaten breakfast today, haven't you?

Whales are mammals, aren't they?

Today is your birthday, isn't it?

(2)

Barbara collects stamps, doesn't she?

Your parents grew up in Surrey, didn't they?

Wenn der Satz bejaht ist, ist die Kurzfrage verneint (3). Wenn der Satz verneint ist, ist das Frageanhängsel bejaht (4):

(3)

Allen gave you my report, didn't he?

Kristin is a journalist, isn't she?

(4)

Her brother can't swim, can he?

You have never met the Queen, have you?

Hinweis: Wenn *to have* im Salz als Vollverb (→ 6.) statt als Hilfsverb benutzt wird, bildet man die Kurzfrage mit *to do* (5):

(5)

He had breakfast today, didn't he?

Your daughters all have blue eyes, don't they?

Es kann vorkommen, dass ein Verb im Satz sowohl als Hilfsverb als auch als Vollverb benutzt wird. Das heißt, dass ein Verb gleich dreimal im Satz auftreten kann – als Hilfsverb, Vollverb und Frageanhängsel (6):

(6)

Aussage:	*I have had a chance to talk with him.*	Ich habe die Gelegenheit gehabt, mit ihm zu reden.
Frage:	*You have had a chance to talk to him, haven't you?*	Du hast die Gelegenheit gehabt, mit ihm zu reden, nicht wahr?

Aussage:	*I didn't do my homework.*	Ich habe meine Hausaufgaben nicht gemacht.
Frage:	*You didn't do your homework, did you?*	Du hast deine Hausaufgaben nicht gemacht, oder?

Kurzfragen werden sehr oft benutzt, um rhetorische Fragen zu stellen (7):

(7)

It's a bit chilly outside, isn't it?	Es ist etwas kühl draußen, stimmt's?
Money doesn't grow on trees, does it?	Das Geld fällt nicht vom Himmel, richtig?

Hinweis: Frageanhängsel werden normalerweise mit kontrahierten Formen gebildet. Der Verzicht auf die Kontraktion gibt der Frage einen sarkastischen Ton (8):

(8)

You are the man they call "Mr Dependable", are you not?	Du bist ja der, den man »den Zuverlässigen« nennt, nicht wahr?
This is the meeting place we had arranged, is it not?	Dies ist schon der Treffpunkt, den wir ausgemacht hatten, nicht?

Eine andere Art von Kurzfragen gibt zu verstehen, dass man an einer Aussage zweifelt (9) bzw. dass man selber die Absicht hat, die Aussage nicht Wirklichkeit werden zu lassen (10). Wenn der Satz bei dieser Art von Kurzfrage bejaht ist, ist das Anhängsel auch bejaht:

(9)

Aussage:	*"Helen has been to Antarctica."*	»Helen ist mal in der Antarktis gewesen.«
Antwort:	*"She has, has she?"*	»Was du nicht sagst.«

(10)

Aussage:	*"Chuck Doakes plans to go on a date with your girlfriend."*	»Chuck Doakes hat vor, sich mit deiner Freundin zu verabreden.«
Antwort:	*"He does, does he?"*	»Ach tatsächlich?«

(11)

Aussage:	*"My mom is a famous writer."*	»Meine Mutter ist eine berühmte Schriftstellerin.«
Antwort:	*"She is, is she?"*	»Oh, wirklich?«

14.6 Fragen ohne Inversion

In der Alltagssprache stellt man oft Fragen ohne Inversion, indem man einen Aussagesatz als Frage wiedergibt. Der Tonfall beim Sprechen bzw. ein Fragezeichen beim Schreiben machen es klar, dass es sich um eine Frage handelt. Solche Fragen stellt man nicht, um nach neuer Information zu fragen, sondern um sich eine Tatsache bestätigen zu lassen ①:

①

You're telling me that Paul made a date with Ashley?	Paul hat sich also mit Ashley verabredet?
Keith went skiing without his parents' permission?	Keith ist also Skilaufen gegangen, ohne dass seine Eltern es erlaubten?
You say that there were no difficulties?	Es gab also keine Schwierigkeiten?
The entire class failed the exam?	Die ganze Klasse ist also beim Examen durchgefallen?

Übungen

1. Stellen Sie die Frage, die mit diesem Satz beantwortet wird:

a. Yes, my nephew owns a car.
b. No, ostriches can't fly.
c. No, Ursula has never been to Venice.
d. His name is Wellington Webb.
e. Yes, Vienna is the capital of Austria.
f. Yes, I have money in my pocket.
g. Yes, you may borrow a pencil.
h. Today is Wednesday.
i. No, I don't like to ski.
j. She lives on Kingcrest Lane.
k. Yes, he enjoyed it.
l. I don't know why he wants to see me.
m. Yes, I have had dinner.
n. It's in my pocket.
o. No, I didn't hear it.
p. No, I won't have finished by this afternoon.
q. I did it because someone asked me to.
r. Yes, it tastes good.
s. No, I couldn't hear what he said.
t. Yes, I know Laura Fisher.

2. Fügen Sie das richtige Frageanhängsel hinzu:

a. Mike's clothes are in his suitcase.
b. Your nephew has a car of his own.
c. Ray had never been to Italy before.
d. Rich could have been successful in any profession.

e. Pat has had many problems with his new computer.
f. Shawn claims that Elvis is still alive.
g. Her grandparents own eighty acres of land.
h. Her uncle collects rare coins.
i. The exam was more difficult than anyone expected.
j. The weather is nice today.

Lösungen

1. a. Does your nephew own a car?
   b. Can ostriches fly?
   c. Has Ursula ever been to Venice?
   d. What is his name?
   e. Is Vienna the capital of Austria?
   f. Do you have money in your pocket?
   g. May I borrow a pencil?
   h. What day is today?
   i. Do you like to ski?
   j. Where does she live?
   k. Did he enjoy it?
   l. Why does he want to see you?
   m. Have you had dinner?
   n. Where is it?
   o. Did you hear it?
   p. Will you have finished by this afternoon?
   q. Why did you do it?
   r. Does it taste good?
   s. Could you hear what he said?
   t. Do you know Laura Fisher?

2. a. Mike's clothes are in his suitcase, aren't they?
   b. Your nephew has a car of his own, doesn't he?
   c. Ray had never been to Italy before, had he?

d. Rich could have been successful in any profession, couldn't he?
e. Pat has had many problems with his new computer, hasn't he?
f. Shawn claims that Elvis is still alive, does he?
g. Her grandparents own eighty acres of land, don't they?
h. Her uncle collects rare coins, doesn't he?
i. The exam was more difficult than anyone expected, wasn't it?
j. The weather is nice today, isn't it?

15. Die indirekte Rede

Grundwissen: Man benutzt die indirekte Rede, um die Aussage eines Dritten wiederzugeben. Die indirekte Rede steht normalerweise im Deutschen im Konjunktiv, während im Englischen der Indikativ gebraucht wird (1):

(1)

He said he had no choice.	Er sagte, er habe keine Wahl gehabt.

In der indirekten Rede werden die Zeiten der Verben nach festen Regeln gesetzt. Auch andere Teile des Satzes (z. B. Pronomen) müssen bei der Wiedergabe sinngemäß geändert werden.

Hinweis: Man sollte sich merken, dass in der indirekten Rede im Englischen kein Komma vor dem Nebensatz steht (1):

(2)

He said that he had an urgent message for me.	Er sagte, er hätte eine dringende Nachricht für mich.

Das Wort *that* entfällt sehr oft (3):

(3) *He said he had an urgent message for me.*

Das einleitende Verb ist sehr oft eine Form von *to say*, doch man benutzt die indirekte Rede auch nach anderen sinnverwandten Wörtern wie (4):

(4)

to add	hinzufügen
to admit	zugeben

to answer	antworten
to ask	fragen
to assert	behaupten
to be of the opinion	der Meinung sein
to complain	sich beschweren
to explain	erklären
to insist	beteuern
to know	wissen
to mention	erwähnen
to point out	hinweisen auf
to promise	versprechen
to remark	bemerken
to state	angeben, erklären
to suggest	vorschlagen
to tell (+ Pronomen)	sagen, erzählen
to think	denken
to wonder	wissen möchten

15.1 Indirekte Rede ohne Zeitverschiebung

Regel: Wenn das einleitende Verb in der Gegenwart (1), im *Present Perfect* (2) oder im Futur I (3) bzw. Futur II (4) steht, behält das Verb in der indirekten Rede die Zeit bei, die es in der direkten Rede besitzt:

Direkte Rede: "*I need a new car.*"

(1)	*He often tells me that he needs a new car.*	Er erzählt mir oft, er brauche ein neues Auto.

2	*He has told me that he needs a new car.*	Er hat mir erzählt, er brauche ein neues Auto.
3	*He will tell me that he needs a new car.*	Er wird mir erzählen, er brauche ein neues Auto.
4	*He will have told me that he needs a new car.*	Er wird mir erzählt haben, er brauche ein neues Auto.

In diesen Beispielen (1–4) wird die Zeit des Verbs *to need* nicht verschoben, weil das einleitende Verb *to tell* jeweils in den oben genannten Zeiten steht. Das Pronomen *I* wird in der indirekten Rede hier zu *he*.

15.2 Zeitverschiebung in der indirekten Rede

Wenn das einleitende Verb im Präteritum, im Plusquamperfekt oder im Konditional I bzw. II steht, verschieben sich die Zeiten der indirekten Rede folgendermaßen 1:

1

Zeit, die wiederzugeben ist	Beispiel aus der direkten Rede	Zeitverschiebung	indirekte Rede
Gegenwart	*I play tennis.* Ich spiele Tennis.	Präteritum	*Ralph said he played tennis.* Ralph sagte, er spiele Tennis.

Zeit, die wiederzugeben ist	Beispiel aus der direkten Rede	Zeitverschiebung	indirekte Rede
Verlaufsform Präsens	*I am playing.*	Verlaufsform des Präteriums	*Ralph said he was playing tennis.*
Present Perfect	*I have played tennis.* Ich habe schon Tennis gespielt.	Plusquamperfekt	*Ralph said he had played tennis.* Ralph sagte, er habe schon Tennis gespielt.
Futur I	*I shall play tennis.* Oder: *I will play tennis.* Ich werde Tennis spielen.	Konditional I	*Ralph said he would play tennis.* Ralph sagte, er werde Tennis spielen.
Präteritum	*I played tennis.* Ich spielte Tennis.	Plusquamperfekt (in der Alltagssprache sehr oft keine Zeitverschiebung)	*Ralph said he had played tennis.* Oder: *Ralph said he played tennis.* Ralph sagte, er habe Tennis gespielt.

Zeit, die wiederzugeben ist	Beispiel aus der direkten Rede	Zeitverschiebung	indirekte Rede
Futur II	*I shall have played tennis.* Oder: *I will have played tennis.*	Konditional II	*Ralph said he would have played tennis.* Ralph sagte, er werde Tennis gespielt haben.
Plusquamperfekt	*I had played tennis.* Ich hatte Tennis gespielt.	keine Zeitverschiebung	*Ralph said he had played tennis.* Ralph sagte, er habe Tennis gespielt.
Konditional I	*I would play tennis.* Ich würde Tennis spielen.	keine Zeitverschiebung	*Ralph said he would play tennis.* Ralph sagte, er würde Tennis spielen.
Konditional II	*I would have played tennis.* Ich hätte Tennis gespielt.	keine Zeitverschiebung	*Ralph said he would have played tennis.* Ralph sagte, er hätte Tennis gespielt.

Die Hilfsverben *may*, *can* und *will* ändern sich in der indirekten Rede wie folgt (2):

(2)

may wird zu *might*

can wird zu *could*

will wird zu *would*

direkte Rede	indirekte Rede
"I may be a bit late."	*Bill said he might be a bit late.*
"I can't solve the problem."	*Bill said he couldn't solve the problem.*
"I will be a bit late."	*Bill said he would be a bit late.*

Sonderfall: Die Ausdrücke *ought to* und *used to* werden in der indirekten Rede nicht verändert (3):

(3)

direkte Rede	indirekte Rede
"I ought to congratulate Kathy."	*Jill said she ought to congratulate Kathy.*

Hinweis: Die indirekte Rede muss nicht unbedingt die Aussage eines Dritten darstellen, sondern sie kann auch die eigene Aussage bzw. die eigenen Gedanken des Sprechers bzw. Schreibers wiedergeben (4):

(4)

direkte Rede:	*"A cure for cancer may be found by the year 2020."*	»Vielleicht wird bis zum Jahr 2020 ein ein Heilmittel gegen Krebs gefunden.«
indirekte Rede:	*I thought that a cure for cancer might be found by the year 2020.*	Ich dachte, dass ein Heilmittel gegen Krebs bis zum Jahr 2020 gefunden werden könnte.
direkte Rede:	*"I will not go to the party."*	»Ich werde nicht zum Fest gehen.«
indirekte Rede:	*At the time I thought that I would not go to the party.*	Damals dachte ich, ich würde nicht zum Fest gehen.

Wenn man eine allgemein anerkannte Tatsache oder eine Aussage, von deren Wahrheit man selber überzeugt ist, wiedergibt, wird die Zeit in der indirekten Rede nicht verschoben (5):

(5)

direkte Rede:	*"The Eiffel Tower is in Paris."*	»Der Eiffelturm ist in Paris.«
indirekte Rede:	*He informed me that the Eiffel Tower is in Paris.*	Er informierte mich darüber, dass der Eiffelturm in Paris ist.

In solchen Fällen kommt es oft darauf an, wie man die wiedergegebene Aussage selber aufgefasst wissen möchte. D. h. man kann zum Ausdruck bringen, wie sehr man daran glaubt, dass das Wiedergegebene wahr ist (6):

(6) *I own three sports cars.*

Wenn man diesen Satz als *He said he owned three sports cars* wiedergibt, versucht man entweder, neutral zu bleiben und gar nicht zu beurteilen, ob die Aussage stimmt. Oder man glaubt, es sei möglich, dass sie nicht stimmt. Wenn man aber sagt *He said he owns three sports cars*, deutet man an, dass man von der Wahrheit der Aussage überzeugt ist.

15.3 Umstellung anderer Satzteile in der indirekten Rede

Genau wie im Deutschen muss man beim Wiedergeben der Aussage deren Wörter manchmal ändern, weil der Standpunkt dessen, der die Aussage wiedergibt, sich vom dem Standpunkt des ursprünglichen Sprechers unterscheidet (1):

(1)

in der direkten Rede	in der indirekten Rede
a few minutes ago	*a few minutes before,* *a few minutes previously*
here	*there*
last week	*the previous week,* *the week before*
now (sofort)	*right then,* *at once*
now (heutzutage)	*then, at that time*
this	*that*

in der direkten Rede	in der indirekten Rede
this week/ this month	*that week, that month*
today	*that day*
tomorrow	*the next day, the following day*
tomorrow morning	*the next morning, the following morning*
the day after tomorrow	*two days afterwards*
yesterday	*the previous day, the day before*
the day before yesterday	*two days before*

Anwendungsbeispiele:

direkte Rede:	*"The weather is better today than it was last Tuesday."*	»Das Wetter ist heute besser, als es letzten Dienstag war.«
indirekte Rede:	*He said the weather was better that day than it had been the previous Tuesday.*	Er sagte, das Wetter sei an dem Tag besser gewesen, als es am vorhergehenden Dienstag gewesen sei.

direkte Rede:	*"Lara was here the day before yesterday, and she will be back tomorrow."*	»Lara war vorgestern hier, und morgen wird sie wieder da sein.«
indirekte Rede:	*He said that Laura had been there two days before and would be back the following day.*	Er sagte, Laura sei zwei Tage zuvor dagewesen und werde am nächsten Tag wieder da sein.

Hinweis: Natürlich kommt es bei solch einer Umstellung auf den Sinn der Aussage an. Das heißt, wenn z. B. die Aussage des ersten Anwendungsbeispiels am Sonntag getroffen wurde und man sie am Montag wiedergibt, würde man einfach sagen *He said the weather was better yesterday than it was last Tuesday.*

Wie im Deutschen müssen auch die Personalpronomen umgestellt werden, wenn eine Aussage in die indirekte Rede gesetzt wird (1):

(2)

Bill: "They told me that I shoul tell you that she likes Bob."	Bill: »Sie sagten mir, ich solle dir sagen, dass sie Bob mag.«

Wenn man Bob von dieser Aussage erzählt, heißt es:

Bill said they had told him he should tell me that she likes you.	Bill sagte, sie hätten ihm gesagt, er solle mir sagen dass sie dich mag.

15.4 Befehle in der indirekten Rede

In der indirekten Rede werden Befehle am häufigsten durch den Infinitiv mit *to* wiedergegeben (1):

(1)

direkte Rede:	*"Close the door!"*	»Mach die Tür zu!«
indirekte Rede:	*My father told me to close the door.*	Mein Vater sagte, ich solle die Tür zumachen.
direkte Rede:	*"Come with me!"*	»Komm mit mir!«
indirekte Rede:	*The constable told me to come with him.*	»Der Polizist sagte, ich solle mit ihm kommen.«

Neben dem Infinitiv mit to gibt es die Möglichkeit, einen Befehl (2) mit Ausdrücken wie *should* (3), *have to* (4) oder *had better* wiederzugeben (5):

(2) *"Read the whole textbook."*

(3) *My teacher told me that I should read the whole textbook.*

(4) *My teacher told me that I had to read the whole textbook.*

(5)

My teacher told me that I had better read the whole textbook.

Hinweis: Das Wort *that* kann auch bei diesen Sätzen ausfallen.

Sonderfall: Wenn das Hilfsverb *must* als Befehlswort benutzt wird, wird es in der indirekten Rede zu *had to* (6).

(6)

direkte Rede:	*"You must take off your shoes when you enter the house."*	»Du musst die Schuhe ausziehen, wenn du das Haus betrittst.«
indirekte Rede:	*She told me I had to take off my shoes when I entered the house.*	Sie sagte, ich müsse die Schuhe ausziehen, wenn ich das Haus beträte.

Diese Regel gilt jedoch nur, wenn *must* als Befehl gebraucht wird, sonst bleibt es erhalten (7):

(7)

direkte Rede:	*"You simply must ring me the next time you're in town."*	»Du musst mich unbedingt anrufen, wenn du das nächste Mal in der Stadt bist.«

indirekte Rede:	*Ben said I simply must ring him the next time I'm in town.*	Ben sagte, ich müsse ihn unbedingt anrufen, wenn ich zum nächsten Mal in der Stadt bin.
direkte Rede:	*Kimberly must have forgotten her appointment with me.*	Kimberly hat wohl ihre Verabredung mit mir vergessen.
indirekte Rede:	*Cliff thought that Kimberly must have forgotten her appointment with him.*	Cliff dachte, Kimberly habe wohl ihre Verabredung mit ihm vergessen.

Der Ausdruck *not to be to* entspricht *should not* oder *must not* und ist in Befehlen der indirekten Rede verwendbar 8:

8

You are not to enter this room without my permission.	Du sollst diesen Raum ohne meine Erlaubnis nicht betreten.
The chief said that I was not to enter that room without his permission.	Der Chef sagte, ich solle den Raum nicht ohne seine Erlaubnis betreten.

15.5 Fragen in der indirekten Rede

Die Wiedergabe einer Frage in der indirekten Rede hängt von der Art der Frage ab.

Wenn man eine Satzfrage [1] wiedergibt, die *ja* oder *nein* als Antwort erwartet, beginnt die indirekte Rede mit *if* [2] oder *whether* [3]:

[1] *"Are you from London?"*

[2] *He asked me if I was from London.*

[3] *He asked me whether I was from London.*

Wenn eine Wortfrage [4] mit einem Fragepronomen (→ 3.) in die indirekte Rede gesetzt wird, fängt die indirekte Rede mit demselben Fragewort an [5]:

[4] *"How did you know my name?"*

[5] *He asked me how I knew his name.*

Als einleitendes Verb kann man neben *to ask* auch andere Ausdrücke gebrauchen (6):

(6)

He wondered how I knew his name.

He inquired how I knew his name.

Wenn man Fragen wiedergibt, die von den Fragepronomen *who, what, where, when, how,* oder *whose* eingeleitet und mit *to be* als Kopula *(linking verb)* gebildet werden, stellt man die richtige Form von *to be* ans Ende der indirekten Rede (7):

(7)

What is her name?

He asked me what her name was.

Who is the Prime Minister?

She asked me who the Prime Minister was.

Where are my shoes?

She wanted to know where her shoes were.

Der Satzbau für Fragen in der indirekten Rede bleibt Subjekt-PrädikatObjekt.

Hinweis: Die Umsetzung von *shall* (8) in die indirekte Rede hängt vom Sinn des Wortes ab. Wenn *shall* im Sinne von futurischem *werden* gemeint ist, wird es in der indirekten Rede zu *would* (9). Wenn *shall* im Sinne von *sollen* gemeint ist, wird es in der indirekten Rede zu *should* (10):

(8) *Shall I be of help to you?*

(9) *Zack wondered if he would be of help to us.*

(10) *Zack wondered if he should be of help to us.*

Übungen

1. Vervollständigen Sie die Wiedergabe der indirekten Rede bei folgenden Sätzen:

a. "I won't be at the office this afternoon."
Mr Jacobs told me that …

b. "Do you want to go to the cinema this weekend?"
Eric asked me if …

c. "Don't mention Pam! I don't want to talk about her."
My friend said that …

d. "You took my books. Please give them back."
Wesley said that I …

e. "The Earth revolves around the sun."
Dr Birrell pointed out that …

f. "We may decide to go Thursday rather than Friday."
Richard mentioned today that they …

g. "My salary is so high that I can afford to buy a large house."
Prescott boasted that …

h. "Max told me that you had been here before."
Bernard admitted to me that …

i. "Julia and I have never been to Bosham."
Audra insisted that …

2. Setzen Sie die Fragen in die indirekte Rede:

a. Sir Percy: "What time is it?"
Sir Percy asked me ...

b. Neil: "Why don't we have some more wine?"
Neil asked ...

c. Mr Womack: "How much does the meal cost?"
Mr Womack asked ...

d. Robin: "When will you be ready to go?"
Robin asked ...

e. Laura: "May I have some more biscuits?"
Laura asked ...

f. Mack: "Did Travis call you yesterday?"
Mack asked ...

g. Scott: "Who is Monica Neal?"
Scott asked ...

h. Rich: "Did you remember to call Mr Young?"
Rich asked ...

i. Deborah: "Had Warren ever been here before?"
Deborah asked ...

j. Miss Waterman: "Does Clay lift weights often?"
Miss Waterman asked ...

Lösungen

1. a. Mr Jacobs told me that he wouldn't be at the office that afternoon.
   b. Eric asked me if I wanted to go to the cinema that weekend.
   c. My friend said that I was not to mention Pam, and that he didn't want to talk about her.
   oder auch:
   My friend said that I shouldn't mention Pam, and that he didn't want to talk about her.
   d. Wesley said that I had taken his books and asked me to give them back.
   e. Dr Birrell pointed out that the Earth revolves around the sun.
   f. Richard mentioned today that they might decide to go Thursday rather than Friday.
   g. Prescott boasted that his salary was so high that he could afford to buy a large house.
   h. Bernard admitted to me that Max had told him that I had been there before.
   i. Audra insisted that she and Julia had never been to Bosham.

2. a. Sir Percy asked me what time it was.
   b. Neil asked why we didn't have some more wine.
   c. Mr Womack asked how much the meal cost.
   d. Robin asked when I would be ready to go.
   e. Laura asked if she might have some more biscuits.
   f. Mack asked if Travis had called the day before.
   g. Scott asked who Monica Neal was.
   h. Rich asked if I had remembered to call Mr Young.
   i. Deborah asked if Warren had ever been there before.
   j. Miss Waterman asked whether Clay lifted weights often.

16. Nebensätze mit *should* oder *might*

Nebensätze mit den Hilfsverben *should* [1] oder *might* [2] drücken Wünsche und gefühlsmäßige Stellungnahmen des Sprechers aus:

[1]

The sergeant ordered that each of us should do one hundred press-ups.	Der Feldwebel befahl, dass jeder von uns einhundert Liegestütze machen sollte.

[2]

I suggested to the driver that he might take a shortcut.	Ich schlug dem Fahrer vor, eine Abkürzung zu nehmen.

Man benutzt *should*, wenn es sich um einen Befehl handelt, *might* hingegen, wenn es sich um einen Wunsch oder eine Hoffnung handelt. Solche Nebensätze werden in Zusammenhang mit gewissen Verben benutzt wie [3]:

[3]

to agree	sich einigen
to arrange	ausmachen, vereinbaren
to ask	verlangen, bitten
to command	befehlen
to demand	verlangen
to desire	wünschen
to expect	erwarten

to insist	bestehen auf
to order	befehlen
to propose/ to suggest	vorschlagen
to recommend	empfehlen
to request	bitten um
to require	verlangen

Nach unpersönlichen Ausdrücken bezeichnen Nebensätze mit *might* und *should* Wünsche und gefühlsmäßige Stellungnahmen (4):

(4)

it is better that	es ist besser, dass
it is desirable that	es ist wünschenswert, dass
it is essential that	es ist erforderlich, dass
it is important that	es ist wichtig, dass
it is natural that	es ist normal, dass
it is right that	es ist richtig, dass

It is important that you should talk to him immediately.	Es ist wichtig, dass du sofort mit ihm sprichst.
It is natural that you might ask him how his day was.	Es ist normal, dass du ihn fragst, wie sein Tag war.

Should benutzt man zur Wiedergabe gefühlsmäßiger Stellungnahmen auch nach unpersönlichen Ausdrücken wie (5):

(5)

it is curious that	es ist seltsam, dass
it is funny that	es ist lustig, dass
it is a pity that	es ist schade, dass
it is odd that	es ist merkwürdig, dass
it is strange that	es ist eigenartig, dass
it is surprising that	es ist überraschend, dass

It is funny that you should happen to mention Tara. I was just thinking about her.	Es ist lustig, dass du gerade (zufällig) Tara erwähnst. Ich habe soeben an sie gedacht.
It is a pity that both parties should be on the exactly the same day.	Es ist schade, dass beide Partys genau am selben Tag stattfinden.

Übungen

1. Fügen Sie *might* oder *should* ein!

- **a.** I insist that you … stay.
- **b.** He recommends that you … take a piece.
- **c.** My husband suggests that you … stay for dinner.
- **d.** She requests that she … leave earlier on Fridays.

2. Übersetzen Sie!

- **a.** Unser Chef befahl uns, mehr zu arbeiten.
- **b.** Seine Tochter schlug vor, dass sie gemeinsam essen.
- **c.** Unsere Freunde empfehlen, dass wir uns mittags treffen.
- **d.** Meine Schüler bitten darum, den Test ausfallen zu lassen.

3. *Might* oder *should*?

- **a.** hope
- **b.** ask
- **c.** arrange
- **d.** expect
- **e.** request
- **f.** suggest
- **g.** order
- **h.** recommend
- **i.** agree
- **j.** demand
- **k.** propose
- **l.** require

Lösungen

1. a. should
   b. might
   c. might
   d. should

2. a. Our boss ordered that we should work more.
   b. His daughter proposed/suggested that they might eat together.
   c. Our friends recommend that we might meet at noon .
   d. My pupils ask that the test should be cancelled.

3. a. might
   b. might oder should
   c. might
   d. should
   e. should
   f. might
   g. should
   h. might
   i. might
   j. should
   k. might
   l. should

17. Der Bedingungssatz

17.1 Bedingungssätze mit *if*

Grundwissen: Der Bedingungssatz gehört zu den Adverbialsätzen (→ 12.2) und drückt aus, unter welcher Bedingung etwas geschieht. Die Konjunktion *if* (wenn, falls) leitet meistens den Bedingungssatz ein. Die Bedingung kann vor ① oder nach ② der Folge stehen:

①

If I were a millionaire, I would buy my parents a Rolls-Royce.	Wenn ich Millionär wäre, würde ich meinen Eltern einen Rolls-Royce kaufen.
If he paid more attention in class, his marks would be better.	Wenn er in der Klasse besser aufpassen würde, wären seine Noten besser.

②

I'll buy a car this year if I can find a cheap one.	Ich werde mir dieses Jahr ein Auto kaufen, wenn ich ein billiges finden kann.
I would have done better on the test if I had studied more.	Ich hätte bei der Prüfung besser abgeschnitten, wenn ich mehr gelernt hätte.

Die Zeiten des Bedingungssatzes

Um eine Voraussetzung auszudrücken, die man für durchaus erfüllbar hält bzw. die bereits geschieht und weiterhin geschehen könnte, formuliert man die Bedingung im Präsens und die Folge im Futur I (3):

(3)

Bedingung			Folge		
If you	*give*	*that dog a bone,*	*it*	*will wag*	*its tail.*
If you	*tell*	*some jokes,*	*she*	*will laugh.*	
If that customer	*likes*	*the product,*	*he*	*will buy*	*it.*

Um eine Voraussetzung auszudrücken, die nur theoretisch gedacht wird, formuliert man die Bedingung im Präteritum und die Folge im Konditional I (4). Bei dieser Form der Bedingung wird *to be* immer zu *were* statt *was* (5). Diese Form des Bedingungssatzes benutzt man auch, wenn die Bedingung eine Unmöglichkeit in Bezug auf die Gegenwart darstellt (6):

(4)

Bedingung			Folge		
If you	*gave*	*that dog a bone,*	*it*	*would wag*	*its tail.*
If you	*told*	*some jokes,*	*she*	*would laugh.*	
If that customer	*liked*	*the product,*	*he*	*would buy*	*it.*

5

Bedingung			Folge		
If he	*were*	*to come here tomorrow,*	*I*	*wouldn't hesitate*	*to welcome him.*
If I	*were*	*to change my plans,*	*my colleagues*	*would be*	*unhappy.*

Bedingung			Folge		
If I	*were*	*Frank,*	*I*	*wouldn't*	*spend so much money.*

6

Bedingung			Folge		
If people	*had*	*wings,*	*they*	*wouldn't*	*need aeroplanes.*

Hinweis: Diese Art von Bedingungssatz kann man auch mit Konditional I + Konditional II bilden, um eine Bitte besonders höflich zu formulieren 7:

7

I would be grateful if you would reply promptly.	Ich wäre dankbar, wenn Sie sofort antworten würden.

Bedingungssatz

Um eine Voraussetzung auszudrücken, die sich bereits in der Vergangenheit hätte ereignen müssen, formuliert man die Bedingung im Plusquamperfekt und die Folge im Konditional II ⑧:

⑧

Bedingung			Folge		
If you	*had given*	*that dog a bone,*	*it*	*would have wagged*	*its tail.*
If you	*had told*	*some jokes,*	*she*	*would have laughed.*	
If that customer	*had liked*	*the product,*	*he*	*would have bought*	*it.*

Um Voraussetzungen auszudrücken, die eine allgemeine, als wirklich gedachte Erfahrungstatsache beinhalten, formuliert man sowohl die Bedingung als auch die Folge im Präsens ⑨. Häufig steht die Folge hier vor der Bedingung ⑩:

⑨

Bedingung			Folge		
If a dog	*is given*	*a bone,*	*it*	*wags*	*its tail.*
If a comedian	*is*	*funny,*	*people*	*laugh*	*at his jokes.*

⑩ *A customer only buys a product if he likes it.*

Wenn eine Bedingung als wirklich und gerade im Verlauf befindlich gedacht ist, drückt man sie in der Verlaufsform des Präsens aus (11):

(11)

Bedingung			Folge		
If you	*are planning*	*to be there on time,*	*you*	*should*	*hurry up.*
If Garth	*is working*	*on a project,*	*he*	*doesn't*	*have time to talk to us.*

Enthält der Bedingungssatz eine Voraussetzung, die vielleicht eintritt oder auch nicht, wird die Bedingung mit *should* formuliert (12):

(12)

Bedingung			Folge		
If you	*should happen*	*to meet him,*	*please*	*tell him*	*to call up.*

Hinweis: Die Formulierung der Voraussetzung mit oder ohne *should* kann ihre unterschiedliche Einschätzung durch den Sprecher signalisieren (13):

(13)

If Maggie asks about me, please tell her I'm on a business trip.

If Maggie should ask about me, please tell her I'm on a business trip.

Im ersten Fall erwartet der Sprecher, dass Maggie tatsächlich nach ihm fragt. Im zweiten Fall hält der Sprecher dies nur für eine vage Möglichkeit.

Bedingungssätze mit could

Bei den Formen des Bedingungssatzes, deren Folgen im Konditional I und II formuliert sind, kann man auch *could* statt *would* benutzen (1–3). Statt *wenn eine Sache geschehen würde/wäre, würde/wäre die andere Sache geschehen* sagt man nun *wenn eine Sache geschehen würde/wäre, könnte die andere Sache geschehen/hätte die andere Sache geschehen können* (14):

(14)

If you told him you needed help, he could probably help you.	Wenn du ihm erzählen würdest, dass du Hilfe brauchst, könnte er dir wahrscheinlich helfen.
If I were to take a day off, I could sleep until noon.	Wenn ich einen Tag freinehmen sollte, könnte ich bis zum Mittag schlafen.
If you had told me about the party, I could have arranged to be there.	Wenn du mir von dem Fest erzählt hättest, hätte ich es einrichten können, dabei zu sein.

Hinweis: Auch *might (have)* kann im Folgesatz *would (have)* ersetzen.

17.2 Bedingungssätze ohne *if*

Bedingungssätze ohne die Konjunktion *if* formuliert man per Inversion. Man benutzt das Plusquamperfekt (1), *should* (2) oder *were* (3):

(1)

Inversion		Rest des Satzes		Gegenstück mit *if*
Had	*I*	*known*	*that my parents were coming, I would have cleaned up the house.*	*If I had known that my parents were coming, I would have cleaned up the house.*

1

Inversion		Rest des Satzes		Gegenstück mit *if*
Should	*it*	*give*	*you any trouble, please let me know.*	*If it should give you any trouble, please let me know.*

3

Inversion		Rest des Satzes		Gegenstück mit *if*
Were	*my father*	*here,*	*he would help me.*	*If my father were here, he would help me.*

Hinweis: Bedingungssätze mit Inversion können auch am Ende des Hauptsatzes erscheinen 4:

4 *I would have brought an umbrella, had I known that it would rain.*

17.3 Bedingungssätze mit *unless*

Auch die Konjunktion *unless (außer wenn; es sei denn, dass)* kann Bedingungssätze einleiten 1. Die Bedingung steht dann meist als zweiter Teil des Satzes 2:

1

Unless you want to look like a fool, you shouldn't wear a dinner jacket on the beach.	Man sollte keinen Smoking am Strand tragen, es sei denn, man möchte wie ein Dummkopf aussehen.

2

I won't be going to the party unless Nicole asks me to.	Ich werde nicht auf das Fest gehen, außer wenn Nicole mich darum bittet.

3

Don't try skydiving unless you are very adventurous.	Versuche das Fallschirmspringen nicht, wenn du nicht sehr abenteuerlustig bist.

4

There is no need to worry about the exam unless you haven't prepared for it.	Es gibt keinen Grund, sich Sorgen um die Prüfung zu machen, außer wenn man sich nicht darauf vorbereitet hat.

Übung

Vervollständigen Sie die Bedingung oder die Folge mit der richtigen Form des Verbs:

a. I (to come) here if I had known that he wasn't there.
b. I (to go) to Hawaii this year if I have enough money.
c. If David were to find out about this, he (to be) very angry.
d. If I (to be) Brock, I wouldn't talk to professors in that manner.
e. If you work hard, you (to succeed).
f. If you worked harder, you (to succeed).
g. Parker won't do it if he (to decide) that it's a waste of time.
h. If he had invested wisely ten years ago, he (to be) rich today.
i. If the weather (to be) unpleasant, we might decide to cancel our trip.
j. If he had missed his bus, he (to call) us.

Lösung

a. wouldn't have come
b. will go
c. would be
d. were
e. will succeed
f. would succeed
g. decides
h. would be
i. is
j. would have called

Wortstellung

18. Besonderheiten der Wortstellung

18.1 Betonung einzelner Satzteile mit *to be*

Man kann einen Satzteil mit *to be* betonen. Aus dem normalen Satz (1), (6) kann man z. B. das Subjekt (2), (3), das Prädikat (4), (7), das direkte (5), (8) oder indirekte Objekt (9) oder eine Adverbialbestimmung (10) hervorheben.

(1) *Neil ruined my new white suit.*

(2) *Neil was the one who ruined my new white suit.*

(3) *It was Neil who ruined my new white suit.*

(4) *What Neil did was ruin my new white suit.*

(5) *It was my new white suit that Neil ruined.*

(6) *I gave him a little advice this morning.*

(7) *All I did this morning was give him a little advice.*

(8) *All I gave him this morning was a little advice.*

(9) *He was the one whom I gave a little advice this morning.*

(10) *It was this morning that I gave him a little advice.*

18.2 Sätze mit *so* oder *neither/nor*

Um kurz auszudrücken, dass man eine bejahte Aussage für sich selbst oder einen anderen akzeptiert, benutzt man *so*. Es entspricht dem deutschen *auch* (1):

(1)

Beth: "I went to the cinema yesterday."	Beth: »Gestern ging ich ins Kino.«
Allison: "So did I."	Allison: »Ich auch.«

Um kurz auszudrücken, dass man eine verneinte Aussage für sich selbst oder einen anderen akzeptiert, benutzt man *neither* oder *nor*. Sie entsprechen dem deutschen *auch nicht* (2):

(2)

Rob: *"I didn't go to the party."*	Rob: »Ich ging nicht zum Fest.«
Becky: *"Neither did I."*	Becky: »Ich auch nicht.«
Gina: *"Nor did I."*	Gina: »Ich auch nicht.«

Man benutzt diese Ausdrücke also, um nicht den ganzen Satz wiederholen zu müssen. In solchen Sätzen (→ 6.) stehen *so*, *neither* oder *nor* voran, dann folgen das Hilfsverb des Aussagesatzes und das neue Subjekt. Keine anderen Wörter des Aussagesatzes außer dem Hilfsverb werden wiederholt (3), auch das *not* bei Negativaussagen entfällt (3). Wenn der Aussagesatz kein Hilfsverb aufweist, benutzt man das Hilfsverb *do* (5):

(3)

Aussagesatz	so-Satz		
I've never been to Spain.	Neither	have	we.
We are ready to go.	So	am	I.

(4)

Aussagesatz	so-Satz		
Chuck couldn't understand what they were saying.	Nor	could	I.

(5)

Aussagesatz	so-Satz		
You look as if you had a good night's sleep.	So	do	you.

Wortstellung

Aussagesatz	so-Satz		
He studies for three hours a night.	*So*	*does*	*she.*

18.3 Der Gebrauch von *so* oder *not* an Stelle eines Nebensatzes

Ein anderer Gebrauch von *so* weist auf einen Nebensatz im Satz zuvor hin. Dabei steht es immer am Satzende. So wird auf diese Weise in Zusammenhang mit folgenden Verben gebraucht: *to believe, to do, to expect, to hope, to say, to suppose, to think.* Im amerikanischen Englisch benutzt man es auch mit *to guess* (als Synonym für *to suppose*) ①:

①

	so-Satz		ausführliche Ausdrucksweise
Does Harold plan to join us?	*I believe so.*	Ich glaube schon.	*I believe that he does.*
I suggest that you come along.	*I shall do so.*	Das werde ich tun.	*I shall come along.*
Will your team win the match?	*We hope so.*	Das hoffen wir.	*We hope that we shall.*
How did you know that John was here?	*Mr Wilson said so.*	Herr Wilson sagte es.	*Mr Wilson said that he was here.*

	so-Satz		ausführliche Ausdrucksweise
Will it rain today?	*I suppose so.*	Ich glaube schon.	*I suppose that it will.*
Will Miss O'Hara be there today?	*I think so.*	Ich denke schon.	*I think that she will be.*

Bei *to believe* und *to think* kann man den so-Satz auch negativ formulieren (2):

(2)

	so-Satz		ausführliche Ausdrucksweise
Will Mrs Bennett be here today?	*I don't think so.*	Ich glaube nicht.	*I don't think that she will be.*

Bei *to hope, to suppose* und *to think* kann verneinendes *not* am Satzende stehen (3). Diese Form wird oft verwendet, um mit einer negativen Aussage übereinzustimmen (4):

(3)

	so-Satz		ausführliche Ausdrucksweise
Will the other team win the match?	*I hope not.*	Ich hoffe nicht.	*I hope that they won't.*

4

	so-Satz		ausführliche Ausdrucksweise
Otto will win the race.	*I think not.*	Ich glaube nicht.	*I don't think that he will.*
It seems as if Ray won't be joining us.	*I suppose not.*	Wahrscheinlich nicht.	*I suppose that he won't be.*

18.4 Inversion zur Betonung

Betonung von Adverb und Konjunktion

Gewisse Adverbien und Konjunktionen mit einschränkendem Sinn kann man an den Satzanfang stellen 1:

1

Seldom have I seen such a disgraceful performance.	Nur selten habe ich solch eine blamable Leistung gesehen.

Vollverben werden in diesem Fall mit einer Form von *to do* umschrieben 2:

2

Only by running to catch the train did my friends make it here on time.	Nur indem sie rannten, um den Zug zu erwischen, konnten meine Freunde rechtzeitig hier ankommen.

Die Adverbien und Konjunktionen, die am häufigsten so gebraucht werden, sind (3):

(3)

hardly	kaum
little	kaum
neither … nor	weder … noch
never	(noch) nie
no sooner … than	kaum … als
nor	auch nicht
not only	nicht nur
not until	erst
nowhere	nirgendwo
on no account	auf keinen Fall
rarely	selten
scarcely	kaum
seldom	selten
under no circumstances	unter keinen Umständen

Der Satz ist dann in der Reihenfolge einem Fragesatz ähnlich (→ 14.). Adverb-Hilfsverb oder *to be*-Subjekt-Vollverb-Rest des Satzes (4):

(4)

Adverb	Hilfsverb oder to *be*	Subjekt	Vollverb	Rest des Satzes
No sooner	*did*	*I*	*mention*	*his name than he arrived on my doorstep.*

Adverb	Hilfsverb oder *to be*	Subjekt	Vollverb	Rest des Satzes
Seldom	*is*	*he*	*inclined*	*to discuss his feelings with me.*
Little	*did*	*I*	*know*	*that she had no intention of accompanying me.*
Under no circumstances	*should*	*young children*	*go*	*there without permission.*

Solche Sätze kann man oft auch in der normalen Reihenfolge ausdrücken (5):

(5) *I have seldom seen such a disgraceful performance.*

Eine andere Art von Inversion mit Adverb ist nur möglich, wenn das Subjekt ein Substantiv (und kein Pronomen) ist, wenn der Satz keine Objekte aufweist und wenn das Hauptverb des Satzes im Präsens oder Präteritum steht.

Diese Art von Inversion kommt vor, wenn der adverbiale Teil einer VerbAdverb Zusammensetzung wie *to come in* (6), *to come down* (7), *to go out* (8) am Satzanfang steht.

(6) *In came my four colleagues, exhausted from a hard day's work.*

Wortstellung

7 *Down came a heavy rain which was to spoil our plans for a picnic.*

8 *Out went the lights as the children heard me coming.*

Diese Art von Inversion tritt auch dann auf, wenn ein Adverb wie *here, so, then, there* 9 oder ein Präpositionalausdruck am Satzanfang steht 10:

9 *Here comes Diane Decker, my new next-door neighbour.*

Then came a few minutes of absolute silence.

10 *In the hallway stood an enormous grandfather clock.*

Over the clock hung an original Picasso.

Betonung des Adjektivs

Auch Adjektive können zur Betonung an den Satzanfang gestellt werden. Diese Inversion kommt im formellen Sprachgebrauch vor. Es handelt sich um Sätze mit prädikativen Adjektiven. Adjektiv und Kopula *(linking verb)* treten dabei vor das Subjekt (11):

(11)

Such are the problems I must concern myself with.

Many were the times I considered ending the affair.

Betonung des Hilfsverbs

In Wunschsätzen mit dem Hilfsverb *may* steht das Hilfsverb vor dem Subjekt (12):

(12)

May you lead happy, healthy lives.

May he rest in peace.

18.5 Inversion in der direkten Rede

Im Zwischen- und Nachsatz einer direkten Rede darf das Prädikat vor dem Subjekt stehen (1):

(1)

"Let's have a party and invite all of our friends," suggested Amy.	»Lasst uns feiern und alle unsere Freunde einladen«, schlug Amy vor.

"I'm extremely hungry," said a classmate of mine.	»Ich bin sehr hungrig«, sagte einer meiner Klassenkameraden.

Im modernen Englisch tritt diese Inversion jedoch nur auf, wenn das Subjekt ein Substantiv und kein Pronomen ist (2):

(2)

"I really don't know very much about geography," she admitted.	»Ich weiß wirklich nicht viel über Geografie«, gab sie zu.
"I want to go to the movies," he said.	»Ich möchte ins Kino gehen«, sagte er.

Übungen

1. Stellen Sie die Sätze so um, dass die Betonung auf dem unterstrichenen Element liegt!

a. My sister goes for a walk with her dog every day.
b. Ted and Sandy watch TV every Saturday night.
c. Our neighbours called the police.
d. I got a marriage proposal on holiday.

2. Formulieren Sie Antworten mit *neither* oder *so*!

a. I didn't even have breakfast this morning. *(I, also not)*

____

b. We don't have enough money to buy this horse.*(I, also not)*

____

c. My husband and I loved that film! *(we, also)*

____

d. I have never been to Alaska. *(my friend, also not)*

____

3. Bilden Sie Inversionssätze mit *seldom* und *never*!

a. I have seen such a good movie! (never)
b. Our children sang such a nice song! (seldom)
c. I have been to such a beautful place! (never)
d. You have read such a good book! (seldom)

Lösungen

1. a. It's my sister who goes for a walk with her dog every day.
   b. It's every Saturday night that Ted and Sandy watch TV.
   c. It's our neighbours who called the police.
   d. It was on holiday that I got a marriage proposal.

2. a. Neither did I.
   b. Neither do we.
   c. So did we.
   d. Neither has my friend.

3. a. Never have I seen such a good movie!
   b. Seldom did our children sing such a nice song!
   c. Never have I been to such a beautiful place!
   d. Seldom have you read such a good book!

III.
Anhang

19. Die Aussprache

Grundwissen: Im Englischen kann man die Aussprache eines Wortes viel seltener aus der Buchstabierung erschließen als im Deutschen. Deswegen muss man in der Regel die Aussprache der Wörter einzeln erlernen.

Folgende Wörter werden z. B. alle mit *-ough* geschrieben, und dennoch unterscheidet sich ihre Aussprache sehr stark (1):

(1)

	Aussprache des Wortes	Aussprache von ough im Wort
through	[θruː]	[uː]
tough	[tʌf]	[ʌf]
though	[ðəʊ]	[əʊ]
thought	[θɔːt]	[ɔː]
bough	[baʊ]	[aʊ]
hiccough	[hɪkʌp]	[ʌp]
cough	[kɒf]	[ɒf]

Dieselben vier Buchstaben werden also in diesem (allerdings extremen) Fall auf sechs verschiedene Weisen ausgesprochen.

19.1 Die Laute im Englischen

Grundwissen: Bei folgenden Lauten handelt es sich um die sogenannte *received pronunciation*, d. h. die hochsprachliche Aussprache des britischen Englisch.

Hinweis: Die Bemerkungen zur Aussprache beziehen sich auf die Laute und nicht auf die Buchstaben. Die Bemerkungen über [k] beziehen sich z. B. auf das Lautschrift-Symbol *k*. Dieser Laut könnte im Wort ein *k* sein, doch er könnte genauso *c*, *ck* oder *cc* entsprechen (s. u.). Andererseits ist die Lautschrift für *knife* [naɪf]. Obwohl das Wort also den Buchstaben *k* aufweist, ist der Laut [k] nicht vorhanden.

Konsonanten

Zeichen	Beispiele		Aussprache
[b]	*big*	[bɪg]	wie im Deutschen
	table	[ˈteɪbl]	
	ebb	[eb]	
[d]	*day*	[deɪ]	wie der deutsche Laut *d*, aber immer stimmhaft wie bei *dumm*, kein t-Laut wie bei Pfad
	wedding	[ˈwedɪŋ]	
	bed	[bed]	
[f]	*friend*	[frend]	wie im Deutschen
	effort	[ˈefət]	
	cough	[kɒf]	
	autograph	[ˈɔːtəgrɑːf]	
	tough	[tʌf]	
[g]	*get*	[get]	Das [g] wird wie ein deutsches g ausgesprochen. Doch wichtig ist, dass es nie wie [k], wie im Deutschen bei *Tag*, klingt.
	egg	[eg]	
	anger	[ˈæŋgə]	
[h]	*hat*	[hæt]	wie im Deutschen
	ahead	[əˈhed]	
	who	[huː]	

Zeichen	Beispiele		Aussprache
[j]	*yes* *onion* *Europe* *music*	[jes] [ˈʌnjən] [ˈjʊərəp] [ˈmju:zɪk]	wie ein deutsches j
[k]	*cat* *sick* *weekday* *school* *account* *queue*	[kæt] [sɪk] [ˈwi:kdeɪ] [sku:l] [əˈkaʊnt] [kju:]	wie ein deutsches k
[l]	*life* *calling* *will*	[laɪf] [ˈkɔ:lɪŋ] [wɪl]	Man unterscheidet zwischen dem dunklen und dem hellen l, obwohl sie dasselbe Symbol haben. Das helle [l] klingt wie bei *Leute* im Deutschen. Die Vorderzunge berührt den harten Gaumen, die Zungenspitze befindet sich an den so genannten Alveolen (d. h. ganz oben an den Zahnmulden im Kiefer). Das helle [l] wird gebraucht, wenn das [l] vor einem Vokal oder einem [j] steht *(blue, clear, failure)*. [l] vor einem Konsonanten *(film, old)* spricht man als dunkles [l]. Bei der Aussprache des dunklen [l] berührt die Hinterzunge den weichen Gaumen.

Zeichen	Beispiele		Aussprache
[m]	*me* *hammer* *climb*	[miː] [ˈhæmə] [klaɪm]	wie im Deutschen
[n]	*no* *funny* *one*	[nəʊ] [ˈfʌnɪ] [wʌn]	wie im Deutschen
[ŋ]	*hang* *singer* *meeting*	[hæŋ] [ˈsɪŋə] [ˈmiːtɪŋ]	wie im Deutschen bei Gesang
[p]	*pass* *appear* *top*	[pɑːs] [əˈpɪə] [tɒp]	wie das deutsche *p*
[r]	*road* *earring* *rarity*	[rəʊd] [ˈɪərɪŋ] [ˈreərɪtɪ]	Dieser Laut ist kein rollendes *r*. Die Zunge wird leicht zurückgebogen, die Seiten der Zunge werden gehoben, sodass sie die Molare, d. h. die hinteren Backenzähne, berühren. Die Zunge ist flach, doch der vordere Teil vertieft sich wie zu einem Löffel. Die Lippen werden dabei leicht gerundet.

Zeichen	Beispiele		Aussprache
[s]	*sun* *face* *kiss* *scent*	[sʌn] [feɪs] [kɪs] [sent]	wie im Deutschen bei *Hass, lassen*
[ʃ]	*English* *precious* *mission* *parachute* *sugar* *conscious* *nation*	[ˈɪŋglɪʃ] [ˈpreʃəs] [ˈmɪʃən] [ˈpærəʃuːt] [ˈʃugə] [ˈkɒnʃəs] [ˈneɪʃn]	wie im Deutschen bei Schule, doch die Lippen sind viel weniger vorgestülpt
[t]	*tap* *attack* *wit*	[tæp] [əˈtæk] [wɪt]	wie im Deutschen
[tʃ]	*cheap* *pitch* *riches*	[tʃiːp] [pɪtʃ] [ˈrɪtʃɪz]	wie im Deutschen bei *matschig*, *Deutsch*, doch die Lippen sind viel weniger vorgestülpt
[θ]	*think* *bath* *ethic*	[θɪŋk] [bɑːθ] [ˈeθɪk]	Man legt die Zunge an die untere Rückseite der oberen Schneidezähne und produziert einen Laut wie bei *Hass*, *lassen*, nur kürzer.

Zeichen	Beispiele		Aussprache
[ð]	*that*	[ðæt]	Man legt die Zunge an die untere Rückseite der oberen Schneidezähne und produziert einen Laut wie bei *sein*, *Hase*, nur weicher.
	weather	[ˈweðə]	
	clothes	[kləʊðz]	
[v]	*vote*	[vəʊt]	wie das deutsche *w* bei *weg*, *wollen*
	five	[faɪv]	
	of	[əv, ɒv]	
[w]	*wish*	[wɪʃ]	Man spricht ein sehr kurzes deutsches *u* mit vorgestülpten Lippen aus und geht schnell zum folgenden Laut über.
	what	[wɒt]	
	persuade	[pəˈsweɪd]	
	quite	[kwaɪt]	
[z]	*zoo*	[zu:]	wie das deutsche *s* bei *Hase*, *lesen*
	is	[ɪz]	
	phase	[feɪz]	
[ʒ]	*pleasure*	[ˈpleʒə]	wie bei *Garage*, *Blamage* im Deutschen
	barrage	[ˈbæra:ʒ]	
	illusion	[ɪˈlu:ʒn]	
[dʒ]	*job*	[dʒɑb]	Man spricht den d-Laut und dann gleich den ʒ-Laut aus. Es wird also nicht wie *tsch* ausgesprochen.
	judge	[dʒʌdʒ]	
	danger	[ˈdeɪndʒə]	
	exaggerate	[ɪgˈzædʒəreɪt]	

Vokale

Zeichen	Beispiele		Aussprache
[ɑː]	*laugh* *jar* *blast*	[lɑːf] [dʒɑː] [blɑːst]	langes *a*. Die Hinterzunge liegt so tief wie möglich.
[æ]	*back* *angry* *sad*	[bæk] [ˈæŋgrɪ] [sæd]	halbwegs zwischen deutschem *ä* und deutschem *a*. (wie ein gedehntes *ä*). Bei der Aussprache ist der Mund weit geöffnet, die Kehlkopfmuskeln sind gespannt, und die Vorderzunge liegt tief.
[ɒ]	*dog* *sausage* *off*	[dɒg] [ˈsɒsɪdʒ] [ɒf]	Man spricht den englischen ɑ-Laut aus und rundet dabei leicht die Lippen.
[e]	*yes* *head* *end*	[jes] [hed] [end]	wie im Deutschen bei *hätte, Bett*
[ə]	*above* *pictures* *alphabet* *album*	[əˈbʌv] [ˈpɪktʃəz] [ˈælfəbet] [ˈælbəm]	wie bei *danke, bitte* im Deutschen

Zeichen	Beispiele		Aussprache
[ɜː]	*turn*	[tɜːn]	wie das *ö* in *Mörder*, aber die Lippen werden nicht gerundet, sondern leicht gespreizt
	bird	[bɜːd]	
	mercy	[ˈmɜːsɪ]	
	journey	[ˈdʒɜːnɪ]	
	work	[wɜːk]	
[ɪ]	*if*	[ɪf]	wie bei *nicht* im Deutschen
	wanted	[ˈwɒntɪd]	
	ring	[rɪŋ]	
	England	[ˈɪŋglənd]	
	build	[bɪld]	
	crystal	[ˈkrɪstl]	
[iː]	*be*	[biː]	wie bei *Kies* im Deutschen
	meet	[miːt]	
	feat	[fiːt]	
	receive	[rɪˈsiːv]	
	piece	[piːs]	
[ɔː]	*cord*	[kɔːd]	wie ein deutsches *or* ohne Aussprechen des r oder, anders ausgedrückt, wie das *oo* in *Boot*, wobei die Lippen nicht stark gerundet und vorgestülpt, sondern nur leicht gerundet werden
	board	[bɔːd]	
	author	[ˈɔːθə]	
	four	[fɔː]	

Zeichen	Beispiele		Aussprache
[uː]	*blue*	[bluː]	wie das *u* in *Zug*, wobei die Zunge im Mund etwas weiter hinten und ein bisschen höher liegt
	mood	[muːd]	
	fruit	[fruːt]	
	move	[muːv]	
	shoe	[ʃuː]	
	group	[gruːp]	
[ʊ]	*put*	[pʊt]	wie ein deutsches *u*, wobei die Lippen nicht vorgestülpt werden
	good	[gʊd]	
	would	[wʊd]	
	woman	[ˈwʊmən]	
[ʌ]	*run*	[rʌn]	wie das *-er* bei *Metzger*
	judge	[dʒʌdʒ]	
	lull	[lʌl]	
	come	[kʌm]	
	does	[dʌz]	
	blood	[blʌd]	
	touch	[tʌtʃ]	

Diphthonge

Zeichen	Beispiele		Aussprache
[aɪ]	*by*	[baɪ]	ähnlich wie bei *Main*,
	buy	[baɪ]	*weiter* im Deutschen,
	lie	[laɪ]	aber länger
	height	[haɪt]	
	high	[haɪ]	
	guide	[gaɪd]	
[aʊ]	*round*	[raʊnd]	von [aː] zu [uː] gleiten
	now	[naʊ]	
	out	[aʊt]	
[eɪ]	*late*	[leɪt]	als ob man im Deutschen
	day	[deɪ]	von *ä* zu *i* gleiten würde
	feign	[feɪn]	
	aid	[eɪd]	
	great	[greɪt]	
[eə]	*chair*	[tʃeə]	wie das *är* in *Bär*
	stare	[steə]	
	area	[ˈeərɪə]	
	bear	[beə]	
[əʊ]	*mow*	[məʊ]	Man gleitet schnell vom
	go	[gəʊ]	[ə] zum [ʊ]
	coal	[kəʊl]	

Zeichen	Beispiele		Aussprache
[ɪə]	*near*	[nɪə]	wie im Deutschen bei
	here	[hɪə]	*Bier*, ein [iː] gefolgt von
	steer	[stɪə]	einem kurzen [ɐ]
	weird	[wɪəd]	
	pierce	[pɪəs]	
[ɔɪ]	*joy*	[dʒɔɪ]	Man sagt ein kurzes o
	boil	[bɔɪl]	und gleitet zu *i*. Es klingt
	oil	[ɔɪl]	etwa wie bei *Scheu* im Deut-
			schen.
[ʊə]	*pure*	[pjʊə]	wie das *ur-* bei *uralt*,
	endure	[ɪn'djʊə]	*Futur*

19.2 Allgemeines zur Aussprache

Der Kehlkopfverschlusslaut – glottal stop

Bei der Aussprache jedes Anfangsvokals wird die Stimmritze (Glottis) geschlossen und dann geöffnet, damit der Luftstrom, der den Laut erzeugt, entweichen kann. Im Gegensatz zum Deutschen fällt dieser Glottalverschluss im Englischen weg, wenn vor dem vokalanlautenden Wort ein weiteres Wort steht: (1):

(1)

A poem

(*a* mit Glottalverschluss)

Aber: *What a nice poem.*

(*a* nach *what* ohne Glottalverschluss)

Im britischen Englisch gibt es aber eine zusätzliche Besonderheit, den glottal stop, der in einigen Dialekten, wie zum Beispiel dem Cockney, oft zu hören ist. Es handelt sich dabei um einen Glottalverschluss, der dann auftritt, wenn auf einen Konsonanten ein Vokal folgt (*butter, better, what a…*). Dabei fällt der Konsonant weg und wird durch den Glottalverschluss ersetzt.

(1)

What a beautiful day.

Bread tastes better with butter.

Aussprache des r

In der *received pronunciation* wird ein r nur vor einem Vokal ausgesprochen. Wenn das *r* vor einem Konsonanten steht, wird der Vokal verlängert, der vor dem *r* steht. Das *r* wird z. B. in *a better idea* ausgesprochen (*r* vor dem Vokal *i*), bei *a better day* jedoch nicht (*r* vor dem Konsonanten *d*). Wenn es vor einem nicht ausgesprochenen *e* am Ende eines Wortes steht und ein Vokal oder Diphthong folgt, wird *r* lautlich zu [ə].

Bindung

Im englischen Satz schließt sich bei der Aussprache öfters ein Wort an das vorhergehende Wort an. Insbesondere Wörter, die mit Vokalen anfangen, schließen sich oft in dieser Weise an. Bei den Wörtern *he, her, him, his* sowie *to have*, wenn es als Hilfsverb benutzt wird, wird das *h* manchmal nicht ausgesprochen, und der folgende Vokal schließt sich an das Wort davor an. Im Satz haben die einzelnen Wörter theoretisch ihr eigenes Gewicht, doch in der Praxis fließen sie zusammen.

Aussprache einzelner Konsonanten

Im Unterschied zum Deutschen wird ein *-d* am Ende eines Wortes nicht wie ein t ausgesprochen (3):

(3)

sad

hand

red

Im Gegensatz zum Deutschen wird ein -g am Ende eines Wortes nicht wie ein *k* ausgesprochen (4):

(4)

egg

fog

bug

Der Buchstabe s wird fast immer als [s] (5) oder [z] (6) ausgesprochen. Wenn er nach einem Vokal steht, wird er [z] ausgesprochen, außer am Wortende.

(5)

son

south

bliss

(6)

lees

easy

ease

Übungen

1. Welche Wörter reimen sich?

a. tough
b. love
c. rough
d. sight
e. shave
f. lays
g. behave
h. above
i. quite
j. face

2. Ergänzen Sie die Sätze, so dass zwei Wörter darin sich reimen!

a. He sits on a t… so he can see m…
b. If you want to buy h… you need some m…
c. You are the one on my l… who I haven't yet k…
d. When you call someone, who is on the p… you hear a busy …

3. Gleichlautende Wörter: Finden Sie das Homophon und übersetzen Sie beide Wörter!

a. hier und …
b. Luft und …
c. schwach und …
d. rechts und …
e. wiegen und …

f. knoten und ...
g. starren und ...
h. gelangweilt und ...
i. warten und ...

Lösungen

1. a. und c.
   b. und h.
   d. und i.
   e. und g.
   f. und j.

2. a. tree – me
   b. honey – money
   c. list – kissed
   d. phone - tone

3. a. here und hear (hören)
   b. air und heir (Erbe)
   c. weak und week (Woche)
   d. right und write (schreiben)
   e. weigh und way (Weg)
   f. knot und not (nicht)
   g. stare und stair (Treppenstufe)
   h. bored und board (Brett)
   i. wait und weight (Gewicht)

20. Die Silbentrennung

Grundwissen: Am Ende einer Zeile werden englische Wörter zwischen den Silben getrennt (1):

(1)

re-pro-duc-tion

hor-ren-dous-ly

com-mit-tee

per-son-nel

Hinweis: Bei englischen Wörtern mit einem verdoppelten Konsonanten bildet der erste dieser zwei Buchstaben fast immer das Ende einer Silbe und der zweite Buchstabe den Anfang der nächsten Silbe (2):

(2)

clob-ber

wil-low

im-pres-sion

soc-cer

ham-mer

at-tack

lad-der

in-ner

skiv-vies

saf-fron

top-pings

pow-wow

dog-ged
em-bar-rass
daz-zled

Abgeleitete Formen von Verben, die auf einen verdoppelten Konsonanten enden, werden nicht zwischen diesen zwei Buchstaben getrennt (3):

(3)

Verb	Trennung der abgeleiteten Form
ebb	*ebb-ing*
add	*add-ing*
call	*call-ing*
kiss	*kiss-a-ble*

Einsilbig gesprochene Wörter werden nie getrennt (4):

(4)

called
length
shrimp
streets
through

Nach einer Trennung sollte ein Buchstabe nicht allein am Ende der alten Zeile stehen. Ein oder zwei Buchstaben eines getrennten Wortes sollten nicht für sich an den Anfang einer neuen Zeile kommen (5):

5

rem-edy

pi-ano

ma-niac

Aber: *unity*

Wenn man ein zusammengesetztes Wort trennt, sollte man nur dort trennen, wo sich der Bindestrich befindet. Sonst sollte man das ganze Wort auf die nächste Zeile nehmen 6:

6

self-portrait

first-rate

right-of-way

rough-and-ready

will-o'the-wisp

Angesichts der obigen Regeln kann es manchmal im Englischen vorkommen, dass die Trennung eines Wortes von dessen Bedeutung abhängt, oder, anders gesagt, dass zwei Wörter, die gleich geschrieben werden, auf verschiedene Weise getrennt werden 7:

7

prayer (Gebet) wird nicht getrennt, weil es einsilbig gesprochen wird.

prayer (jemand, der betet) wird *pray-er* getrennt, weil es zweisilbig ist.

Bei der Trennung dreier aufeinanderfolgender Konsonanten gehört der dritte zur neuen Zeile, wenn der zweite und der dritte zusammen nicht den Anfang eines Wortes bilden könnten. So steht im ersten Beispiel das t nach der Trennung, weil *ct* keine Kombination ist, mit der Wörter im Englischen anfangen (8):

(8)

punc-tu-al

ant-sy

ink-ling

Ein *ck* (9) oder ein *x* (10) steht immer vor der Trennung:

(9)

suck-ling

sick-en-ing

(10)

com-plex-ion

Mehrsilbige Präfixe und Suffixe wie *intro-* (11), *-able* (12), *-ary* (13), *-ism* (14) werden nicht getrennt:

(11)

intro-duc-tory

(12)

un-be-liev-able

13 *sec-ond-ary*

14 *com-mun-ism*

Silbentrennung

Übungen

Zeigen Sie, wo die folgenden Wörter getrennt werden können:

a. demystification
b. bigger
c. counterattack
d. well-known
e. filled
f. laundry
g. pity
h. sticky
i. introductory

Lösungen

a. de-mys-ti-fi-ca-tion
b. big-ger
c. coun-ter-at-tack
d. well-known
e. filled
f. laun-dry
g. pity
h. sticky
i. intro-duc-tory

21. Die Zeichensetzung

21.1 Das Komma

Grundwissen: Im Englischen verwendet man ein Komma, um Satzteile oder Sinngruppen zu trennen, sodass der Leser die gemeinte Bedeutung des Satzes erkennt. Es gibt mehrere Kommaregeln.

Kommas mit koordinierenden Konjunktionen

Wenn zwei oder mehr Hauptsätze durch eine beiordnende Konjunktion (→ 8.) aneinander gereiht werden, braucht man vor der Konjunktion ein Komma (1):

(1)	*Fiona offered me something to drink, but I wasn't thirsty.*	Fiona bot mir etwas zu trinken an, aber ich hatte keinen Durst.

I wasn't thirsty könnte als Einzelsatz stehen. Das Gleiche gilt für *Fiona offered me something to drink. But* ist die koordinierende Konjunktion.

Das Komma darf bei solchen Sätzen nur dann entfallen, wenn der Satz derart kurz ist, dass man ihn nicht missverstehen kann (2):

(2)	*The alarm sounded and he woke up.*	Der Alarm ertönte(,) und er wachte auf.

Ein weiteres Beispiel (3):

(3)	*I had blisters on my feet, and my legs ached.*	Ich hatte Blasen an meinen Füßen, und meine Beine taten weh.

And fungiert als koordinierende Konjunktion. Hier darf das Komma nicht wegfallen. Es zeigt nämlich eine Pause im Satz an, ohne die ein Missverständnis entstehen würde. Ohne das Komma würde man als Leser zunächst verstehen *I had blisters on my feet and my legs*, also *Ich hatte Blasen an meinen Füßen und meinen Beinen*. Im Deutschen sorgen die gebeugten Formen (meine Beine) dafür, dass ein solches Missverständnis nicht vorkommt. Diese Funktion erfüllt im Englischen das Komma.

Noch ein Beispiel (4):

(4) *I have to go to the grocer's and buy some food.*

And ist zwar koordinierende Konjunktion, aber *buy some food* ist eine Infinitivwendung, kein Hauptsatz. Der Satz weist kein Komma auf.

Komma bei Aufzählungen

Das Komma wird auch gebraucht, um die Teile einer Aufzählung voneinander zu trennen (5). Wenn der letzte Teil der Aufzählung mit *and* angereiht wird, darf das Komma auch entfallen (6).

(5)

They saw Paris, Rome, Madrid, Munich(,) and Berlin.	Sie sahen sich Paris, Rom, Madrid, München und Berlin an.
I have to go to the grocer's, buy some food, go to the post office, and do my homework.	Ich muss zum Lebensmittelhändler gehen, etwas zu essen kaufen, zur Post gehen und meine Hausaufgaben machen.

6

I ordered a hamburger, a hot dog and a soft drink.	Ich bestellte einen Hamburger, einen Hot Dog und eine Limonade.

Kommas bei attributiven Adjektiven

Wenn mehrere Adjektive vor einem Substantiv auftreten, werden sie mit Kommas getrennt, wenn sie gleichberechtigt nebeneinander stehen, nicht jedoch, wenn sie kumulativ einen Gesamtbegriff bilden.

Durch Kommas voneinander getrennte Adjektive 7 können ein Substantiv auch allein näher bestimmen, kumulativ aneinander gefügte 8 können es nicht.

7

Digging trenches is difficult, tiring, unpleasant work.	Gräben auszuheben ist eine schwierige, anstrengende, unangenehme Arbeit.

8

Two new red sports cars stood in the driveway.	Zwei neue rote Sportwagen standen in der Auffahrt.

Hinweis: Im Zweifelsfall kann man schnell bestimmen, zu welcher Kategorie die Adjektive gehören, indem man zwei Tests macht.

Könnte man die Adjektive auch in einer anderen Reihenfolge ordnen? Bei 7 könnte man das:

Digging trenches is unpleasant, tiring, difficult work.

Bei ⑧ könnte man es nicht. Man hat *zwei neue rote Sportwagen*, nicht etwa *rote neue zwei Sportwagen*.

Könnte man die Adjektive mit *and* trennen?
Bei ⑦ ginge es:

tiring and unpleasant and difficult

Kommas vor nicht-bestimmenden Relativsätzen

Kommas benutzt man auch, um nicht-bestimmende Relativsätze abzuheben.

Während bestimmende Relativsätze nicht von ihrem Bezugswort abgetrennt werden ⑨, muss vor nicht-bestimmenden Relativsätzen ein Komma stehen ⑩:

⑨

Her daughter likes books that have lots of pictures.	Ihre Tochter mag Bücher, die viele Bilder haben.

⑩

I bought the book "Faust", which was Goethe's greatest work.	Ich kaufte das Buch »Faust«, das Goethes größtes Werk war.

Im ersten Satz ⑨ steht kein Komma vor *that*, weil *that have lots of pictures* einen bestimmenden Relativsatz bildet. Die Tochter mag nur solche Bücher. Ohne den Relativsatz würde sich die Bedeutung ändern.

Im zweiten Beispiel ⑩ benutzt man ein Komma, weil *which was Goethe's greatest work* einen nicht-bestimmenden Relativsatz darstellt. Der Relativsatz erzählt Näheres über das Buch, könnte jedoch auch fehlen.

Weitere Beispiele von bestimmenden (11) und nicht-bestimmenden Relativsätzen (12):

(11)

I can afford to buy a car that costs less than $3,000.	Ich kann es mir leisten, ein Auto zu kaufen, das unter 3.000 $ kostet.
Teenagers who drive expensive sports cars often cause traffic accidents.	Teenager, die teure Sportwagen fahren, verursachen oft Verkehrsunfälle.

(12)

Peter's girlfriend, who was wearing a red miniskirt, came in and sat down.	Peters Freundin, die einen roten Minirock trug, kam herein und setzte sich.
They live in Bad Homburg, which is near Frankfurt.	Sie wohnen in Bad Homburg, das in der Nähe von Frankfurt liegt.
Teenagers, who have more free time than most adults, go to the cinema more often than adults do.	Teenager, die ja mehr Freizeit haben als die meisten Erwachsenen, gehen öfter ins Kino als Erwachsene.

Kommas bei Appositionen

Bei Appositionen (nachgestellten Beisätzen, die davorstehende Substantive näher bestimmen) wird das Komma ebenfalls benutzt, um erläuternde Bestimmungen abzuheben (13). Vor einer notwendigen Bestimmung steht jedoch kein Komma (14):

(13)

That reminds me of Rodin's famous sculpture of two embracing lovers, The Kiss.	Das erinnert mich an Rodins berühmte Plastik von zwei sich umarmenden Liebhabern, »Der Kuss«.
Basil Rathbone portrayed the famous detective who lived at 221 B Baker Street, Sherlock Holmes.	Basil Rathbone spielte den berühmten Detektiv, der in der Baker Street 221 B wohnte, Sherlock Holmes.
I received a letter from Heather Becker, a former classmate of mine.	Ich bekam einen Brief von Heather Becker, einer ehemaligen Mitschülerin.
I was face to face with the guard, a tall, brawny man.	Ich stand dem Wächter, einem großen, kräftigen Mann, gegenüber.

(14)

Sherlock Holmes first appeared in the short story "A Study in Scarlet".	Sherlock Holmes erschien zum ersten Mal in der Kurzgeschichte »A Study in Scarlet«.

A famous sentence opens Jane Austen's novel "Pride and Prejudice".	Ein berühmter Satz leitet Jane Austens Roman »Pride and Prejudice« ein.

Kommas bei Übergängen

Kommas benutzt man, um Wörter oder Phrasen abzuheben, die als Übergänge am Satzanfang dienen. Häufige Übergänge sind (15):

(15)

as a matter of fact	in der Tat
first of all	erstens
for example	zum Beispiel
in fact	in der Tat
in other words	in anderen Worten
in the first place	erstens

In fact, many Germans have never been to Hungary.	In der Tat sind viele Deutsche nie in Ungarn gewesen.
Erich, for example, has never been to Hungary.	Erich ist zum Beispiel nie in Ungarn gewesen.

Das Komma bei Partizipialkonstruktionen

Partizipien, die einen adverbialen Nebensatz vertreten (→ 6.), werden mit Kommas abgehoben.

Dies gilt für verbundene Partizipien ⑯, die ein Bezugswort im Satz aufweisen, und für unverbundene Partizipien, die in sich selbstständig eingefügt sind ⑰:

(16)

"Certainly," she said, nodding her head vigorously.	»Sicher,« sagte sie und nickte dabei eifrig mit dem Kopf.
He poured the rest of the milk, tilting the carton to get the last drops.	Er goss den Rest der Milch ein und kippte dabei die Tüte, um die letzten Tropfen herauszubekommen.

(17)

Chris played tennis with us, his other commitments having been cancelled.	Chris spielte Tennis mit uns, da seine sonstigen Verpflichtungen abgesagt wurden.

Kommas bei Gegensätzen

Kommas benutzt man auch, um Gegensätze abzuheben ⑱:

(18)

I want the real thing, not a cheap imitation.	Ich will das Echte und keine billige Kopie.
In case of fire you are to walk, not run, to the exit.	Falls Feuer ausbricht, gehen Sie zum Ausgang und rennen Sie nicht.

Ein Komma hebt manchmal Satzteile ab, die mit Konjunktionen wie *but* ⑲ oder *though* ⑳ eingeleitet werden:

⑲

He may be overjoyed, but I'm not.	Er mag vielleicht überglücklich sein, aber ich bin es nicht.

⑳

When I returned I was extremely happy, though quite hausted.	Als ich zurückkehrte, war ich äußerst glücklich, wenn auch sehr erschöpft.

Das Komma bei einer Anrede

Wenn ein Satz mit einer Anrede anfängt ㉑, stellt man ein Komma dahinter:

㉑

Darling, let's go to the park and have a picnic.	Liebling, gehen wir mal zumPark und machen ein Picknick.
Uncle Al, may I borrow this book?	Onkel Al, darf ich dieses Buch borgen?

Das Komma bei Interjektionen

Wenn ein Satz mit einer Interjektion (→ 9.) beginnt ㉒, wird sie mit einem Komma abgetrennt ㉒:

㉒

Hey, I've got an idea!	Du, ich habe eine Idee!
I say, is that necessary?	Sagen Sie mal, ist das notwendig?
Oh yes, I almost forgot to tell you the news.	Ach ja, ich hätte fast vergessen, dir die Neuigkeiten zu erzählen.

Das Komma bei beiläufig eingeschobenen Satzteilen

Das Komma hebt die Satzteile ab, die beiläufig in den Hauptsatz eingefügt werden. Es erscheinen oft mehrere davon in einem Satz ㉓:

㉓

I didn't do it because I wanted to, although I certainly did want to; rather, it was, if I might put it this way, an inner voice, a voice which inspired me and which never ever let me give up.	Ich tat es nicht, weil ich es tun wollte, obwohl ich es gewiss doch tun wollte; es war, wenn ich es so ausdrücken darf, viel mehr eine innere Stimme, eine Stimme, die mich anregte, die mich niemals aufgeben ließ.

Die Nebensätze *although I certainly did want to* und *if I might put it this way* (23) erläutern Teile des Hauptsatzes und könnten genauso in Klammern gesetzt werden. Mit Kommas sind sie jedoch mehr in den Satz integriert, als es mit Klammern der Fall wäre.

Hinweis: Im Englischen erscheinen Kommas im Satz oft an denjenigen Stellen, an denen man beim Sprechen eine Pause macht. Im obigen Beispiel (23) ist das Komma zwischen *never* und *ever* gesetzt, um das Wort *ever* zu betonen. Das Ganze könnte man genauso ohne dieses Komma schreiben, doch der Ausdruck *never ever* würde dann gesprochen anders klingen.

Das Komma bei Daten

Kommas benutzt man auch bei Daten. Wenn ein Datum in der Reihenfolge Monat-Tag-Jahr genannt wird, was im amerikanischen Englisch meist der Fall ist, steht kein Komma vor dem Jahr (24):

(24)

April 16(th), 2003

Aber:

April 2003

16 April 2003

Das Komma bei Ortsnamen

Bei Ortsangaben benutzt man ebenfalls ein Komma (25).

(25)

He took a plane from Newark,
New Jersey, to Leeds, England.

Zeichensetzung

Das Komma bei Zahlenangaben

Bei Zahlenangaben ist der Gebrauch des Kommas und des Punkts im Englischen genau umgekehrt wie im Deutschen. Im Englischen benutzt man das Komma für Zahlen ab Tausend und den Punkt für die Abtrennung der Zehntel (26):

(26)

3,450	*three thousand four hundred and fifty*	dreitausendvierhundertfünfzig
3.0	*three point zero*	drei Komma null
2,400,000.3	*two million four hundred thousand point three*	zwei Millionen vierhunderttausend Komma drei

Kommas zwischen Verb und Objekt

Anders als im Deutschen soll man kein Komma benutzen, wenn es ein Verb von seinem Objekt trennen würde, auch dann nicht, wenn das Objekt ein Nebensatz ist (27):

(27)

He claimed that Annette had already been there.	Er behauptete, Annette sei schon da gewesen.
I don't think that there will be a simple solution.	Ich glaube nicht, dass es eine einfache Lösung wird.

Die Nebensätze, die hier mit *that* anfangen, sind im jeweiligen Satzgefüge die direkten Objekte und können nicht von den Verben *to claim* bzw. *to think* getrennt werden.

Das Komma und der Infinitiv

Anders als im Deutschen steht kein Komma vor dem erweiterten Infinitiv (28).

(28)

I called to congratulate him on the victory.	Ich rief an, um ihm zum Sieg zu gratulieren.
I went to the library to look for some books.	Ich ging zur Bibliothek, um einige Bücher zu suchen.

21.2 Der Strichpunkt

Regel: Der Strichpunkt wird benutzt, um gleichwertige Satzbestandteile voneinander zu trennen.

Der Strichpunkt zwischen Hauptsätzen

Hauptsätze werden meist durch eine koordinierende Konjunktion verbunden (→ 8.). Doch in Fällen, in denen der Zusammenhang zwischen diesen Sätzen klar ist, wird oft ein Strichpunkt gebraucht (1):

(1)

I chose not to join them for dinner; I had already eaten a lot that evening.	Ich entschied mich dafür, nicht mit ihnen zu essen; ich hatte an dem Abend schon viel gegessen.

The boss thought Thorn was the best man for the job; I was inclined to disagree.	Der Chef hielt Thorn für den besten Mann für den Job; ich war anderer Auffassung.

Adverbien und Adverbialbestimmungen verbinden manchmal Hauptsätze. In solchen Fällen steht ein Strichpunkt vor dem Adverb (2) bzw. Adverbiale (3).

(2)

I found physics very difficult; nevertheless, I managed to pass the course.	Ich fand Physik sehr schwierig; trotzdem gelang es mir, den Kurs zu bestehen.

(3)

Studying all night before an exam doesn't always help; in fact, those who have a good night's sleep get the best marks.	Vor einer Prüfung die ganze Nacht zu lernen, hilft nicht immer; tatsächlich bekommen diejenigen, die richtig ausschlafen, die besten Noten.

Wenn das verbindende Adverb bzw. Adverbiale im Verlauf des zweiten Hauptsatzes erscheint, stellt man den Strichpunkt zwischen die beiden Hauptsätze (4).

(4)

Many of my friends are good at sports; Jeff, for example, is a fine volleyball player.	Viele meiner Freunde sind gute Sportler; Jeff zum Beispiel ist ein ausgezeichneter Volleyballspieler.

I didn't think I would win; my victory was pure luck, as a matter of fact.	Ich dachte nicht, dass ich gewinnen würde; mein Sieg war eigentlich reine Glückssache.

Der Strichpunkt bei Listen

Man verwendet auch einen Strichpunkt, um Teile einer längeren Liste zu trennen, wenn die bloße Abtrennung mit Kommas unklar wäre (5):

(5)

His best friends are Thomas, a muscular fellow with a mischievous smile; Frank; Ed, Chip's former roommate; and Stephen, the comedian of the bunch.	Seine besten Freunde sind Thomas, ein muskulöser Typ mit einem schelmischen Lächeln, sowie Frank, Ed, der ehemalige Zimmergenosse von Chip, und Stephen, der Spaßvogel der Truppe.

Zeichensetzung

Mit den Strichpunkten ist es klarer, dass es sich in dem Beispiel nur um vier Freunde handelt. Für den Leser bleibt es sonst offen, ob *Chip's former roommate* etwas über Ed erzählt oder einen weiteren Freund vorstellt.

21.3 Der Doppelpunkt

Der Doppelpunkt hat im Englischen in den meisten Fällen dieselbe Rolle wie im Deutschen: Er richtet die Aufmerksamkeit auf die darauffolgenden Worte (1):

(1)

She promptly gave me her answer: "No, thank you."	Sie gab mir sofort ihre Antwort: »Nein, danke.«

Even for a man as wealthy as he the price was high: two million pounds.	Selbst für einen Mann, der so reich ist wie er, war die Summe hoch: zwei Millionen Pfund.

Ein Doppelpunkt leitet auch eine Liste ein (2):

(2)

I have a plan for this morning: I want to do some sightseeing, do some shopping, and enjoy a hearty lunch.	Ich habe für heute morgen einiges vor: Ich möchte einige Besichtigungen machen, etwas einkaufen und ein herzhaftes Mittagessen genießen.
Amy has three important qualities: patience, charm, and a willingness to compromise.	Amy besitzt drei wichtige Eigenschaften: Geduld, Charme und Kompromissbereitschaft.

Zeichensetzung

Einen Doppelpunkt kann man für eine Liste aber nur benutzen, wenn der Satz vor dem Doppelpunkt einen vollständigen Satz bildet. In den obigen Beispielen ist das der Fall. Aber (3):

(3)

This morning I plan to do some sightseeing, take a boat ride, and enjoy a hearty lunch.	Heute Morgen möchte ich einige Sehenswürdigkeiten besuchen, eine Bootsfahrt machen und ein herzhaftes Mittagessen genießen.
Three qualities everyone should have are patience, charm, and a willingness to compromise.	Drei Eigenschaften, die jeder haben sollte, sind Geduld, Charme und Kompromissbereitschaft.

Im ersten Beispiel ist *to do some sightseeing...* das direkte Objekt, und *This morning I plan* könnte nicht allein stehen.

Im zweiten Beispiel liegt Inversion zur Betonung der Subjektergänzung vor. *Patience, charm, and a willingness to compromise* ist das Subjekt des Satzes.

Ein Doppelpunkt wird manchmal im amerikanischen Englisch statt eines Kommas in der Anrede eines Briefs gebraucht:

Dear Mr. Kiesbauer:

21.4 Der Apostroph

Der Apostroph wird hauptsächlich benutzt, um einen Genitiv zu bilden (→ 1.) und bei Kontraktionen.

Er wird außerdem gebraucht, um Plurale von Ziffern ① und Buchstaben ② zu bilden, die als solches genannt werden:

① *figure 8's* — Achten

② *His name is Phillip, with two L's.* — Sein Name ist Phillip, mit zwei L.

Sonderfall: Ein Jahrzehnt wird nummerisch ohne Apostroph ausgedrückt ③:

③

the 1970s	die 1970er/70er (des zwanzigsten Jh.)
the 1830s	die 1830er (des neunzehnten Jh.)

Plurale von Abkürzungen schreibt man auch mit Apostroph (4).

(4)	*Three different DJ's played records at the party.*	Drei verschiedene DJs legten auf der Party auf.
	Abner claims to have seen some UFO's.	Abner behauptet, er habe einige UFOs gesehen.

Wenn ein Jahr angegeben wird, ohne dass man das Jahrhundert nennt, wird das Jahrhundert durch einen Apostroph ersetzt (5):

(5)	*He competed in the '84 Olympics.*	Er nahm an den Olympischen Spielen 84 teil
	I graduated in the class of '91.	Ich habe meinen Abschluss 91 gemacht.

Hinweis: Obwohl Possessivpronomen (→ 3.) eine Zugehörigkeit ausdrücken, werden sie nicht mit Apostroph geschrieben (6):

(6)	*The red one is his, the blue one is hers, and the other one is yours.*	Die rote ist seine, die blaue ist ihre, und die andere ist deine.

Man sollte sich insbesondere den Unterschied zwischen *its* (Possessivpronomen) (7) und *it's* (»es ist«) merken (8):

(7)	*The dog closed its eyes and went to sleep.*	Der Hund machte seine Augen zu und schlief ein.

8

Today isn't Friday, it's Thursday.	Heute ist nicht Freitag, es ist Donnerstag.

21.5 Der Bindestrich

Im Englischen wird eine Zusammensetzung entweder mit oder ohne Bindestrich als ein Wort oder mit Leerzeichen als zwei Wörter geschrieben. Die einzelnen Fälle sind in einem Wörterbuch nachzuschlagen 1:

1

mit Bindestrich

water-cooled	wassergekühlt
long-legged	langbeinigc
colour-blind	farbenblind
penny-pincher	Pfennigfuchser
top-secret	hochgeheim

ohne Bindestrich

piecework	Akkordarbeit
watertight	wasserdicht
backache	Rückenschmerzen
sandstorm	Sandsturm

zwei Wörter

cold storage	Kühllagerung
water pipe	Wasserleitung
love letter	Liebesbrief
colour television	Farbfernsehen
pine needle	Piniennadel

Manchmal zeigt die Art der Zusammensetzung, um welche Wortart es sich handelt. Sie unterscheidet z. B. Substantiv (2) und Verb voneinan-der (3):

(2)

short circuit	Kurzschluss
break-in	Einbruch

(3)

short-circuit	kurzschließen
break in	einbrechen

Die Art der Zusammensetzung unterscheidet manchmal zwischen leicht verwechselbaren Wörtern (4).

(4)

recount	erzählen
re-count	nachzählen

Gelegentlich wird ein Bindstrich gebraucht, wenn sonst doppelte (5) oder dreifache (6) Konsonanten entstehen würden, und macht somit die Aussprache klarer:

(5)

pre-eminent	herausragend
de-emphasise	herunterspielen

(6)

full-length	lang (z. B. bodenlang)

21.6 Das Anführungszeichen

Der Gebrauch des Anführungszeichens ist im Allgemeinen derselbe wie im Deutschen. Doch ist wichtig, dass die öffnenden Anführungszeichen immer hochgestellt werden (1):

(1)

Churchill once said, "I have nothing to offer but blood, toil, tears and sweat."	Churchill sagte einmal: »Ich habe nichts zu bieten außer Blut, Mühsal, Tränen und Schweiß.«
I thought to myself, "How did I ever get into this mess?"	Ich dachte bei mir: »Wie bin ich nur in dieses Schlamassel geraten?«

Wenn ein Zitat innerhalb eines anderen Zitats steht, wird es in halben Anführungszeichen gesetzt (2):

(2)

"I told him, 'Sir, if you want it, get it yourself'", Josh said with a chuckle.	»Ich sagte zu ihm: ‚Wenn Sie es haben möchten, holen Sie es sich selbst, Sir'«, erzählte Josh kichernd.

Die Interpunktion von Zitaten

Die Interpunktion von Zitaten erfolgt folgendermaßen:

Punkte und Kommas werden innerhalb der Anführungszeichen gesetzt (3):

(3)

"I'm not kidding," he said. "I really did ask her to marry me."	»Ich scherze nicht«, sagte er. »Ich habe sie wirklich gefragt, ob Sie mich heiraten will.«

"I think so," she said. "In fact, I'm sure of it."	»Ich denke schon«, sagte sie. »Also, eigentlich bin ich mir sicher.«

Strichpunkte und Doppelpunkte stehen außerhalb der Anführungszeichen (4):

(4)

He said he liked "Palm Beach Café": the people, the atmosphere, the food and the music.	Er sagte, das »Palm Beach Café« gefiele ihm sehr: die Leute, die Stimmung, das Essen und die Musik.
The salesman called it "the fastest car ever produced"; I found that hard to believe.	Der Verkäufer nannte es »das schnellste Auto, das jemals gebaut wurde«; mir kam das unglaubwürdig vor.

Bei Fragezeichen und Ausrufezeichen kommt es darauf an, ob sie sich auf den ganzen Satz beziehen. Wenn sie es tun, werden sie außerhalb der Anführungszeichen geschrieben (5). Wenn sich das Frage- bzw. Ausrufezeichen aber nur auf das Zitat bezieht (6), steht es innerhalb der Anführungszeichen:

(5)

Can he play any other songs besides "Moon River"?	Kann er irgendein anderes Lied spielen außer »Moon River«?

(6)

A stranger approached me aan asked, "Do you have a light?"	Ein Fremder kam auf mich zu und fragte: »Haben Sie Feuer?«

Vor einem Zitat steht entweder ein Doppelpunkt, ein Komma oder kein Satzzeichen, je nach dem Satzzusammenhang. Wenn das Zitat mit einem Hauptsatz eingeleitet wird, benutzt man einen Doppelpunkt (7):

(7)	*His statement caught me by surprise: "I've just won the lottery."*	Seine Aussage überraschte mich sehr: »Ich habe gerade im Lotto gewonnen!«

Wenn eine Wendung wie *he said* direkt hinter oder vor einem Zitat steht, benutzt man an Stelle des Doppelpunktes ein Komma. Das Gleiche gilt für ähnliche Pronomen und Verben, die man bei einer solchen Wiedergabe verwendet, wie z. B. *she observed, they remarked, I suggested* usw. (8):

(8)	*"And it's pretty inexpensive as well," she added.*	»Und es ist außerdem gar nicht teuer«, fügte sie hinzu.
	She said, "Let's go home."	Sie sagte »Lass uns nach Hause gehen.«

Wenn das Zitat in den Satz integriert ist, wird es nur in Anführungszeichen gesetzt (9) oder, je nach der Struktur des Satzes, durch ein Komma abgehoben (10):

(9)	*The director said that his screenplay "is very, very faithful to the book on which it was based".*	Der Direktor sagte, sein Drehbuch sei »sehr, sehr nah an dem Buch, auf dem es basierte«.
	The building had been "blown to smithereens," as my grandfather might have put it.	Das Gebäude wurde »in Schutt und Asche gelegt», wie mein Großvater es ausgedrückt hätte.

Zeichensetzung

(10)

The building had been, as my grandfather might have put it, “blown to smithereens”.	Das Gebäude wurde, wie mein Großvater es ausgedrückt hätte, »in Schutt und Asche gelegt«.

Wenn ein erläuternder Zwischensatz zwischen zwei Sätzen eines Zitats erscheint, wird ein Komma davor und ein Punkt danach gesetzt (11). Wird er aber in einen Satz des Zitats eingeschoben (12), stehen Kommas vor und nach dem Einschub.

(11)

“The most important thing in fishing is the weather,” my father would say. “If it rains, the fish won’t bite.”	»Das Wichtigste beim Angeln ist das Wetter« , sagte mein Vater immer. »Bei Regen beißen die Fische nicht.«

(12)

“If you go fishing on a rainy day,” my father would say to me, “don’t expect to catch many fish.”	»Wenn du an einem regnerischen Tag angeln gehst«, sagte mein Vater immer zu mir, „erwarte keinen allzu guten Fang“.

Wenn ein Zitat durch einen Zwischen- oder Schlusssatz weitergeführt wird, wird es mit einem Komma beendet (13), es sei denn, es handelt sich um eine Frage (14) oder einen Ausruf (15).

(13)

“I’ve just been to the grocer’s,” said Emma as she sat down on the couch.	»Ich war gerade einkaufen«, sagte Emma, und setzte sich aufs Sofa.

(14) *"What's her name?" he asked.* »Wie heißt sie?«, fragte er.

(15) *"Look out below!" I shouted.* »Schau nach unten!«, rief ich.

Anführungszeichen bei Titeln

Anführungszeichen benutzt man immer bei Gedichten, Kapitelüberschriften, Kurzgeschichten, Fernseh- oder Radiosendungen, Liedern und Zeitungs- oder Zeitschriftenartikeln (16):

(16)
"The Ransom of Red Chief,"
by O. Henry
The Beatles' "Revolution"

Andere Titel (Bücher, Filme, Gemälde, Opern, Theaterstücke, Zeitschriften, Zeitungen) werden kursiv geschrieben, in Hand- oder Maschinenschrift werden sie unterstrichen (17):

(17)
Leo Tolstoy's *War and Peace*
The Empire Strikes Back
The Washington Post

Übungen

1. Setzen Sie die nötigen Kommas im Satz, aber nur dort, wo man sie braucht.

a. To be honest I just want to sit down and rest.
b. I first visited Frankfurt in 1977 and I first saw Munich on May 11 1991.
c. It was the kind of peaceful warm wonderful day that one never forgets.
d. My father who used to play professional tennis enjoys sports of all kinds.
e. I went to Naples and also visited Rome Milan Turin and Bergamo.
f. Being allergic to caffeine I drink milk not coffee.
g. The title characters of Dumas' exciting memorable book *The Three Musketeers* were named Athos Porthos and Aramis.
h. Rex's lovely blonde girlfriend is a friendly intelligent likable person.
i. First of all I would like to welcome our guests and thank them for coming.
j. I explained that I was talking about Paris France not the small American town known as Paris Texas.
k. Let me introduce you to my friend Bruce and his lovely wife Audrey.
l. I hope you will report many results and few excuses.
m. These problems are all I think the result of what Bret Wade a noted expert on the subject called "aftershock syndrome".
n. No I don't think I'll be joining you.
o. Ted mentioned the movie *Casablanca* which has never been one of my favourites.
p. Randall Bert and Andrea each recommended that we should not try to sell the family jewels.

q. The thieves stole everything that looked like it was valuable.
r. He told me to be careful yet he didn't say what I should be careful of.
s. Everyone knows that old Carrington-Holmes is rich but nobody seems to know how he made his fortune.
t. I would like a long detailed report on the situation.
u. His rusty old car the only one he had ever owned was very important to him.
v. I on the other hand was not afraid to ask questions.
w. Pluto my friend's big hairy dog came in and wagged its tail.
x. He picked up the book examined it for a moment and threw it to me.
y. Except for the mice which I never could get rid of the flat was perfect.
z. "That will be all" he said standing to indicate that I should leave.

2. Setzen Sie die nötigen Kommas zwischen die Adjektive:

a. the cold hard wet ground
b. a new sleek-looking red Porsche
c. my long relaxing holiday
d. old faded newspaper clippings
e. a tall strong insurmountable barrier
f. warm juicy delicious food
g. three young attractive blonde girls
h. hard-working good-natured cheerful men
i. a wealthy respected businessman
j. our dedicated young apprentice

Lösungen

1.
a. To be honest, I just want to sit down and rest.
b. I first visited Frankfurt in 1977, and I first saw Munich on May 11, 1991.
c. It was the kind of peaceful, warm, wonderful day that one never forgets.
d. My father, who used to play professional tennis, enjoys sports of all kinds.
e. I went to Naples and also visited Rome, Milan, Turin(,) and Venice.
f. Being allergic to caffeine, I drink milk, not coffee.
g. The title characters of Dumas' exciting, memorable book *The Three Musketeers* were named Athos, Porthos, and Aramis.
h. Rex's lovely blonde girlfriend is a friendly, intelligent, likable person.
i. First of all, I would like to welcome our guests and thank them for coming.
j. I explained that I was talking about Paris, France, not the small American town known as Paris, Texas.
k. Let me introduce you to my friend Bruce and his lovely wife Audrey.
l. I hope you will report many results and few excuses.
m. These problems are all, I think, the result of what Bret Wade, a noted expert on the subject, called, "aftershock syndrome".
n. No, I don't think I'll be joining you.
o. Ted mentioned the movie Casablanca, which has never been one of my favourites.
p. Randall, Bert, and Andrea each recommended that we should not try to sell the family jewels.
q. The thieves stole everything that looked like it was valuable.
r. He told me to be careful, yet he didn't say what I should be careful of.
s. Everyone knows that old Carrington-Holmes is rich, but nobody seems to know how he made his fortune.
t. I would like a long, detailed report on the situation.
u. His rusty old car, the only one he had ever owned, was very important to him.
v. I, on the other hand, was not afraid to ask questions.
w. Pluto, my friend's big, hairy dog, came in and wagged its tail.
x. He picked up the book, examined it for a moment, and threw it to me.

y. Except for the mice, which I never could gel rid of, the flat was perfect.

z. "That will be all," he said, standing to indicate that I should leave.

2. a. the cold, hard, wet ground
b. a new, sleek-looking red Porsche
c. my long, relaxing holiday
d. old, faded newspaper clippings
e. a tall, strong, insurmountable barrier
f. warm, juicy, delicious food
g. three young, attractive blonde girls
h. hard-working, good-natured, cheerful men
i. a wealthy, respected businessman
j. our dedicated young apprentice

22. Die Groß- und Kleinschreibung

Grundwissen: Ein großer Unterschied zum Deutschen besteht darin, dass Substantive (→ 1.) im Englischen in der Regel kleingeschrieben werden.

Eigennamen werden aber auch im Englischen großgeschrieben. Wenn ein Artikel, eine Präposition oder eine beiordnende Konjunktion zum Namen gehört, wird dieser Bestandteil normalerweise kleingeschrieben, wenn er nicht das erste Wort des Namens darstellt. Dies gilt auch für die Übernahme ausländischer Namen [1]:

[1]

Frederick the Great

Stratford-upon-Avon

Bosnia and Herzegovina

Rio de Janeiro

Gloria von Thurn und Taxis

Großgeschrieben werden:

Vor- und Nachnamen [2]:

[2]

Peter Mollenhauer

Mary Ellen Hayes

Colin Wellington-Smythe

Anreden an Verwandte [3]:

[3]

Daddy

Uncle Albert

Aber 4:

4

Albert is my uncle.

My friend and his cousin Cary.

Eine Anrede wird normalerweise nur dann großgeschrieben, wenn sie vor einem Namen steht 5:

5

Professor Steiner

Steiner, a professor of German

Sir Alec Guinness

Yes, Sir Alec.

Yes, sir!

Städtenamen 6:

6

Manchester

St Petersburg

Einwohner einer bestimmten Stadt 7:

7

Londoner

Parisian

Milanese

Länder (8):

(8)

Germany

Switzerland

the United States of America

Nationalitätsbezeichnungen (9):

(9)

German

Swedish

Kontinente (10):

(10)

Asia

Europe

Wassermassen (11):

(11)

the Pacific Ocean

the Black Sea

Lake Constance

the Thames

Cripple Creek

Berge 12:

12

Mount McKinley

the Matterhorn

Inseln 13:

13

Easter Island

the Isle of Man

Straßennamen 14:

14

Avenue of the Americas

Fleet Street

Denkmäler 15:

15

the Statue of Liberty

Brücken 16:

16

London Bridge

the Golden Gate Bridge

Parks ⑰:

⑰ *Central Park*

Gebäude ⑱:

⑱ *the White House*

the Empire State Building

Schiffe ⑲:

⑲ *the Mayflower*

HMS. Pinafore

Flugzeuge ⑳:

⑳ *the Enola Gay*

the Spirit of St. Louis

Satelliten und Raumschiffe ㉑:

㉑ *Voyager VI*

Sputnik

Lehranstalten 22:

22

Trinity College

Riverdale High School

Firmen 23:

23

Universal Exports Ltd

General Motors

Abteilungen 24:

24

Internal Affairs

Bookkeeping

Vereine 25:

25

the Rotary Club

Manchester United

the New York Giants

Politische Parteien 26:

26

the Labour Party

the Republican Party

Geschichtliche Ereignisse und Ären [27]:

[27]

the Franco-Prussian War

the Renaissance

the Stone Age

Geschichtliche Urkunden oder Verträge [28]:

[28]

the Magna Carta

the Treaty of Versailles

the German Basic Law

Völker [29]:

[29]

the French

Eskimos

Sprachen [30]:

[30]

English

Serbo-Croatian

Religionen (31):

(31)

Catholicism

Judaism

Gläubige einer Religion (32):

(32)

Catholic

Muslim

Jew

Religiöse Titel (33):

(33)

God

the Bible

the Koran

the Almighty

He

His

Him

Aber: *God* wird nicht großgeschrieben, wenn es als Gattungsname benutzt wird (34).

(34)

Bacchus is the god of wine in classical mythology.	Bacchus ist der Gott des Weines in der klassischen Mythologie.

Wochentage, Monate, Feiertage (35):

(35)

Wednesday
February
New Year's Eve

Richtungen werden kleingeschrieben (36), außer wenn sie als Substantive (37) oder Teile eines Eigennamens (38) erscheinen.

(36)

It's three kilometres south of here.	Es sind drei Kilometer Richtung Süden von hier.
Birds head south for the winter.	Vögel fliegen im Winter in den Süden.
the southern part of Chicago	der südliche Teil von Chicago

(37)

He's from the South.	Er ist aus dem Süden.

(38)

South Carolina
Chicago's South Side

Jahreszeiten werden kleingeschrieben (39), außer wenn sie sich auf Epochen beziehen (40):

(39)

summer
spring
the summer of 1985

(40)

The Summer of Love

The Prague Spring

Namen von Himmelskörpern (41):

(41)

Saturn

the Milky Way

Earth wird nur großgeschrieben, wenn es als astronomischer Begriff benutzt wird (42), sonst klein (43).

(42)	*The satellite orbits the Earth.*	Der Satellit umkreist die Erde.
(43)	*No person on earth could have predicted that.*	Kein Mensch hätte das vorhersagen können.

Regel: In einem Titel werden Substantive, Pronomen, Verben, Adjektive und Adverbien großgeschrieben. Artikel, Präpositionen und beiordnende Konjunktionen werden nur dann großgeschrieben, wenn sie das erste oder letzte Wort des Titels bilden. Der zweite Teil eines Ausdrucks mit Bindestrich wird nur dann großgeschrieben, wenn er zur erstgenannten Gruppe gehört (44):

(44)

Where the Red Fern Grows

To the Lighthouse

"Close to You"

The Catcher in the Rye

Pride and Prejudice

Regel: Das Pronomen *I* wird stets großgeschrieben.

Immer wird, wie im Deutschen, das erste Wort eines Satzes großgeschrieben. Auch das erste Wort eines Zitats wird großgeschrieben (45), es sei denn, es ist in den Satz integriert (46).

(45)

He walked through the door and said, "There's a snake in your driveway".	Er ging durch die Tür und sagte »Da ist eine Schlange in Ihrer Einfahrt.«

(46)

My friend said the snake was "scary-looking but quite harmless".	Mein Freund sagte, die Schlange wäre »angsteinflößend aber ziemlich harmlos«.

Wenn eine direkte Rede durch einen Zwischensatz unterbrochen wird, wird das erste Wort des zweiten Teils so geschrieben, wie es ohne den Zwischensatz geschrieben werden müsste (47):

(47)

"The worst thing you can do," someone told me, "is scratch where it itches."	Das Schlimmste, was du machen kannst", sagte mir jemand, „ist kratzen, wo es juckt."

"When this becomes known," Craig muttered, "I'll be in big trouble."	„Wenn das bekannt wird", brummelte Craig, „bekomme ich Riesenärger."
"Of all the cities I have seen in my long career," said Sir Richard, "Athens is the most spectacular."	„Von allen Städten, die ich in meiner langen Karriere gesehen habe", sagte Sir Richard, „ist Athen die spektakulärste."

Das erste Wort nach einem Doppelpunkt wird kleingeschrieben, wenn es nicht zu einem Hauptsatz gehört (48). Andernfalls darf es großgeschrieben werden, muss aber nicht (49):

(48)

We have two choices: eat at a restaurant or have dinner at home.	Wir haben zwei Möglichkeiten: essen gehen oder zu Hause essen.

(49)

There is one reason to eat there: The food is very cheap.	Es gibt einen Grund, dort zu essen: Das Essen ist sehr günstig.

Übungen

1. Entscheiden Sie, welche Wörter aus diesem Text groß, welche klein geschrieben werden müssen:

dear aunt polly,

i have just returned from my holiday in new york. i went there with some of my fellow students from cambridge university. we were joined by professor graham urquhart-oakes and a scottish art expert named angus mactavish, who is also a professor. our tour guide was john coppinger, a native new yorker. we saw staten island, the atlantic ocean and sixth avenue.
at the museum of modern art there was an exhibition on the art of the years after world war II. i loved it but john thought it was "a waste of time". he said, "my favourite paintings are by renaissance artists". please say hello to uncle albert and my cousins for me.

love,

ken

2. Entscheiden Sie, welche Wörter in den folgenden Sätzen groß, welche klein geschrieben werden müssen:

a. the man from global products ltd introduced himself as carter from quality control.

b. my uncle and my brother garth went to see the match at wembley stadium.

c. i offered to help, but father said that “would not be necessary”.

d. yesterday professor linden discussed primitive tribes and the gods they worshipped.

e. the shop is located near the university.

f. my uncle told me about his travels to the netherlands and to southern denmark.

g. “it’s cold outside this morning,” he said and added, “it was never this cold in cairo.”

h. this summer I read “the sufferings of young werther”.

i. president obama had a meeting with the presidents of five large companies.

j. last june i hired lee, a chinese engineer who is buddhist.

Lösungen

1. Dear Aunt Polly,

I have just returned from my holiday in New York. I went there with some of my fellow students from Cambridge University. We were joined by Professor Graham Urquhart-Oakes and a Scottish art expert named Angus MacTavish, who is also a professor. Our tour guide was John Coppinger, a native New Yorker. We saw Staten Island, the Atlantic Ocean and Sixth Avenue.

At the Museum of Modern Art there was an exhibition on the art of the years after World War II. I loved it but John thought it was "a waste of time". He said, "My favourite paintings are by Renaissance artists". Please say hello to Uncle Albert and my cousins for me.

Love,

Ken

2. a. The man from Global Products Ltd introduced himself as Carter from Quality Control.
   b. My uncle and my brother Garth went to see the match at Wembley Stadium.
   c. I offered to help, but Father said that "would not be necessary".
   d. Yesterday Professor Linden discussed primitive tribes and the gods they worshipped.
   e. The shop is located neer the university.
   f. My uncle told me about his travels to the Netherlands and to southern Denmark.
   g. "It's cold outside this morning," he said and added, "It was never this cold in Cairo."
   h. This summer I read "The Sufferings of Young Werther".
   i. President Obama had a meeting with the presidents of five large companies.
   j. Last June I hired Lee, a Chinese engineer who is Buddhist.

23. Britisches und amerikanisches Englisch

Amerikanisches Englisch wird in den Vereinigten Staaten und in Kanada gesprochen. Britisches Englisch ist dagegen das Englisch des gesamten Vereinigten Königreichs. Da die USA und Kanada zusammen mehr als fünfmal so viele Einwohner wie das Vereinigte Königreich zählen, ist amerikanisches Englisch doch eine sehr weit verbreitete »Variante«.

23.1 Amerikanischer Wortschatz

Neben mehreren geringen Unterschieden in der Rechtschreibung und in der Aussprache gibt es viele Fälle, in denen eine Sache im amerikanischen Englisch anders benannt wird (1):

(1)

	britisches Englisch	amerikanisches Englisch
Benzin	*petrol*	*gas(oline)*
Lastwagen	*lorry*	*truck*
Fahrstuhl	*lift*	*elevator*
Kofferraum	*boot*	*trunk*
Reißzwecke	*drawing pin*	*thumbtack*
Mülleimer	*dustbin*	*garbage can*
Pommes frites	*chips*	*French fries*
Taschenlampe	*torch*	*flashlight*
Unterhemd	*vest*	*undershirt*
Schäferhund	*Alsatian*	*German shepherd*

Eine Auflistung der wichtigsten Unterschiede zwischen britischem und amerikanischem Wortschatz finden Sie am Ende des Kapitels (→23.11).

In zahlreichen Einzelfällen hat ein- und dasselbe Wort unterschiedliche Bedeutungen im britischen und amerikanischen Englisch ②:

②

	britisches Englisch	amerikanisches Englisch
cot	*Kinderbett*	*Feldbett*
biscuit	*Keks*	*Brötchen*
public school	*höhere Privatschule*	*staatliche Schule mit Internat*
MP	*Parlamentsmitglied (Member of Parliament)*	*Militärpolizei (military police)*
subway	*Unterführung*	*U-Bahn*

23.2 Amerikanische Rechtschreibung

Viele Abweichungen in der Rechtschreibung zwischen britischem und amerikanischem Englisch sind nicht regelmäßig ①:

①

britisches Englisch	amerikanisches Englisch	
kerb	*curb*	Bordkante
manoeuvre	*maneuver*	Manöver
tyre	*tire*	Reifen

Doch es gibt einige Regeln.

Hinweis: Die folgenden Regeln gelten meistens nicht umgekehrt: Obwohl z. B. die Endung *-our* im britischen Englisch zu *-or* im amerikanischen Englisch wird, kann man nicht davon ausgehen, dass ein Wort im amerikanischen Englisch, das auf *-or* endet, im britischen Englisch mit *-our* geschrieben wird.

Regel: Bei vielen Wörtern, deren *ae* oder *oe* mit dem Laut [i:] ausgesprochen wird, entfällt im amerikanischen Englisch das *a* bzw. das *o* (2):

(2)

britisches Englisch	amerikanisches Englisch	
diarrhoea	*diarrhea*	Durchfall
encyclopaedia	*encyclopedia*	Enzyklopädie
mediaeval	*medieval*	mittelalterlich

In nicht-betonten Silben mit einem ursprünglich doppelten *l* steht im amerikanischen Englisch nur ein *l* (3):

(3)

britisches Englisch	amerikanisches Englisch
travelled, travelling	*traveled, traveling*
dialled, dialling	*dialed, dialing*
woollen	*woolen*
marvellous	*marvelous*

Bei betonten Silben mit ursprünglich einem *l* setzt das amerikanische Englisch ein doppeltes *l* (4):

(4)

britisches Englisch	amerikanisches Englisch
to distil	*to distill*
to fulfil	*to fulfill*
to instalment	*to installment*
to skilful	*to skillful*
to wilful	*to willful*

Regel: Wörter, die im britischen Englisch auf *-our* lauten, werden im amerikanischen Englisch mit *-or* geschrieben, wenn dieser Laut (wie das *e* in *Wissen*) ausgesprochen wird (5):

(5)

britisches Englisch	amerikanisches Englisch	
colour	*color*	Farbe
favourite	*favorite*	Lieblings…
labour	*labor*	Arbeit
candour	*candor*	Offenheit

Regel: Die Endung *-re* wird im amerikanischen Englisch zu *-er*, wenn vor dem *-re* ein Konsonant steht (6):

(6)

britisches Englisch	amerikanisches Englisch	
centre	*center*	Zentrum
sombre	*somber*	melancholisch
fibre	*fiber*	Faser

Sonderfälle 7:

7 ogre

Wörter, die auf *-cre* enden (*mediocre, acre*)

Regel: Einige Verben kann man im britischen Englisch mit den Endungen *-ise* oder *-ize* schreiben. Diese werden im amerikanischen Englisch nur mit *-ize* geschrieben 8:

8

britisches Englisch	amerikanisches Englisch
to realise, realize	*to realize*
to apologise, apologize	*to apologize*
to recognise, recognize	*to recognize*

Andere Verben jedoch werden sowohl im britischen als auch im amerikanischen Englisch nur mit *-ise* 9 bzw. nur mit *-ize* 10 geschrieben:

9

to surprise
to advertise
to advise

10 *to size*

Von einigen Wörtern ist sowohl ihre amerikanische als auch ihre britische Variante im amerikanischen Englisch gebräuchlich (11):

(11)

britisches Englisch	amerikanisches Englisch	
moustache	*moustache* oder *mustache*	Schnurrbart
theatre	*theater* oder *theatre*	Theater
axe	*axe* oder *ax*	Axt

23.3 Aussprache

Bei Wörtern mit dem ursprünglichen Laut [ɑː] wie *after*, *ask*, *can't*, *laugh* wird dieses [ɑː] zu [æ].

Wenn *-ar*, *-er*, *-ir*, *-or*, *-ur* am Wortende stehen oder ihnen auslautendes *-e* bzw. ein auslautender Konsonant folgt, wird im amerikanischen Englisch das *r* ausgesprochen, während es im britischen Englisch stumm bleibt (1):

(1)

	britische Aussprache	amerikanische Aussprache
are	[ɑː]	[ɑːr]
bar	[bɑː]	[bɑːr]
her	[hɜː]	[hər]
girl	[gɜːl]	[gərl]
advisor/adviser	[əd'vaɪzə]	[əd'vaɪzər]
church	[tʃɜːtʃ]	[tʃərtʃ]

Bei einigen Wörtern mit drei oder mehr Silben, die auf *-ary, -ery, -ory* enden, erhält diese Endung eine Nebenbetonung, und der Vokal *a* bzw. *e* oder *o* wird nicht abgeschwächt 2:

2

	britische Aussprache	amerikanische Aussprache
secretary	[ˈsekrətrɪ]	[ˈsekrəterɪ]
cemetery	[ˈsemətrɪ]	[ˈsemәterɪ]
allegory	[ˈæləgərɪ]	[ˈæləgɔːrɪ]

Regel: Das [ɒ] in Wörtern wie *dog, rock, office* wird zu [aː].

Sonderfall: Wenn das *o* vor *-ra, -re, -ri, -ro, -ru* steht, bleibt [ɒ] erhalten 3:

3

coral	[ˈkɒrəl]
more	[ˈmɒːr]
boring	[ˈbɒrɪŋ]
robot	[ˈroʊbɒːt]
decorum	[dɪˈkɒːrəm]

Der ursprüngliche Laut [əʊ] wird im amerikanischen Englisch grundsätzlich zu [oʊ] einem Laut, den es im britischen Englisch nicht gibt. Zum Aussprechen dieses Lauts gleitet man von einem deutschen *o* wie bei Moral zu dem Laut [ʊ] 4.

4

	britische Aussprache	amerikanischs Aussprache
phone	[fəʊn]	[foʊn]
go	[gəʊ]	[goʊ]
road	[rəʊd]	[roʊd]

Ein anlautendes t oder tt in der auf eine betonte Silbe folgenden Silbe (wie bei *water, meter, jitterbug, chaotic, rebuttal*) wird zum Laut [d] abgeschwächt.

Mehrere Wörter, die im britischen Englisch mit [ju:] ausgesprochen werden (z. B. *due, new*), werden im Amerikanischen mit dem Laut [u:] ausgesprochen.

Diese Regel gilt nicht für alle Wörter dieser Art, u. a. nicht für *cube, fuel, few, music, humorous, view*.

Regel: Im amerikanischen Englisch benutzt man nur das dunkle [l] (→ 19.1).

Bei einigen Wörtern mit [ʌ] wie *courage, hurry, worry* wird im amerikanischen Englisch [ʌ] zu [ɜ].

Bei Wörtern, die den Plural mit *-es* formen *(beaches, glasses, pieces, breezes)* oder bei Verben, die die dritte Person Plural mit *-es* bilden *(mixes, kisses)*, wird dieses *-es* im Amerikanischen [əz] statt [ɪz] ausgesprochen.

Es gibt mehrere Einzelfälle, bei denen die Aussprache eines Wortes im amerikanischen Englisch vom britischen Englisch abweicht (5):

(5)

	britische Aussprache	amerikanische Aussprache
patent	[ˈpeɪtnt]	[ˈpætnt]
lieutenant	[lefˈtenənt]	[lu:ˈtenənt]
schedule	[ˈʃedju:l]	[ˈskedʒu:l]
banana	[bəˈnɑ:nə]	[bəˈnænə]

Hinweis: Der Buchstabe Z heißt im Amerikanischen [zi:] statt [zed].

23.4 Zeiten

In Fällen, in denen das einfache Perfekt in Zusammenhang mit *just* oder *recently* benutzt wird, wird im amerikanischen Englisch das einfache Präteritum gebraucht (1):

(1)

britisches Englisch	amerikanisches Englisch	
I have just eaten dinner.	*I just ate dinner.*	Ich habe gerade zu Abend gegessen.
I have recently gone to Madrid.	*I recently went to Madrid.*	Neulich ging ich nach Madrid.

Im amerikanischen Englisch benutzt man eher *have* statt *have got* (2).

(2)

britisches Englisch	amerikanisches Englisch
He has got every reason to be upset.	*He has every reason to be upset.*
Have you got a cigarette?	*Do you have a cigarette?*

Das Partizip der Vergangenheit von *to get* lautet im amerikanischen Englisch *gotten* statt *got* ③:

③

britisches Englisch	amerikanisches Englisch
He has got old.	*He has gotten old.*

Wunschsätze (→ 16. Bsp. ①–⑤) werden im amerikanischen Englisch ohne *should* bzw. *might* ausgedrückt ④:

④

britisches Englisch	amerikanisches Englisch
I suggested to the driver that he might take a different route.	*I suggested to the driver that he take a different route.*
It is important that you should not forget about it.	*It is important that you not forget about it.*

23.5 Artikel

Im amerikanischen Englisch fallen die bestimmten Artikel bei *university, hospital* und *future* nicht weg ①:

①

britisches Englisch	amerikanisches Englisch	
He's in hospital.	*He's in the hospital.*	Er ist im Krankenhaus.

britisches Englisch	amerikanisches Englisch	
I will do it differently in future.	*I will do it differently in the future.*	In der Zukunft werde ich es anders machen.

23.6 Pronomen

Statt beim Telefonieren z. B. *Is that Clive?* zu fragen, fragt man im amerikanischen Englisch *Is this Clive?*

23.7 Zeichensetzung

Im amerikanischen Englisch werden Punkte öfter hinter Abkürzungen gebraucht als im britischen Englisch (1):

(1)

britisches Englisch	amerikanisches Englisch
Michael C Robbins	*Michael C. Robbins*
T S Eliot	*T.S. Eliot*
Mr Austin	*Mr. Austin*
Universal Exports Ltd	*Universal Exports Ltd.*

Im amerikanischen Englisch wird ein Doppelpunkt verwendet, um die Zeit auszudrücken (2):

(2) *It started at 11:30 a.m. and ended at 2:00 p.m.*

23.8 Datum

Die Kurzform eines Datums wird im amerikanischen Englisch mit Schrägstrichen geschrieben (1):

(1) *7/8/67*

Dabei steht im Amerikanischen der Monat vor dem Tag. D. h., in diesem Beispiel ist der 8. Juli bezeichnet. Dagegen benennt die Kurzform *7.8.67* im britischen Englisch den 7. August.

Der 22. Oktober 2004 heißt im britischen Englisch *October the 22nd, 2004*, im amerikanischen Englisch *October 22, 2004*.

23.9 Uhrzeit

Statt zehn Minuten vor acht Uhr mit *ten to eight* auszudrücken, sagt man im amerikanischen Englisch *ten till eight*, *ten before eight* oder *ten of eight*.

23.10 Zahlwörter

Zahl	britisches Englisch	amerikanisches Englisch	Deutsch
1000000	*one million*	*one million*	eine Million
1000000000	*one thousand million*	*one billion*	eine Milliarde
100000000000	*one hundred thousand million*	*one hundred billion*	einhundert Milliarden
1000000000000	*one billion*	*one trillion*	eine Billion

23.11 Glossar Britisch–Amerikanisch

	Britisch	Amerikanisch
Aluminium	aluminium	aluminum
Anis	aniseed	anise
Anwalt	solicitor	lawyer
Aubergine	aubergine	eggplant
Aufzug	lift	elevator
Autobahn	motorway	expressway, highway
Backblech	baking tray	cookie sheet
besetzt	engaged *(of a phone)*	busy
Bowling	bowls	lawn bowling
Briefkasten	postbox	mailbox
Cocktail Party	drinks party	cocktail party
Dame	draughts *(game)*	checkers
Drogerie	chemist	drugstore
Einkaufswagen	shopping trolley	shopping cart

	Britisch	Amerikanisch
Einkaufswagen	trolley	shopping cart
Erdgeschoss	ground floor	first floor
erster Stock	first floor	second floor
Flugzeug	aeroplane	airplane
Führerschein	driving licence	driver's license
Fußball	football	soccer
Fußgängerüberweg	pedestrian crossing	crosswalk
Garderobe	wardrobe	closet
Garten	garden	yard, lawn
gegen den Uhrzeigersinn	anticlockwise	counterclockwise
Gehweg	pavement	sidewalk
Gepäck	luggage	baggage
Geschäftsjahr	financial year	fiscal year
Geschirrtuch	tea towel	dish towel
Girokonto	current account	checking account

	Britisch	Amerikanisch
Gleitzeit	flexitime	flextime
Grundschule	junior school	elementary school
grüner Daumen	green fingers	green thumb
heimelig	homely	homey
Herdplatte	hob	stovetop
Hitzewallung	hot flush	hot flash
Hosenträger	braces	suspenders
Hundehütte	kennel	doghouse
im Krankenhaus	in hospital	in the hospital
Kartoffel	crisps	chips, potato chips
Keks	biscuit	cookie, cracker
Kino	cinema	movie theater, the movies
Kofferraum	boot *(of a car)*	trunk
Kreisverkehr	roundabout *(in road)*	traffic circle
Lastwagen	lorry	truck

	Britisch	Amerikanisch
Mais	maize	corn
Maismehl	cornflour	cornstarch
Mama/Mami	mum/mummy	mom/mommy
Marienkäfer	ladybird	ladybug
Mathe	maths	math
Mehl	plain flour	all-purpose flour
Mobiltelefon	mobile phone	cell phone
Morgenmantel	dressing gown	robe, bathrobe
Mülleimer	dustbin	garbage can
Nachrichtensprecher	newsreader	newscaster
Nummernschild	number plate	license plate
öffentliche Schule	state school	public school
Öffentliche Verkehrs-mittel	public transport	public transportation
Parkhaus	car park	parking lot
Patience (Spiel)	patience	solitaire

	Britisch	Amerikanisch
Plakatwand	hoarding	billboard
Pommes frites	chips	French fries
Postleitzahl	postcode	zip code
Privatschule/Staatl. Schule	public school	private school
Pulli	jumper	sweater
Punchingball	punchbag	punching bag
Punkt *(Zeichensetzung)*	full stop	period
Rechnung	bill	check
Reihenhaus	terraced house	row house
Reisetasche	holdall	carryall
Reißverschluss	zip	zipper
Rennwagen	racing car	race car
Rollkragen	polo neck	turtleneck
Sandkasten	sandpit	sandbox
Schienen	railway	railroad

	Britisch	Amerikanisch
Schlange *(von Menschen)*	queue	line
Soja	soya	soy
Strumpfhose	tights	pantyhose
Süßigkeiten	sweet(s)	candy
Toilette	loo	john
Topfhandschuh	oven glove	oven mitt
Trunkenheit am Steuer	drink-driving	drunk driving
Turnschuhe	trainers	sneakers
U-Bahn	underground	subway
Überführung	flyover	overpass
Unfallstation	casualty	emergency room
Urlaub	holiday	vacation
Vorspeise	starter	appetizer
Wählton	dialling tone	dial tone
Waschlappen	flannel	washcloth

	Britisch	Amerikanisch
Windel	nappy	diaper
Windschutzscheibe	windscreen	windshield
Wohnung	flat	apartment
Z	zed (letter Z)	zee
Zebrastreifen	zebra crossing	crosswalk
Zucchini	courgette	zucchini
Zuckerwatte	candyfloss	cotton candy

Übungen

1. Finden Sie das entsprechende amerikanische Wort.

a. autumn
b. biscuits
c. nappy
d. rubbish
e. crossroads
f. pavement
g. underground
h. holiday
i. film
j. lift
k. torch
l. wardrobe
m. petrol
n. lorry
o. dustbin
p. chips
q. boot
r. vest
s. drawing pin

2. Wie lautet die amerikanische Schreibweise der folgenden Wörter?

a. kerb
b. tyre
c. marvellous
d. travelled
e. skilful
f. colour
g. favourite
h. centre

3. Wie heißt es auf Amerikanisch?
Ersetzen Sie die Zahlen durch Wörter und die Wörter durch Zahlen.

a. 7:50
b. 0
c. half past six
d. eight fifteen in the evening
e. ten twenty in the morning
f. 11/3/09
g. 1,000,000

Lösungen

1. a. fall
   b. cookies
   c. diaper
   d. trash
   e. intersection
   f. sidewalk
   g. subway
   h. vacation
   i. movie
   j. elevator
   k. flashlight
   l. closet
   m. gasoline
   n. truck
   o. garbage can
   p. French fries
   q. trunk
   r. undershirt
   s. thumbtack

2. a. curb
   b. tire
   c. marvelous
   d. traveled
   e. skillful
   f. color
   g. favorite
   h. center

3. a. ten till/of eight/ten before
   b. zero
   c. 6:30
   d. 8:15 p.m
   e. 10:20 a.m.
   f. November 3, 2009
   g. one million

24. Lautschrift-Tabelle

Konsonanten		
Baum	b	big
mich	ç	
denn	d	day
fünf, vier	f	fish, photo
gut	g	get
Hemd	h	hat
ja, Million	j	yes
Kind	k	keep, cat
Lob	l	life
mir	m	me
nein	n	no, knit
links, lang	ŋ	hang
Post, ab	p	pass
Rand	r	road
nass, besser	s	sun, cellar
Schule, Sturm	ʃ	shot
Tisch, Sand	t	tap
	θ	think
	ð	that
Weg	v	vote
	w	wish
lachen	x	
sein	z	zoo, is
Genie	ʒ	pleasure

Vokale		
blass	a	
Bahn, Saal	aː	
	ɑː	jar, heart
	æ	back
egal	e	yes
weh, See	eː	
hätte, fett	ɛ	
Säge	ɛː	

Vokale		
gefallen	ə	above
	ɜː	turn, whirl
ist	ɪ	if
Diamant	i	
Liebe	iː	be, meet
Moral	o	
Boot	oː	
von	ɔ	
	ɔː	short, warm
	ɒ	dog
ökonomisch	ø	
Öl	øː	
völlig	œ	
Zunge	u	to
Zug	uː	blue, mood
	ʊ	put, hood
	ʌ	run, shove
Stück	y	
Typ	yː	

Diphthonge		
heiß	aɪ	by, buy, lie
Maus	au	
	aʊ	round, now
	eɪ	late, day
	ɛə	chair, stare
	əʊ	mow, go
	ɪə	near, here
neu, Häuser	ɔy	
	ɔɪ	joy, boil
	ʊə	sure, pure

Nasale (nur bei Fremdwörtern)		
Orange	ɑ̃	fiancée
Cousin	ɛ̃	
Saison	ɔ̃	bouillon